乔学忠◎著

STUDY ON SPATIAL-TEMPORAL EVOLUTION AND INFLUENCING FACTORS OF TOURISM ECO-EFFICIENCY IN CHINA

中国旅游业生态效率时空演变与影响因素研究

经济管理出版社
ECONOMY & MANAGEMENT PUBLISHING HOUSE

图书在版编目（CIP）数据

中国旅游业生态效率时空演变与影响因素研究/乔学忠著. —北京：经济管理出版社，2021.7

ISBN 978-7-5096-8145-9

Ⅰ.①中… Ⅱ.①乔… Ⅲ.①生态旅游—旅游业发展—研究—中国 Ⅳ.①F592.3

中国版本图书馆 CIP 数据核字（2021）第 145206 号

组稿编辑：许　艳
责任编辑：许　艳
责任印制：黄章平
责任校对：陈　颖
出版发行：经济管理出版社
（北京市海淀区北蜂窝 8 号中雅大厦 A 座 11 层　100038）
网　　址：www. E-mp. com. cn
电　　话：（010）51915602
印　　刷：唐山昊达印刷有限公司
经　　销：新华书店
开　　本：710mm×1000mm /16
印　　张：15.75
字　　数：275 千字
版　　次：2021 年 7 月第 1 版　　2021 年 7 月第 1 次印刷
书　　号：ISBN 978-7-5096-8145-9
定　　价：68.00 元

前 言

19世纪50年代以来，世界范围内的旅游业总体呈现出持续的高速发展态势，产生了巨大的经济效益和社会效益，在全球经济增长中发挥着越来越重要的作用。旅游业曾被视为低消耗、低污染的“无烟工业”，但随着产业规模的不断壮大，产业发展进程中资源开发无序、环境超量承载、生态过度负重等问题逐渐显现，并趋于严重。创造旅游经济价值在客观上造成的资源环境影响，开始受到各个层面的正视。自改革开放以来，中国旅游业在经济快速增长和居民收入水平持续提高的作用下，已经成为国民经济的重要产业，也是具有明显国际竞争优势的产业之一。但中国旅游业的强劲发展，是否也意味着资源消耗和环境影响的同步乃至超量增长？当前形势下，严谨地回答这个问题，科学地评判中国旅游业的可持续发展水平，以支撑产业未来发展战略和方向的调整，具有重要意义。

本书立足于我国旅游产业发展的现实需要，以旅游生态效率作为产业可持续发展水平的测量工具，采用含非期望产出的超效率SBM模型，从考虑非期望产出和不考虑非期望产出两个角度，测算了2000~2017年中国30个省份的旅游业生态效率。在此基础上，分析了中国旅游业生态效率的时空演变、区域差异及收敛特征，并借助空间计量模型和方法，对旅游业生态效率的影响因素进行了识别和实证研究，以期实现对我国旅游业可持续发展水平的全面客观研判。本书的主要研究内容和结论包括四个方面。

研究内容一：基于两种方案的中国旅游业生态效率测算与比较。

书中采用超效率SBM模型，以旅游业碳排放为非期望产出指标，测算并比较了考虑非期望产出和不考虑非期望产出两种方案下的中国旅游业生态效率。测算结果显示：①无论是否考虑非期望产出，2000~2017年全国和东中西部地区的旅游业生态效率均没有达到生产前沿面，属于相对无效状态，研究期限内仅有少数几个省份部分年度的旅游业生态效率处于相对有效状态；②从两种测算方案的数值差异来看，旅游业碳排放对各个层面的旅游业生态效率均造成了一定损失，不考虑非期望产出的测算方案会导致对旅游业生态效率水平的高估，也即含非期望产出的测算方案更符合实际情况，相对更为科学准确；③旅游业碳排放对旅游业生态效率的影响程度，在区域层面和省级层面上都存在差异，相较而言，对中部地区旅游业生态效率的影响最大、西部地区次之、东部地区最小，对各省区旅游业生态效率的影响则各不相同。

研究内容二：中国旅游业生态效率的时空演变与区域差异分析。

基于测算出的旅游业生态效率，对旅游业生态效率的时空演变特征进行分析，并利用计算出的 Theil 指数及指数贡献率，对旅游业生态效率的区域差异情况进行分析，主要得到以下几个结论：①两种测算方案下的中国旅游业生态效率时空演变特征共性较强，具体表现为：在时间变化上，2000~2017 年，全国和东西部地区的旅游业生态效率均呈现出波动变化中的下降态势，中部地区则呈现出波动变化中的上升态势；在空间演化上，2000~2017 年，中国旅游业生态效率整体上呈现出较明显的空间梯级变化趋势，表现出了较为显著的“东部高、中部次之、西部低”的逐级递减特征，空间集聚性较强。两种测算方案下，旅游业生态效率空间等级类型的数量变化有所不同，考虑非期望产出后，弱优区和次优区的数量有所增加，最优区的数量有所减少。②在效率分解上，对考虑非期望产出的旅游业生态效率进行分解后，可以判断出，研究期限内中国旅游业生态效率水平的相对低下，主要源于劳动力、资金和能源等要素的投入冗余，资源利用效率较低，旅游业产出不足和环境污染排放过多。③在区域差异上，分析结果显示：在国家层面上，旅游业生态效率的总体差异（T）、区域内差异（T_W）和区域间差异（T_B）都呈现出在波动变化中扩大的态势，但区域间差异的扩大态势非常缓慢，区域内差异是造成总体差异的主要原因，但其影响程度在逐渐减弱，而区域间差异对总体差异的影响程度则在逐渐增强；在区域层面上，西部地区旅游业生态效率的内部差异最大，东部地区次之，中部地区最小，且西部地区的内部差异是造成中国旅游业生态效率区域内差异（T_W）的主要原因。

研究内容三：中国旅游业生态效率的收敛性检验。

为探究我国各省份间旅游业生态效率的差异水平和动态演变趋势，书中借鉴经济增长研究中的收敛理论和方法，对研究期限内中国旅游业生态效率的收敛特征进行了分析，主要得到以下几个结论：①基于同质性假设的传统收敛模型检验结果表明，在研究期限内，中国及东中西部地区旅游业生态效率不存在

σ 收敛，但是存在绝对 β 收敛、条件 β 收敛和随机收敛，由于传统收敛模型都暗含各地区具有相同生产技术水平的假设，忽略了地区间生产技术水平上的差异，检验结果可能会与实际情况之间存在一定的偏差，因而使用传统收敛模型进行检验分析是不合适的。②基于异质性假设的 PS 收敛模型检验结果表明：在研究期限内，中国旅游业生态效率不存在整体收敛，各省份间旅游业生态效率的差距不会无条件地自动消失，且将会一直长期客观地存在；进一步地收敛检验发现，中国旅游业生态效率存在四个俱乐部收敛类型，且相对转移路径存在一定差异。③核密度函数估计的增长分布动态分析结果显示，中国旅游业生态效率呈现“双峰”分布形态，不存在整体收敛，旅游业生态效率差距具有扩大的趋势，且无法趋向协调发展。

研究内容四：中国旅游业生态效率影响因素的空间计量研究。

为进一步明晰中国旅游业生态效率的驱动因素和影响机理，书中尝试采用空间计量模型，在充分考虑旅游业生态效率空间效应的基础上，对中国旅游业生态效率的空间相关性及影响因素进行了分析，主要得到以下几个结论：①中国旅游业生态效率在空间上并非无规律的随机分布，而是存在显著的正空间相关性。各省份旅游业生态效率受相邻省份的影响，在空间分布上呈现集聚格局，以高—高集聚和低—低集聚为主，但这种空间集聚的程度有持续减弱的态势，这也进一步印证了中国旅游业生态效率的省份差异在不断扩大。②空间地理因素对旅游业生态效率具有显著的正向影响，而且随着各省份之间旅游业联系的日益密切，也必将导致各省旅游业生态效率相互影响的增强。③地区经济发展水平与中国旅游业生态效率之间存在显著的倒“U”形曲线关系，在不考虑其他变量影响的情况下，研究期限内，地区经济发展水平对旅游业生态效率的提高具有明显的促进作用。④地区产业结构中第三产业比重的增加、旅游业生产过程中清洁能源使用的增加都会提高旅游业生态效率水平；旅游业人力资源水平对旅游业生态效率也具有正向影响，但影响程度有限；地区 R&D 研发经费支出的增加和环境污染治理投资的增加，则会降低旅游业生态效率水平。

基于上述结论，本书提出了促进我国旅游业经济和资源环境协调发展的对策建议，主要包括：促进经济转型，实现旅游经济的高质量发展；调整三产结构，加快旅游产业结构转型升级；加大科研投入，有针对性地向旅游领域倾斜；强化环境治理，完善旅游生态环境保护机制；重视旅游业人力资源建设，打造高素质旅游人才队伍；优化旅游业能源消费结构，增加清洁能源的消费比重。

综上所述，本书将生态效率研究领域相对成熟的理论、工具和方法，应用于旅游业的可持续发展研究中，甄选并使用了以旅游业碳排放为非期望产出的生态效率测算模型，较为科学地估计了旅游业经济增长伴同的资源环境代价，较好地实现了对我国国家层面、区域层面和省域层面旅游经济增长质量的客观评价。在此基础上，采用丰富的研究手段，进一步探索了中国旅游业生态效率的时空演变、区域差异、收敛特征和影响因素，为明确我国旅游业生态效率的演化机理提供了夯实的数据支持，也为后续旅游业发展战略的制定和调整提供了有益的思路和建设性意见。总体而言，本书研究对中国旅游业可持续发展水平的提升，有较强的理论贡献和实践意义。

目录

第一章　绪　论　/001

第一节　研究背景　001

一、全球旅游业发展对生态环境影响的日益严重　001

二、中国生态环境日益恶化与加快治理的紧迫性　002

三、世界范围内的广泛关注及可持续发展的兴起　003

第二节　研究意义与目的　003

一、研究意义　003

二、研究目的　005

第三节　研究主题与内容　006

一、研究主题　006

二、研究内容　007

第四节　研究思路和方法　009

一、研究思路　009

二、研究方法　009

第五节　研究的创新之处　011

第二章　文献综述　014

第一节　生态效率研究综述　014

一、生态效率研究的发端　014

二、生态效率的评价工具　016

三、生态效率评价的应用　019

四、生态效率驱动因素的探索　026

五、生态效率研究现状述评　029

第二节 旅游生态效率研究综述 031
一、旅游生态效率研究的源起 031
二、旅游生态效率的评价方法 032
三、旅游生态效率评价的应用研究 034
四、旅游生态效率研究现状述评 038

第三章 旅游业生态效率评价指标体系与模型构建 042

第一节 评价模型构建 042
一、评价对象 042
二、评价方法 045
三、评价模型 046
第二节 指标体系构建 051
一、指标选取原则 052
二、指标选取情况 052
三、指标体系构建 057
第三节 数据来源与处理 061
一、数据来源说明 061
二、数据预先处理 062
三、部分指标测算 066
四、数据描述性统计 070
第四节 本章小结 073

第四章 中国旅游业生态效率评价与时空演变分析 075

第一节 中国旅游业生态效率测算与总体特征分析 075
一、考虑非期望产出的旅游业生态效率测算 076
二、不考虑非期望产出的旅游业生态效率测算 078
三、基于两种测算结果的旅游业生态效率特征分析 081
第二节 中国旅游业生态效率时空演变分析 084
一、旅游业生态效率时间变化特征分析 084
二、旅游业生态效率空间变化特征分析 093
第三节 中国旅游业生态效率区域差异分析 096
一、旅游业生态效率泰尔指数测算 096

二、旅游业生态效率区域差异分析 098
三、旅游业生态效率区域内差异分析 100
第四节 本章小结 103

第五章 中国旅游业生态效率的收敛特征分析 106

第一节 收敛研究与收敛假说 106
一、收敛研究的现状 106
二、旅游业生态效率收敛假说 108
第二节 传统收敛模型检验及分析 109
一、传统收敛检验模型 109
二、旅游业生态效率 σ 收敛检验 110
三、旅游业生态效率绝对 β 收敛检验 113
四、旅游业生态效率条件 β 收敛检验 114
五、旅游业生态效率随机收敛检验 116
第三节 PS 收敛模型检验及分析 119
一、PS 收敛检验模型 119
二、基于 PS 收敛模型的旅游业生态效率整体收敛检验 123
三、基于 PS 收敛模型的旅游业生态效率俱乐部收敛检验 123
四、旅游业生态效率初始收敛类型的俱乐部合并检验 127
五、旅游业生态效率俱乐部类型间的相对转移路径分析 129
第四节 旅游业生态效率的增长动态分析 130
一、核密度函数估计方法 130
二、核密度函数估计结果 131
第五节 本章小结 133

第六章 中国旅游业生态效率影响因素的空间计量研究 135

第一节 空间计量模型与方法 135
一、空间相关性检验 136
二、空间面板计量模型 137
三、空间计量模型选择方法 140
四、空间权重矩阵选择 141
第二节 变量选择与数据检验 142

一、影响因素选择研究 142
二、各因素影响机理分析 144
三、影响因素选定与数据来源 147
四、数据平稳性与协整性检验 150
第三节 旅游业生态效率空间相关性判断 152
一、全局空间自相关结果分析 152
二、局部空间自相关结果分析 156
第四节 空间计量实证分析 158
一、模型的检验和选择 158
二、空间计量结果分析 161
第五节 本章小结 169

第七章 研究结论与对策建议 171

第一节 研究结论 171
一、对非期望产出不同处置的中国旅游业生态效率评价 171
二、基于两类收敛模型的中国旅游业生态效率收敛分析 173
三、中国旅游业生态效率影响因素的空间计量实证研究 174
第二节 对策建议 175
一、促进经济转型，实现旅游经济的高质量发展 175
二、调整三产结构，加快旅游产业结构转型升级 176
三、加大科研投入，有针对性地向旅游领域倾斜 178
四、强化环境治理，完善旅游生态环境保护机制 179
五、重视旅游业人力资源建设，打造高素质旅游人才队伍 180
六、优化旅游业能源消费结构，增加清洁能源的消费比重 181
第三节 研究不足与展望 182
一、不足之处 182
二、研究展望 183

参考文献 184

附 录 207

后 记 242

第一章 绪 论

第一节 研究背景

一、全球旅游业发展对生态环境影响的日益严重

自 19 世纪 50 年代以来的近 70 年间，全球旅游业一直处于长盛不衰的发展状态，虽然期间也偶有波动，但是在整体上一直呈现出高速增长的态势。特别是到了 20 世纪 90 年代，旅游业更是超过石油工业、汽车工业等传统产业，成为全球第一大产业。数据显示，2019 年全球旅游业总收入达 5.8 万亿美元，增长率为 4.6%，相当于全球 GDP 的 6.7%①，对全球经济增长的推动作用越来越强。自改革开放以来，中国旅游业经历了 40 多年的发展，其产业体系和规模日益完善和壮大，已经成为国民经济战略性支柱产业和多个省份的重要支柱性产业。国家文化与旅游部的统计数据显示，2018 年国内旅游人数 55.39 亿人次，出入境旅游总人数 2.91 亿人次，全年实现旅游总收入 5.97 万亿元，对 GDP 的综合贡献达 9.94 万亿元，GDP 综合贡献率为 11.04%②。

旅游业作为与自然环境和气候条件密切相关的产业之一，在实现自身繁荣发展和推动经济、就业增长的同时，也造成了诸多的环境问题，如资源无序开发、环境超量承载、生态过度负重等，而这些问题又反过来制约着旅游业的健康、可持续发展。其中，旅游业能源消耗和碳排放量的逐年递增，已经成为全球温室气体排放的重要来源之一，对环境和气候的影响日益显现，已成为影响

① 资料数据来源：《世界旅游经济趋势报告（2020）》。

② 中华人民共和国文化与旅游部财务司 .2018 年旅游市场基本情况［DB/OL］. http：//zwgk. mct. gov. cn/auto255/201902/t20190212-837271. html，2019-02-12.

全球性气候变化的重要因素。2008 年世界旅游组织和国际环境、气候组织共同发布的研究报告《气候变化与旅游业》中指出，早在 2000 年旅游业碳排放量就占到了全球碳排放量的 4.9%，在引起全球气候变暖的人为因素贡献上，旅游部门占 5%~14%。如果不采取积极措施应对，全球旅游业碳排放量将以年均 3.2%的速度增长，到 2035 年旅游部门对全球变暖的人为因素贡献，将增加 188%①。

二、中国生态环境日益恶化与加快治理的紧迫性

近几十年来，中国的经济发展取得了世界瞩目的成就，但经济粗放发展模式造成的环境破坏和资源浪费也是巨大的。随着中国经济的持续增长，生态环境恶化问题也日益凸显，水污染、大气污染、固体废弃物污染等污染程度的加剧，不但使 GDP 总量持续减少，而且导致治理成本也在不断增加。相关数据显示，与 2008 年相比，2013 年因环境污染造成 GDP 下降了 68.2%、治理成本上涨了 64.7%，已经成为制约社会经济发展的重要因素，同时也在很大程度上降低了人们的生活质量并威胁着人们的身体健康。

面对不断恶化的生态环境，从 20 世纪 90 年代起，中国政府开始加大对生态环境保护和可持续发展问题的关注力度。早在 1994 年，中央政府率先制定了《中国 21 世纪议程——中国人口、资源、环境发展白皮书》，后又制定并出台了一系列法律法规，如《环境保护法》《大气污染防治法》等，从法律层面来预防和保护生态环境。21 世纪以来，中国政府逐渐将生态环境保护上升到国家战略层面，从 2003 年的“科学发展观”到 2006 年的“两型社会”战略主张，到 2007 年党的十七大报告中的“生态文明建设”，再到 2012 年党的十八大报告中的“绿色发展”，这些都是中国政府在生态环境保护方面的探索和成果。

习近平主席提出的“既要金山银山又要绿水青山，绿水青山就是金山银山”，“保护生态环境就是保护生产力，改善生态环境就是发展生产力”，都是要求必须处理好生态环境保护和经济发展的关系，要求必须转变经济发展方式，走绿色生产和绿色治理相结合的生态文明之路。

因此，必须要尽快解决中国当前经济发展中的生态环境问题，强化生态环境保护和治理力度，促进经济与资源环境协调、可持续发展。

---

① UNWTO-UNEP-WMO. Climate change and tourism: Responding to global challenges [M]. Madrid: UNWTO, UNEP & WMO, 2008: 169-172.

三、世界范围内的广泛关注及可持续发展的兴起

20 世纪 60 年代以来，国内外学者就开始对旅游业给环境带来的负面影响和诸多问题深表忧虑，并从不同的角度对旅游业的发展提出了批评和质疑。进入 20 世纪 90 年代后，旅游业发展所引起的气候和环境问题逐渐受到了相关国际组织、社会各界和专家、学者的广泛关注和重视，旅游业并非“朝阳产业”“无烟产业”的论断，也逐渐被全球范围内的业界和学界所证实。

随着可持续发展问题成为 21 世纪的主要议题，以及“生态旅游”“低碳旅游”等多种高效低耗、环境友好型全新旅游发展方式的提出，如何有效降低旅游业能源消耗和减少碳排放，厘清旅游发展与生态、环境保护的互动关系，实现旅游业和资源环境的协调、可持续发展，充分发挥旅游业的绿色、低碳发展优势，已经成为全世界各界关注和研究的重要现实问题。

中国旅游业作为国民经济行业的重要组成部分，在创造巨大的社会效益和经济效益的同时，给生态环境带来了诸多负面影响，如发展旅游引起的地区人流量激增、交通拥堵、自然和文化旅游资源破坏、水资源污染、景观地貌破坏、风俗习惯被影响、传统民俗被改变、景区重复建设造成的资源浪费等问题一直存在，成为中国整体生态环境恶化的“贡献者”之一。

以生态效率这一衡量经济与资源环境可持续发展的有效工具对旅游业进行研究，探索提升旅游业生态效率的关键路径，探求消解旅游业发展与资源环境之间矛盾的有效方法，从而尽可能减少旅游业发展对资源和环境的负面影响，既是提升旅游业发展质量和实现绿色、低碳、可持续发展的现实需要，也是助力生态环境改善的重要课题。

第二节　研究意义与目的

一、研究意义

本书立足于我国旅游业发展的现实需要，将生态效率研究领域相对成熟的理论、工具和方法引入旅游产业的可持续发展研究中，在科学测算中国旅游业生态效率的基础上，采用丰富的研究手段，探索中国旅游业生态效率的时空演

变、区域差异、收敛特征和影响因素，进而探寻提高旅游业生态效率的有效措施和方法路径，以期能够为中国旅游业的可持续发展提供理论依据和思路支持。

1. 理论意义

（1）拓展了生态效率的理论和实践研究成果。本书在对生态效率和旅游生态效率的研究成果进行系统梳理、厘清脉络的基础上，对旅游业生态效率的概念进行了界定。将旅游业碳排放作为非期望产出纳入旅游业生态效率的评价指标体系之中，以2000~2017年中国30个省份为研究对象，对旅游业生态效率进行了较为系统的研究，在拓展旅游生态效率理论研究深度、丰富旅游生态效率应用研究成果方面有一定的价值。

（2）完善了旅游业生态效率研究的框架体系。目前旅游业生态效率尚处于初步探索研究阶段，成果数量少，理论基础不够扎实，评价方法不够丰富，也没有形成范式性的研究框架。书中构建了一个相对完整的旅游业生态效率研究框架，包括评价工具选择与构建、旅游业生态效率测算比较、时空演变、区域差异和收敛特征分析，以及基于空间计量模型的影响因素分析、旅游生态效率提升对策等模块内容，能够实现对研究对象全面客观的评价分析。

（3）丰富了旅游业生态效率评价分析的手段方法。书中综合运用了多种经济计量方法和软件，如采用含非期望产出的超效率SBM模型，借助MaxDEA Pro8.3软件测算中国30个省份的旅游业生态效率；采用探索性空间分析（ESDA）法，借助GeoDa1.6软件和ArcGIS10.2软件进行旅游业生态效率的空间相关性分析；采用Theil指数法对中国旅游业生态效率的区域差异进行分析；利用传统的四类收敛模型、PS收敛模型和核密度函数估计对中国旅游业生态效率收敛特征进行研究；利用空间计量回归模型，借助EViews10.0和StataSE15.0软件对中国旅游业生态效率的影响因素进行研究，丰富和深化了旅游业生态效率评价分析的手段和方法。

2. 现实意义

（1）为正确认识旅游业发展的环境影响提供数据支持。近年来，旅游业并非“无烟产业”的论断逐渐被学术界和部分民众接受和认同，旅游业碳排放也已成为学术界公认的旅游业发展环境影响可测算指标。但一些地方政府和行业管理部门，对旅游业的环境影响认识不足，这也加剧了部分地区旅游资源过度开发、景区承载不加管控的弊病。本书测算了2000~2017年中国30个省份的旅游业碳排放量，为客观评判中国旅游业发展的环境影响提供了具体的数据支撑。书中将旅游业碳排放作为非期望产出纳入旅游业生态效率测算，并与不考虑旅游业碳排放的测算方案进行比较，发现旅游业碳排放造成了2.96%的生态效率损失，也可以说是对旅游业可持续发展的可持续性造成了2.96%的损失。这些客观的数据证据，不仅有助于地方政府、旅游管理部门、旅游者和社区居民等直观地认识到旅游业发展带来的环境污染问题，还可以进一步判断旅游业生态效率水平以及旅游业发展对环境的影响程度。

（2）为科学研判区域旅游业生态效率提供实证支撑。中国是一个区域发展相对失衡的国家，东中西部地区各省份的社会经济发展条件和发展水平都存在显著差异，对区域发展异质性的充分认识和探讨，是科学研判中国旅游业可持续发展水平的必要基础。书中借助空间计量学的工具和方法，在测算30个省份旅游业生态效率的基础上，对全国及东中西部地区旅游业生态效率的时空演变、区域差异、收敛特征等演化机理进行了系统探讨，有助于对区域旅游业生态效率水平做出科学判断，并为及时把握区域旅游业生态效率的变化情况提供参考和借鉴。

（3）为产业管理和区域管治决策提供切实的思路借鉴。本书在分析中国旅游业生态效率空间相关性的基础上，识别和确定了影响旅游业生态效率的主要因素，并探讨了各因素的影响机理，进而对旅游业生态效率的影响因素进行了计量回归分析。结合旅游业生态效率评价和影响因素的计量回归结果，从经济发展、产业结构、技术进步、环境治理、旅游业人力资源和旅游业能源消费结构等角度，有针对性地提出了我国旅游业生态效率的提升对策。本研究的开展，不仅有助于地方政府和产业管理部门了解影响旅游业生态效率水平变化的主要因素及其作用机制，还可以为有效解决旅游业发展过程中出现的资源环境问题提供决策依据，为全面提高旅游业生态效率水平提供思路借鉴。

二、研究目的

本书研究的总目的是在生态文明和绿色发展成为时代主线的背景下，将旅游业发展过程中的环境影响纳入旅游业生态效率分析框架，在考虑非期望产出的情况下，测算中国旅游业生态效率水平，分析中国旅游业生态效率的时空演变、空间相关性、区域差异和收敛特征，识别中国旅游业生态效率的主要影响因素，提出有利于旅游业可持续发展的对策建议。

本书研究的具体目标包括以下几点：①构建科学合理、适用性强的旅游业生态效率评价指标体系和评价模型；②甄选更能反映中国旅游业生态效率实际水平的测算工具和方法；③探索并直观呈现中国旅游业生态效率的时空演变和区域差异特征；④借助收敛性分析探究区域旅游业生态效率差异水平和动态演变趋势；⑤准确识别中国旅游业生态效率的影响因素及不同因素的影响机理；⑥提出切实可行的中国旅游业生态效率提升对策与建议。

第三节　研究主题与内容

一、研究主题

本书关注的研究主题是旅游业生态效率。这一概念是生态效率理论及方法在旅游领域的具体运用，与生态效率关联密切。WBCSD 将生态效率概念阐述为，“通过提供能满足人类需要和提高生活质量的竞争性定价商品与服务，同时使整个生命周期的生态影响和资源强度逐渐降低，实现环境与社会可持续发展[①]”。2005 年，瑞典学者 StefenGossling 将生态效率引入旅游研究，自此越来越多的学者开始了对旅游业生态效率的关注和研究。但是在现有的国内外研究中，明确提出或定义旅游业生态效率概念的文献较少，大多数学者都是在借鉴 WBCSD 提出的生态效率定义的基础上进行了演绎。另外，也有一些学者从其他的角度理解和定义旅游生态效率。目前，国内研究对旅游生态效率概念的理解，主要有以下两种路径。

一种是将 WBSCD 的生态效率概念应用到旅游领域，将其阐释为“衡量旅游业经济发展与环境影响关系的指标，其目的是使用旅游业较小的环境影响获得较大的经济产出[②]”。李鹏和李天英（2017）认为，旅游生态效率是生态效率理论在旅游研究中的运用，是在一定时空范围内，某一可以计量的旅游运营单位提供的产品与服务所产生的经济价值与其资源消耗和环境影响之间的比值[③]。杨德进和白长虹（2016）将旅游扶贫生态效率概括为在较短的时间范围

① Stigson B. Eco-efficiency：Creating more value with less impact［R］. WBCSD，2000.

② 马勇，刘军 . 绿色发展背景下旅游生态效率的核心价值及提升策略［J］. 旅游学刊，2016，31（9）：1-3.

③ 李鹏，李天英 . 旅游生态效率的思想基础、分析作用与理论局限［J］. 旅游研究，2017，9（6）：4-8.

内旅游扶贫开发行为能够实现贫困地区经济增长、脱贫人口及家庭数量增加、旅游产品和服务质量提升，而在此过程中却对资源和能源消耗少、生态和环境负面影响小、废物和污染排放量低①。

另一种则是将旅游生态效率理解为“生态旅游的发展效率②”。张玉钧（2016）认为，“生态旅游产业生态效率的最终结果，是通过对生态系统的保护性利用，使当地社区得到可持续发展，并为当地居民提供就业机会和收入，提高整体生计水平③”，这与WBSCD提出的生态效率核心价值有一定的区别。从小丽（2019）在研究中所作的概念阐释，则是将这两种路径结合在一起，她将生态旅游系统的生态效率定义为“利用生态旅游系统作为旅游业的生产单位，在旅游业的发展中实现单位要素投入的性质，以最大限度地提高产出，并在特定时间范围内最大化所有利益相关者的总盈余④”，这可以被理解为生态效率定义在生态旅游领域的应用。

对旅游业生态效率概念的界定应基于对旅游业概念的界定，本书从旅游业涉及行业最多的第三产业出发，认为旅游业是在旅游活动中为满足旅游者餐饮、住宿、交通、游览、购物、娱乐及生活服务等需求而提供无形服务和有形产品的行业，主要包括交通运输、游览、餐饮住宿、商业和娱乐、邮电通信和其他服务部门等，是直接为旅游者服务的相关行业的总和。在旅游业概念界定的前提下，本书基于投入产出理论的视角，以WBSCD提出的生态效率概念与内涵为参照，认为旅游业生态效率是指在旅游业生产活动过程中，要实现以最少的劳动力、资本、资源和能源等要素投入，获得最大的旅游经济价值（旅游业增加值）和最小的环境影响（旅游业碳排放）。

二、研究内容

本书的研究内容，主要包括以下7个方面：

1. 生态效率和旅游生态效率研究成果的梳理

对国内外现有关于生态效率的研究文献进行系统分析，回顾生态效率理论与应用研究的现状，同时对旅游领域生态效率的研究成果进行研究；对旅游领

① 杨德进，白长虹．我国旅游扶贫生态效率的提升路径［J］．旅游学刊，2016，31（9）：12-14.

② 高峻．提升生态旅游发展效率，建设美丽中国［J］．旅游学刊，2016，31（9）：3-5.

③ 张玉钧．提高生态旅游产业效率的边缘性思考［J］．旅游学刊，2016，31（9）：8-11.

④ 从小丽．吉林省生态旅游系统生态效率评价研究［D］．长春：东北师范大学，2019.

域生态效率的相关概念和理论基础进行梳理，并对当前旅游领域生态效率评价的具体对象、评价方法、主要内容等研究情况进行归纳和总结。

2. 旅游业生态效率评价指标体系和评价模型构建

在借鉴现有研究成果和相关模型的基础上，结合旅游业的产业特征，基于投入产出视角，充分考虑到旅游业的环境影响，从劳动力、资本、能源和设施等方面选取5个投入指标，包括旅游业从业人员、旅游业固定资产投资、旅游业能源消费、星级饭店床位、旅行社；从旅游业经济效益、社会效益、环境影响等方面选取3个产出指标，即旅游总人次、旅游业增加值作为期望产出指标，旅游业碳排放作为非期望产出指标，共同构成旅游业生态效率评价指标体系；选取改进后的含非期望产出的超效率SBM模型，作为旅游业生态效率的评价模型。

3. 中国旅游业生态效率测算与结果分析

基于构建的旅游业生态效率评价指标体系和评价模型，选取中国30个省份作为研究对象，并按照传统划分方法将全国划分为东、中、西部三大地区；对2000~2017年中国30个省份所选取的旅游业投入和产出指标进行数据的收集和整理；在对相关数据进行拆分、合并与平减等预处理的基础上，利用超效率SBM模型，在考虑和不考虑非期望产出两种情况下，对中国30个省份的旅游业生态效率进行测算，并对两种测算结果进行比较分析。

4. 中国旅游业生态效率时空演变与区域差异分析

基于测算出的旅游业生态效率，从时间和空间层面上，研究2000~2017年中国30个省份及东中西部地区的旅游业生态效率的变动过程，揭示旅游业生态效率的时空演变规律；从区域差异层面上，利用计算出的Theil指数及指数贡献率，对国家层面和区域层面的旅游业生态效率差异情况进行分析。

5. 中国旅游业生态效率收敛特征分析

在对现有收敛研究文献进行梳理的基础上，从微观、中观和宏观层面对旅游业生态效率的收敛假说进行阐释；采用基于同质性假设的四种常用收敛模型对中国旅游业生态效率进行收敛检验，并指出其局限性；采用基于异质性假设的PS收敛模型对中国旅游业生态效率收敛性进行检验，并对旅游业生态效率俱乐部收敛类型的相对转移路径进行分析；采用核密度函数估计方法，对中国旅游业生态效率的动态演进趋势进行分析。

6. 中国旅游业生态效率影响因素的空间计量研究

首先，利用地理学中的探索性空间分析方法（ESDA），对中国旅游业生态效率的空间相关性进行检验，并分析旅游业生态效率的空间相关性；其次，从经济发展、产业结构、环境治理、技术进步、旅游业人力资源和旅游业能源消费结构六个方面，分析各因素对旅游业生态效率的影响机理，并选取人均GDP、R&D研发经费支出占地区GDP比重、环境污染治理投资总额占GDP比重、第三产业产值占地区GDP比重、旅游高等院校学生数、旅游业电力和热力的消费量占旅游业能源消费总量比重6个具体指标建立面板数据，并对面板数据进行平稳性和协整性检验；通过空间相关性检验（LM检验）与Hausman检验，选择合适的空间计量面板模型，对中国旅游业生态效率的影响因素进行研究，并根据实证结果，分析各个因素对中国旅游业生态效率的影响情况。

7. 中国旅游业生态效率提升的对策建议

在以上研究的基础上，基于旅游业生态效率评价结果与影响因素的空间计量回归结果，分别从经济发展、产业结构、技术进步、环境治理、旅游人力资本和旅游业能源消费结构等角度，来探索我国旅游业生态效率提升的对策建议，以供相关部门决策参考，进而推进中国旅游业的可持续发展。

第四节 研究思路和方法

一、研究思路

本书研究的技术路线如图1-1所示。

二、研究方法

本书采用的研究方法，主要是定性研究和定量研究相结合的实证研究方法。

1. 文献研究法

采用文献分析归纳法、逻辑分析法等，主要针对文献展开目前国内外相关

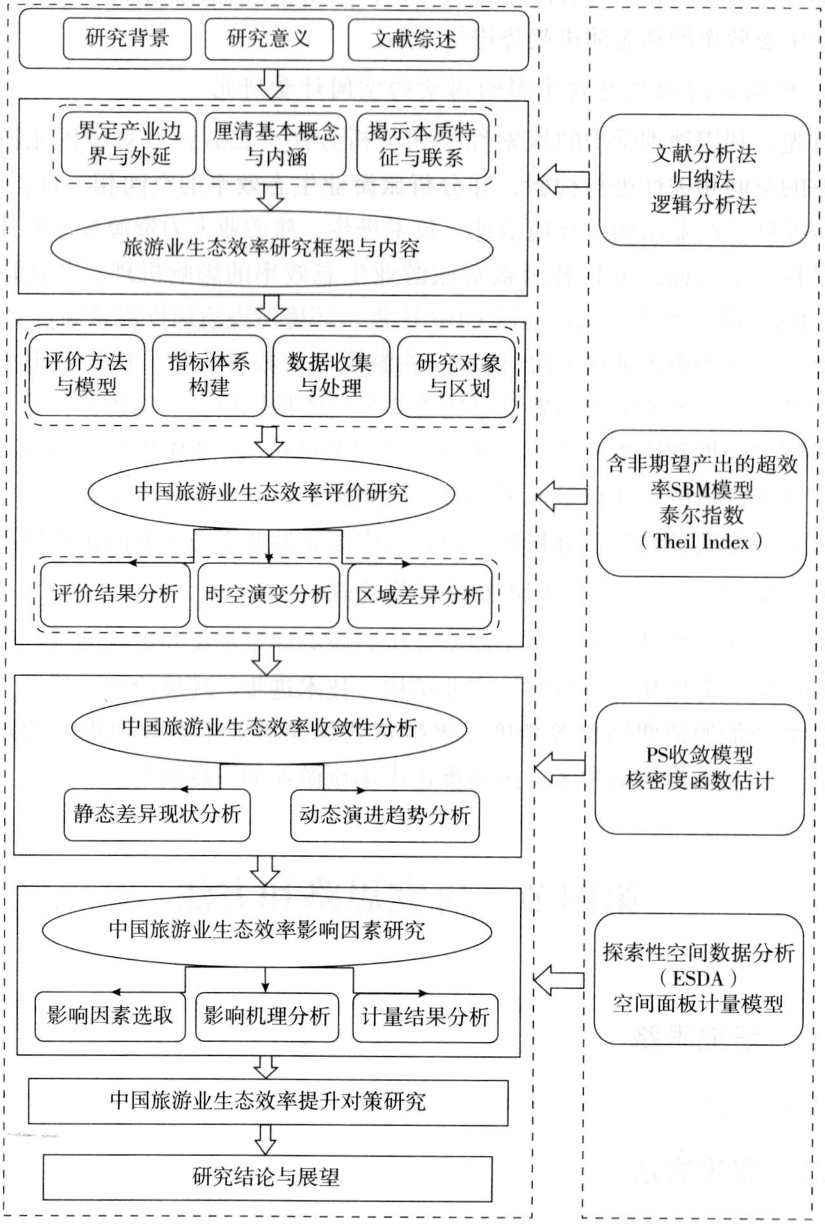

图 1-1 本书研究的技术路线

研究成果的探析和归纳。了解已有研究的现状与趋势，界定相关概念及其基本内涵，对现有生态效率和旅游领域生态效率的评价方法、指标体系、评价模型、时空演变、区域差异、收敛特征和影响因素等研究成果进行综述研究。

2. 比较分析法

对不考虑和考虑非期望产出的中国30个省份旅游业生态效率分别进行测算，并对测算结果进行比较，研究非期望产出对测算结果的影响情况；将全国划分为东中西部三大地区，利用计算出的地区旅游业生态效率均值对三大地区的旅游业生态效率水平进行比较分析；分别利用传统的四类收敛模型和PS收敛模型对中国及东中西部地区旅游业生态效率进行收敛检验，并对检验结果进行比较分析。

3. 经济建模分析法

（1）借鉴“旅游消费剥离系数法”计算出旅游业能源消费量和旅游业固定资产投资，借鉴“旅游增加值剥离测算法”计算出旅游业增加值。

（2）采用含非期望产出的超效率SBM模型，借助MaxDEA Pro8.3软件，测算中国30个省份的旅游业生态效率。

（3）采用Theil指数法，分别计算出总体泰尔指数、区域内泰尔指数和区域间泰尔指数，对中国及三大地区的旅游业生态效率区域差异进行研究。

（4）利用传统的四类收敛模型、PS收敛模型和核密度函数估计，分别从静态和动态两个角度，对中国旅游业生态效率收敛特征进行研究。

（5）采用探索性空间分析（ESDA）法，基于Global Moran's I值，借助GeoDa1.6软件和ArcGIS10.2软件进行空间相关性分析。

（6）利用空间计量回归模型，借助EViews10.0和StataSE15.0软件，对中国旅游业生态效率的影响因素进行研究。

第五节 研究的创新之处

本书的创新之处，主要体现在以下三个方面：

第一，完善了研究框架。旅游生态效率的理论基础和工具方法，受生态效率研究成果的影响颇深，但多数研究在内容深度和框架的完整性方面表现薄弱，研究内容以效率测算为主，较少探讨演变机理和驱动因素，难以实现对旅游生态效率及其演变规律的全面深刻认识。本书中构建并实践了一个相对系统完整的研究框架，包括评价指标论证、模型构建、测算比较、时空演变分析、区域差异分析、收敛特征分析、空间相关性分析、影响因素空间计量分析、提升对策研究等多项内容（见图 1-2），各模块之间联系紧密，层层推进，有一定的创新价值。

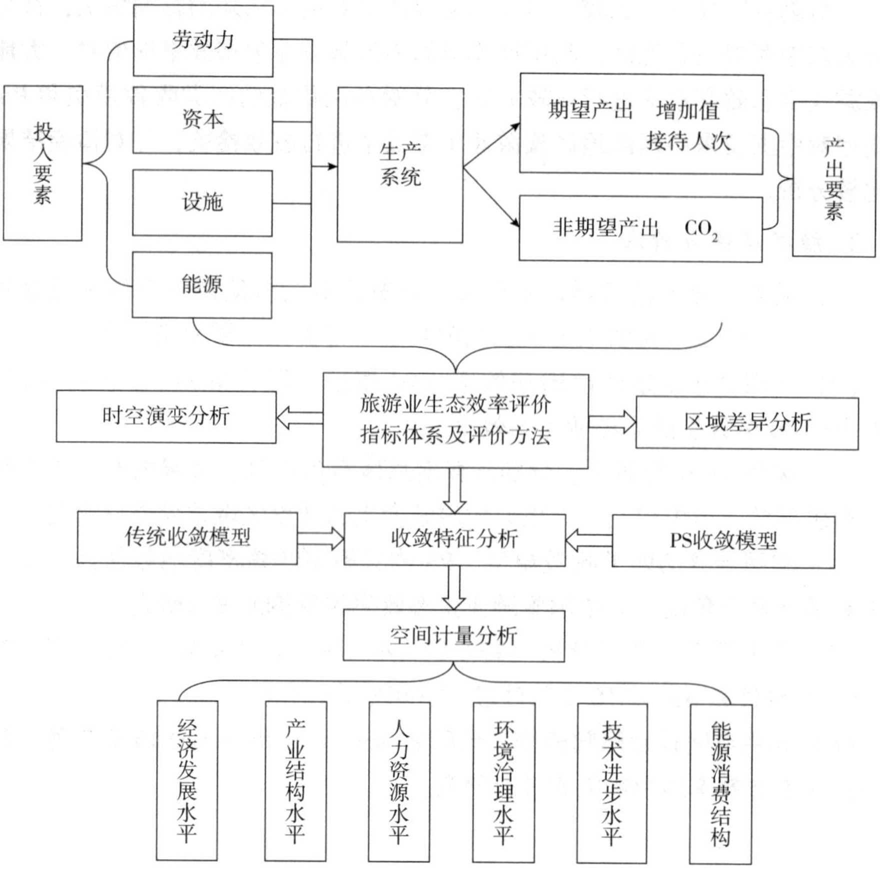

图 1-2 旅游业生态效率研究框架

第二，丰富了研究内容。这具体表现在两个方面，一是将新古典经济增长理论中的收敛假说思想应用于区域旅游业生态效率差异分析，充分考虑了中国各省在生产技术水平上存在的差异，尝试运用基于异质性假设的 PS 收敛模型对中国旅游业生态效率的收敛特征进行分析，避免了以往采用基于同质性假设收敛检验结果与实际存在偏差的问题，拓宽了旅游业生态效率的研究视角和研究内容。二是将旅游业生态效率的空间效应纳入研究内容，在对旅游业生态效率空间相关性进行检验的基础上，建立了基于面板数据的空间计量模型，对中国旅游业生态效率的影响因素进行实证分析。考虑了区域间的空间相关性对旅游业生态效率的相互作用，突破了传统计量模型基于研究单元在空间上相互独立的限制，丰富了旅游业生态效率研究的计量模型，也使实证结果分析更加接近客观现实，从而得出的结论也更加科学合理。

第三，丰富了研究方法。书中尝试将生态效率及相关领域的多种研究工具和方法引入旅游生态效率的研究中，做出了有益于推进该领域研究的探索。例如，采用非径向、非角度的超效率 SBM 模型，并考虑旅游业碳排放作为非期望产出，测算了 2000~2017 年中国旅游业生态效率水平。相较于已有旅游生态效率测算中使用的传统 DEA 模型，这不但克服了径向缺陷和角度缺陷，使测算结果更加准确和科学，而且解决了有效评价单元无法进一步大小排序和比较的问题。

第二章 文献综述

第一节 生态效率研究综述

一、生态效率研究的发端

生态效率一词，译自英文的 Eco-efficiency，其中 eco 既是生态学 ecology 的词根，也是经济学 economy 的词根，efficiency 有“效率、效益”的含义。生态效率可以理解为生态改进和经济发展的结合，“使可持续发展的环境和经济两根绳连接起来”①。生态效率，与产业生态、生态设计、X 倍数革命等概念，都是可持续发展的理论基础。20 世纪 70 年代，加拿大科学委员会倡导“保护主义社会”理念时，带动了生态效率一词的广泛传播②。1989 年，Schaltegger 和 Sturm 正式提出了“生态效率”（Ecological Efficiency）的概念。

1992 年，世界可持续发展工商理事会（World Business Council for Sustainable Development，WBCSD）在题为《改变航向》（*Change Course*）的报告中，首次使用了生态效率的概念，意味着生态效率开始成为探讨经济与环境协调发展，实现经济效益和生态效益双赢目标的有效工具③。其后，经济发展合作组织（OECD，1998）将其阐释为“在最优的技术和经济效率的前提下利用自然

① Lehni M. State-of-play Report. WBCSD Project on Eco-efficiency Metrics & Reporting [R]. Geneva: WBCSD, 1998: 1-22.

② 白世秀 . 黑龙江省区域生态效率评价研究 [D]. 哈尔滨：东北林业大学，2011.

③ 陈黎明，王文平，王斌 . “两横三纵”城市化地区的经济效率、环境效率和生态效率——基于混合方向性距离函数和合图法的实证分析 [J]. 中国软科学，2015 (2)：96-109.

资源与保护环境”，并将这个概念扩大到政府和工业企业[①]。2000 年，WBCSD 进一步将生态效率概念阐述为，“通过提供能满足人类需要和提高生活质量的竞争性定价商品与服务，同时使整个生命周期的生态影响和资源强度逐渐降低，实现环境与社会可持续发展[②]”。此后，欧洲环境署（2001）、英国环境署、加拿大工业部、澳大利亚环境保护署等机构相继对生态效率做出定义解释，虽然各组织或机构给出的概念定义有所不同，但基本遵循 WBCSD 的核心思想，即用最小的环境影响创造最大的价值[③]，其公式如式（2-1）所示。

$$生态效率=\frac{产品或服务的价值}{环境负荷} \tag{2-1}$$

1995 年，WBCSD 的生态效率概念经由 Claude Fussler 在《产业与环境》杂志上发表的一篇文章介绍到我国。国内早期的研究以引介性的研究为主，目的在于厘清生态效率的内涵及可能的应用领域。卞有生是国内较早使用“生态效率”这一概念的学者之一，卞有生（1999）对北京市留民营的农业生态系统和农业生态工程的生态效率做过测算，但在他的研究中，生态效率指的是“食物链各个营养级之间实际利用的能量占可利用能量的百分率”，与公认的生态效率概念所指有区别[④]。何伯述等（2001）在测算燃煤电厂的环境影响时，也明确使用并测算了实证案例的生态效率。在他的研究中，生态效率表征的是有效能量与有害气体排放量的相对关系，与当前通常意义上的生态效率概念相近[⑤]。李丽平等（2000）介绍了生态效率的概念和发展，以及生态效率改进的战略目标与措施。周国梅等（2003）介绍了在 OECD 国家应用较多的生态效率的概念，并提出“循环经济的本质就是提高生态效率”[⑥]。孟庆堂等（2004）将生态效率作为一种可持续发展的环境管理理论，对其概念、内涵以及与清洁生产、循环经济等概念之间的关系进行了分析。诸大建和朱远

---

① Organization for Economic Cooperation and Development（OECD）. Eco-efficiency［R］. Paris, France, 1998.

② Stigson B. Eco-efficiency: Creating more value with less impact［R］. WBCSD, 2000.

③ 刘军，马勇．旅游可持续发展的视角：旅游生态效率的一个综述［J］．旅游学刊，2017，32（9）：47-56.

④ 卞有生．农业生态工程中生态效率的计算与分析［J］．农村生态环境，1999（1）：1-4.

⑤ 何伯述，郑显玉，侯清濯，张彬，陈昌和．我国燃煤电站的生态效率［J］．环境科学学报，2001，21（4）：435-438.

⑥ 周国梅，彭昊，曹凤中．循环经济和工业生态效率指标体系［J］．城市环境与城市生态，2003，16（6）：201-203.

(2005) 将生态效率概念引入对循环经济理论的认识中，将生态效率阐述为经济社会发展和资源环境消耗的相对比值，认为其是一国绿色竞争力的重要体现，以"进一步深入挖掘循环经济的本质"①。吕彬和杨建新（2006）分析了生态效率与X倍跃进、生态足迹、清洁生产等概念的联系与区别。此后其他学者在研究中使用的生态效率概念以公认的 WBSCD 定义为主。

二、生态效率的评价工具

经过近十年的发展，生态效率的概念逐渐被更多的研究人员熟悉和接受，成为定量测度可持续发展状态的重要工具之一。在具体的使用中，有学者认为生态效率的评价方法可分为经济—环境比值评价法和多投入多产出评价法两类，但实际上，很少有研究使用未经综合处理的原始年鉴数据来表征生态效率的分子与分母。而在多指标法中，无论使用的指标体系多么复杂，测算的最终一步都是计算出经济价值与环境投入的比值。根据各类方法被广泛使用的历时性变化，可以认为生态效率的评价工具与方法的发展，主要经历了以下三个阶段：

1. 多元化的指标体系法阶段

根据评价对象的特征与需要，选取科学的和可获取的定量化指标，是实现生态效率从概念到工具的重要环节。因此，在生态效率定量化研究的初级阶段，有不少机构和学者提出了各式各样的评价指标体系：在宏观层面，德国环境经济账户中设计的生态效率指标体系中，采用不变价 GDP 作为分子，表征经济价值，采用土地、能源、水、原材料、温室气体、酸性气体、劳动力、资本作为分母，表征输入经济系统的自然要素②；在中观的产业层面，加拿大农业和农业食品部于2006年发布了一套适用于食品和饮料产业的生态效率指标体系，环境指标包括能源消耗、温室气体排放、废水、有机残留物和包装残留物③；在微观层面，Márcio 等（2004）提出的车队生态效率管理计划中，选择

---

① 诸大建，朱远．从生态效率的角度深入认识循环经济［J］．中国发展，2005（1）：10-15.

② Hoh H, Scoer K, Seibel, S. Eco-efficiency indicators in German environmental-economic accounting [R]. Federal Statistical Office, Germany, 2001.

③ Maxime D, Michèle Marcotte, Arcand Y. Development of eco-efficiency indicators for the Canadian food and beverage industry [J]. Journal of Cleaner Production, 2006, 14 (6-7): 636-648.

了折现后年际成本表征经济指标，以能源消耗和大气污染等相关指标表征环境影响①。诸大建和邱寿丰是国内较早系统论述生态效率测度指标的学者，邱寿丰（2008）参考德国环境经济账户的宏观生态效率指标体系，设计了我国的区域生态效率指标体系。

能值分析法和生态足迹法，是生态效率评价指标体系构建中使用较多的两种方法。

第一，基于能值分析与物质流分析的生态效率评价指标体系。张妍和杨志峰（2007）采用能值分析法评估了北京城市物质代谢的生态效率，在后来其对深圳市城市物质代谢的研究中，则采用了物质流分析法。孙玉峰和郭全营（2014）对山东某煤炭矿区循环经济系统生态效率的分析中，也使用了能值分析法。商华（2007）对工业园生态效率的测算研究以及李名升和佟连军（2009）对吉林省生态效率的研究，均是将能值分析与物质流核算方法整合后构建的指标体系。国外学者更倾向于将生命周期评估与物质流分析结合使用，Kielenniva 等（2012）结合生命周期评估和物质流分析的方法，构建了污染土壤管理的生态效率测算指标体系。Piccinno 等（2018）将生态效率评估视为判断处于研发阶段的新材料环境成本的工具，并基于生命周期评估法，论述了这一工具在纳米纤维素研发和生产过程中的具体应用。

第二，基于生态足迹法的生态效率评价指标体系。顾晓薇等（2005）使用生态足迹成分法，测度了沈阳大学和东北大学的生态效率。王菲凤和陈妃（2008）在对福州大学城研究中，使用了与顾晓薇相似的概念与方法。李兵等（2007）对企业生态效率的评估、Li 等（2010）构建的城市住宅开发生态效率评价指标体系、芮俊伟等（2013）对昆山高新区生态效率的评价、季丹（2013）对中国区域生态效率的测算中，使用的都是生态足迹法。Cerutti 等（2013）采用多功能生态足迹法研究了意大利皮埃蒙特地区水果种植业的生态效率，并探讨了生态足迹法用于生态效率评价的关键问题，提出标准的生态足迹分析并不能实现对不同生产系统生态效率的完全评估②。也有一些学者尝试了其他方法，如刘宁等（2008）通过主成分分析构建的产业共生系统生态效

① Márcio, D' Agosto, et al. Eco-efficiency management program (EEMP): A model for road fleet operation [J]. Transportation Research Part D: Transport and Environment, 2004.

② Cerutti A K, Beccaro G L, Bagliani M, et al. Multifunctional ecological footprint analysis for assessing eco-efficiency: A case study of fruit production systems in Northern Italy [J]. Journal of Cleaner Production, 2013, 40 (FEB): 108-117.

率评价指标体系以及潘兴侠等（2013）采用基于熵值赋权的灰色综合评价法都开展了省域生态效率评价。

生态效率公式中，经济与环境之间的关系并非显而易见，因此这一分析工具被更广泛地使用之前，需要探索分子和分母的规范以及标准化的问题，尤其是指标的赋权方法（Huppes 和 Ishikawa，2005）。对生态效率评价指标的选取，仍是研究中必不可少且非常重要的一个环节。黄和平等（2018）认为，有必要构建绿色 GDP 核算指标体系，用绿色 GDP 指标表征产品服务价值，用生态足迹表征资源环境影响。赵薇等（2020）指出，已有研究多关注系统的环境和经济影响，缺乏对社会影响的评价，因此他们提出了一种改进的基于混合生命周期评价的生态效率模型。

2. 以 DEA 为主流的模型法阶段

DEA 模型及分析软件在生态效率测度中的应用，有效地改善了指标体系法赋权难、效率值不统一的问题，将生态效率研究推进到了一个新的阶段。DEA 模型最早于 1978 年被提出，能够在不设定具体函数形式的情况下评价“多投入多产出”模式下决策单元间的相对有效性，不受限于特定的生产函数假设，且有效克服了指标人为赋权的主观性和随意性①。Dyckhoff 和 Allen（2001）分析了 DEA 在比较环境与绩效指标测算生态效率中的潜力，并从生态角度关注了科学确定非期望产出的重要性。Kuosmanen 和 Kortelainen（2005）对芬兰三大城市公路运输生态效率的评价，是较为成熟的一次 DEA 模型运用。此后，运用 DEA 对宏观、中观和微观层面的生态效率进行研究，已成为当前国内外学者的共识选择（白世秀，2011）②。

对于不同类型决策单元的多指标投入和多指标产出效率计算，DEA 模型因具有所需指标少、原始信息完整度高以及对于具有共同特性的决策单元进行综合评价时不需要对变量做函数假设等优点③，成为使用最多的相对效率计算模型，并演化出类型丰富的不同子类，包括：可以对传统 DEA 模型的有效评价单元进一步进行排序比较的超效率 DEA 模型（王恩旭和武春友，2011；陈

---

① Charnes A，Cooper W W，Rhodes E. Measuring the efficiency of decision making units［J］. European Journal of Operational Research，1978，2（6）：429-444.

② 白世秀．黑龙江省区域生态效率评价研究［D］. 哈尔滨：东北林业大学，2011.

③ Rashidi K，Shabani A，Farzipoor Saen R. Using data envelopment analysis for estimating energy saving and undesirable output abatement：A case study in the Organization for Economic Co-Operation and Development（OECD）countries［J］. Journal of Cleaner Production，2015，105（15）：241-252.

晓红和程鑫，2013；黄娟和刘玥，2018）；将松弛变量改进纳入考虑提高了传统 DEA 模型评价结果的准确性的 SBM 模型（潘丹和应瑞瑶，2013）；可以继续对 SBM 模型的有效评价单元进一步进行排序比较的超效率 SBM 模型（陈莹和吴秀兰，2019；李姣等，2019）；将生产过程中的碳排放、“三废”等环境影响纳入考虑的含非期望产出的超效率 SBM 模型（曾福生和刘俊辉，2019）。

在 DEA 模型之外，也有学者尝试将其他的模型用于生态效率评价中，例如，基于熵值法的 TOPSIS 模型（吴小庆等，2008）、随机前沿分析 SFA 模型（金贵等，2017）等，但现阶段生态效率评价的研究中，仍以 DEA 模型为主流。

3. 对 DEA 模型的改进丰富阶段

尽管 DEA 模型在研究中被广泛使用，但这种方法并非十全十美，更晚一些的研究中，针对 DEA 模型存在的短板，研究人员尝试对其进行修正和改进。针对 DEA 模型在处理相关性强的输入输出数据方面的不足，程晓娟等（2013）建立了基于 PCA-DEA 的煤炭产业生态效率组合评价模型。针对微观主体生态效率测算的特殊性，Egilmez 和 Park（2014）综合生命周期评估法和 DEA 模型，构建了适用于产品或组织等微观主体生态效率测算的评价模型。李健等（2015）尝试在同时考虑经济增长与环境影响减少两大目标的情况下，使用非参数距离函数测度了我国 30 个省份 2007~2011 年的生态效率。

有一些学者会同时使用多种评价方法，对不同方法的生态效率测算值进行比较分析，如孙露等（2014）使用了能值分析和 DEA 两种方法，对沈阳市城市复合生态系统生态效率进行评估，以借助量纲一致的能值指标，来解决生态效率评估中指标单位不统一而难以比较的问题。

三、生态效率评价的应用

WBCSD 确定的生态效率七要素，主要围绕三个目标展开：一是减少自然资源使用；二是减少环境影响；三是增加产品或服务价值①。这三个目标，均可以适用于全球、国家、地区、产业和公司各个层次，因而无论是在实践中，还是在研究中，生态效率都是一个尺度丰富的研究概念与工具。在研究尺度上，生态效率为区域发展提供了一个将自身纳入可持续发展议程的重要工具

① WBCSD. Eco-efficiency: Creating more value with less impact [R]. Geneva, World Business Council for Sustainable Development, 2000.

(张炳等，2008)[①]，成果涉及国家、省域、地级市、县域、城市多个区域层面；在应用领域上，在一、二、三产领域均已形成一定数量的成果。

1. 区域生态效率研究

(1) 以国家为决策单元开展的研究。在国家层面，生态效率被视为评估绿色绩效的主要标准之一（Rashidi et al.，2015），但以整个国家作为生态效率评价和分析决策单元的研究，相对少见。Holm 和 Englund（2009）引入了生态效率作为衡量标准，分析了 1960~2002 年美国与 6 个西欧国家自然资源消耗的差异。Camarero 等（2013）测算了 22 个经合组织的国家在 1980~2008 年的生态效率，发现研究区段内生态效率最高的国家和最低的国家都倾向于形成俱乐部。Picazo-Tadeo 等（2014）采用 DEA 技术测算了 28 个欧盟国家 1990~2011 年温室气体排放的环境影响，结果表明环境绩效改善的主要原因是环保技术的持续改进，而非生态效率的提高。

张晓娣（2015）对 1997 年与 2010 年的中国生态效率进行比较，发现研究区段内生产要素对生态效率具有破坏作用，而高水平劳动力作为稀缺性资源，是影响生态效率的主导力量。史丹和王俊杰（2016）用人均生态盈亏来表征生态压力，用单位生态足迹的 GDP 产出表征生态效率，评价了 1991~2013 年中国人均生态足迹和生态效率的变化。

(2) 以省域作为决策单元开展的研究。中国地域辽阔，区域之间的自然基础差异明显，社会经济发展水平也不平衡，因而学者们通常以具体的省（直辖市）作为评价和分析单元，来衡量经济带、区域和国家尺度的生态效率水平。较为全面也是较为常见的一种做法是，根据研究需要确定评价指标，将能够获取数据的 30 个省区纳入决策单元，用平均水平衡量全国水平，并在此基础上，分析区域和省域差异。Zhang 等（2008）对中国工业系统生态效率的评价、王恩旭和武春友（2011）对中国省际生态效率的研究、黄建欢（2015）对资源开发型和资源利用型省域的比较等，均属此类，但在具体的切入点和关注面上有所侧重。此外，由于选取的具体指标、研究期限不同，即便同样是通过 30 个省份平均值测算出来的国家层面生态效率水平，在数值上也会有明显的差异，例如，成金华等（2014）测算出我国 2000~2011 年的生态效率平均

① 张炳，毕军，黄和平，等. 基于 DEA 的企业生态效率评价：以杭州湾精细化工园区企业为例[J]. 系统工程理论与实践，2008，4（4）：159-166.

水平处于 0.854~1.050[①]，而胡彪和付业腾（2016）测算的 2004~2012 年我国生态效率整体处于较低水平（0.546）[②]。在我国各省区生态效率的空间格局上，现有的结论都比较近似，都倾向于认为生态效率是东部地区高、西部地区低，中部地区介于两者之间（张子龙等，2015）。

还有一些研究，是以若干个相邻省域构建的区域作为研究对象，如张雪梅（2013）对西部地区 2000~2010 年的生态效率进行的动静态分析。近年来，随着长江经济带的发展上升到国家战略层面，对该区域生态效率的测度与分析成果也有明显的增加（吴磊和熊英，2018）。

以单个省区作为研究对象的成果也较为多见，典型的如张炳等（2009）对江苏省生态效率的测度、秦钟等（2010）对广东省循环经济发展生态效率进行的评价和预测、黄和平等（2010）对江西省资源环境绩效的评估、韩瑞玲等（2011）对辽宁省循环经济发展生态效率的评价、周旭东（2019）对新疆农业、工业及综合生态效率做的测度等。

另外，区域生态效率的研究中，后置性研究占绝对比重，预测型的前置性研究非常少见，近三年才开始出现零星的此类研究。郑德凤等（2018）借助灰色动态模型，预测了未来 10~20 年中国大陆生态效率空间分布格局的重心将向东北方向移动，而在东西方向、南北方向均会呈现收缩态势。韩增林等（2019）则认为，未来一段时间内我国生态效率的两极分化问题虽有缓和，但依然严峻。

（3）以市县作为决策单元开展的研究。此类研究相对少见，地市层面，典型的如白世秀（2014）对黑龙江省 13 个地市生态效率的分析、郭付友等（2016）对松花江吉林省段 4 个地市产业系统生态效率的评价、李广培和李艳歌（2018）对福建省 9 个地市生态效率与经济增长协同发展指数的测算等。由于国内县域层面的经济、社会、环境等相关的统计指标不完备，县级层面的多项投入与产出指标不可获取，因而县域层面生态效率测度的研究更为罕见。较具代表性的有：任宇飞和方创琳（2017）构建了县域单元生态效率评价模型，并对京津冀城市群县域单元 2006 年、2010 年、2014 年的生态效率进行评

---

① 成金华，孙琼，郭明晶，等．中国生态效率的区域差异及动态演化研究［J］．中国人口·资源与环境，2014，24（1）：47-54.

② 胡彪，付业腾．中国生态效率测度与空间差异实证——基于 SBM 模型与空间自相关性的分析［J］．干旱区资源与环境，2016，30（6）：6-12.

价分析；马勇等（2019）对长江中游城市群生态效率的测度研究，也是以县域作为决策单元来开展的，相比同类研究，其先进性在于进一步检验了测算路径和结果的稳健性。

（4）以城市作为决策单元开展的研究。在区域生态效率的研究中，城市是最小的空间尺度。在研究成果中，有关注某一类型城市的，如李惠娟等（2010）对资源型城市生态效率的研究；更多的则以某一城市群为研究对象，如长株潭城市群（付丽娜等，2013）、长江中游城市群（马勇和刘军，2015；罗能生等，2018）、东部沿海城市群（任宇飞和方创琳，2017）、长三角城市群（毕斗斗等，2018）、环渤海城市群（盖美和聂晨，2019；韩增林等，2019）等。较具代表性的研究有：胡彪和孙雪（2020）分析了三大城市群48个城市生态（经济）效率的时空演变特征；侯孟阳和姚顺波（2018）测算了我国285个城市的生态效率，并对时空演变格局及演变特征进行分析；陈晓红和周宏浩（2019）分析了城市精明发展与生态效率变化之间的协同关系；黄建欢等（2018）探讨了城市竞争模式对城市生态效率溢出的影响范围、方向及幅度；罗能生等（2019）还关注了高铁网络发展对城市生态效率的影响。

2. 产业生态效率研究

（1）工业生态效率研究。工业是资源消费和污染物排放的主要源头，对工业各行业生态效率的解析，可以为改善环境质量、调整产业结构提供重要的决策参考信息。国外对工业生态效率的研究成果，往往以具体的工业行业或某一类型的工业企业为研究对象，典型的如Lorenzo-Toja等（2014）采用生命周期评估法对西班牙113个污水处理厂的生态效率进行了研究。RAM模型法和DEA模型法等，也被用于工业效率的测度中，前者如Ramli和Munisamy（2015）对马来西亚制造业生态效率的研究，后者如Arabi等（2016）对伊朗电力行业重构期间生态效率的测算。此外，Long等（2015）测算了2005~2010年中国水泥业的全要素生产率和生态效率，认为改善水泥业生态效率的关键在于采用先进技术降低污染物排放。

国内的工业生态效率研究成果非常丰富，研究方法以DEA模型法为主，研究对象多为工业整体，较早的如杨文举（2009）对中国各省工业生态效率的测度，后来的毛建素等（2010）、张淑英等（2013）也对中国工业生态效率进行了研究。有些研究立足于区域工业生态效率，如长江经济带、长三角城市群、“一带一路”沿线省市、北京、新疆等。国内的研究成果中，也有以具体的工业行业生态效率为测度对象的，如钢铁产业、煤炭产业、矿业、制造业、建筑业等。

在近三年对工业生态效率的研究中，开始出现少量探讨驱动机制的成果。研究表明，经济发展水平、产业结构、政府规制、技术进步、外商投资和产业集聚，是影响我国省际工业生态效率的主要因素（李成宇等，2018）[①]；城市规模经济、工业集聚水平、环境保护监督、科学技术创新、地区产业结构、生态环境禀赋这些因素，对我国地级市工业生态效率整体起到正向影响（李在军等，2018）[②]。

（2）农业生态效率研究。国外对农业生态效率的研究，主要围绕具体的农作物或产品开展，生命周期评估法是常用的方法，得出的结论相对具体务实。Pelletier 等（2008）测算了加拿大的油菜、玉米、大豆和小麦 4 种农作物从常规耕种转为有机耕种后的生态效率变化。Basset-Mens（2009）则考察了新西兰牛奶场的集约化生产对牛奶产品生产和土地使用生态效率的影响。Middelaar（2011）测算了荷兰奶酪在生产过程中的生态效率。José A. Gómez-Limón 等（2012）在对西班牙橄榄种植农场的研究中，使用 DEA 模型比较了雨养山林、雨养平原和灌溉密林三种不同的橄榄林自然系统的生态效率。Masuda（2016）对日本小麦种植生态效率的研究，则结合了生命周期评估和 DEA 模型两种方法[③]。

国内对农业生态效率的测算研究，整体而言晚于工业生态效率，也晚于国外同类研究。潘丹和应瑞瑶（2013）是国内较早开展农业生态效率研究的学者，他们采用含非期望产出的 SBM 模型测算了我国各省的农业生态效率，认为中国农业生态效率损失的原因并非产出不足，而是资源消耗和污染物排放过多[④]。此后，程翠云等（2014）的测算结果也显示我国农业生态效率总体水平较低，影响其变化的主要有区域资源环境禀赋条件、农资投入和农业政策支持

① 李成宇，张士强，张伟．中国省际工业生态效率空间分布及影响因素研究［J］．地理科学，2018，38（12）：1970-1978.

② 李在军，胡美娟，周年兴．中国地级市工业生态效率空间格局及影响因素［J］．经济地理，2018，38（12）：126-134.

③ Masuda K. Measuring eco-efficiency of wheat production in Japan：A combined application of life cycle assessment and data envelopment analysis［J］. Journal of Cleaner Production，2016，126（10）：373-381.

④ 潘丹，应瑞瑶．中国农业生态效率评价方法与实证——基于非期望产出的 SBM 模型分析［J］．生态学报，2013，33（12）：3837-3845.

等因素[①]。张子龙（2014）研究了甘肃省庆阳市8个县区2001~2011年的农业生态效率时空演变轨迹。

2017年之后，国内的农业生态效率研究成果显著增加，涉及国家、省域、市县多个层面。

国家层面，王丽莉等（2018）测算了中国和东盟10国的农业生态效率，并验证了不同国家和地区的农业生态效率对相同因素的敏感性差异。张杨和陈娟娟（2019）选取了68个国家开展比较研究，认为不同收入水平的国家，其农业生态效率没有显著差异。与潘丹的结论不同，他们认为我国农业生态效率损失的主要原因在于农业劳动者技能低下、土地使用非效率。

省域层面，侯孟阳和姚顺波（2018）测算了中国各省市1978~2016年的农业（种植业）生态效率，还撰文分析了相同区段内我国农村劳动力转移对农业生态效率的影响。于婷和郝信波（2018）以农业碳排放为非期望产出，测算了我国13个粮食主产区的农业生态效率。曾福生和刘俊辉（2019）在农业碳排放之外，还将农业污染排放综合指数作为非期望产出纳入测算模型，测算了我国31个省市的农业生态效率，结果表明我国中、西部地区部分省份的农业生态效率被严重低估[②]。此外，还有胡卫卫等（2018）对江苏省13个地市农业生态效率及效率指数变动的测算分析、韩增林等（2019）对我国海洋渔业生态效率时空演变特征的研究等。

市县层面，周旭东和吕光辉（2018）测度分析了新疆14个地州市的农业生态效率及其变化特征、驱动因素。任志安和刘柏阳（2019）测算了淮河经济带38个地级市的农业水资源绿色效率。黄娟和刘玥（2018）对三峡库区农业生态效率的研究，是此类研究中为数不多的以区县层面决策单元开展的研究，用超效率DEA模型测算了三峡库区25个区县的农业生态效率。

近几年的研究中，开始出现关注农业生态效率驱动因素的成果，如王宝义和张卫国（2018）对1996~2015年我国农业生态效率的省际差异和影响因素进行分析，发现人均农业增加值和农业规模化水平对农业生态效率有正向影响，农业受灾率、农业机械密度、农民家庭经营收入比、财政支农水平、工业

① 程翠云，任景明，王如松．我国农业生态效率的时空差异［J］．生态学报，2014，34（1）：142-148.

② 曾福生，刘俊辉．区域异质性下中国农业生态效率评价与空间差异实证——基于组合DEA与空间自相关分析［J］．生态经济，2019，35（3）：107-114.

化水平、区位等对农业生态效率有负向影响①。郑丽楠和洪名勇（2019）的研究支持了王宝义和张卫国的大部分结论，并论证了城市化水平、农地确权对农业生态效率的正向影响。

（3）服务业生态效率研究。相对工业领域和农业领域的生态效率而言，服务业生态效率的研究成果较少，有零星的文献探讨了交通运输业的生态效率问题，如 Márcio 等（2004）对巴西里约热内卢国际机场车队的研究、Alfonso Aranda Usón 等（2011）对欧盟运输业模式及能源效率政策的探讨等。目前，较多的研究主要集中在旅游业生态效率方面，对于旅游业生态效率的研究综述，将在下一节专门阐述。

3. 企业生态效率

企业生态效率研究，是指以具体的企业作为生态效率测算与决策单元开展的研究。可持续发展的时代要求，使企业环境业绩与经济业绩间的联系日益紧密，而传统的企业业绩评价模式已无法满足这种要求，可以生态效率指标被引入其中，用以弥补这种缺失。国际上已有一些企业开始自行开发或者借助研究机构的指标测算企业的生态效率，以有效提高可持续发展水平。德国 BASF 集团是较早探索生态效率改善路径的企业之一，该公司结合产品生命周期开发和行业标准探索出一套生态效率分析工具，用于解决生产决策过程中包括产品研发、客户流程优化以及产品改进在内的诸多实际问题，被认为是一种推进企业可持续发展的分析工具（Saling et al.，2002）②。相较而言，国外对企业生态效率的研究与应用更为系统全面，一些大型企业，本身管理系统完善，环境数据全面，具有关注企业环境影响的意识和研发能力，典型的如 BASF 集团、3M 公司等。

生态效率能够帮助企业评估新的产品、技术或制度的经济价值和环境影响③，对于中小型企业也有重要的意义。Suh 等（2005）在对韩国一家电子设备企业的生态效率进行测评后，发现镀银工艺对企业的生态效率改善影响显著，并探讨了相应的技术替代问题。Raymond 等（2006）测算了加拿大新斯科

① 王宝义，张卫国．中国农业生态效率的省际差异和影响因素——基于 1996—2015 年 31 个省份的面板数据分析［J］．中国农村经济，2018，397（1）：46-62.

② Saling P，Kicherer A，Brigitte Dittrich-Krämer，et al. Eco-efficiency analysis by BASF：The method［J］. The International Journal of Life Cycle Assessment，2002，7（4）：203-218.

③ Evert Nieuwlaar，Geert Warringa，Corjan Brink，et al. Supply curves for eco-efficient environmental improvements using different weighting methods［J］. Journal of Industrial Ecology，2005，9（4）：85-96.

舍省中小型企业的生态效率后认为，常用的环境管理和生态效率分析工具在中小型企业的适用性非常有限，需要探索适用于此类企业的新的工具①。

国内也有一些学者在企业生态效率的测度方面做出了有益的尝试和探索，如戴铁军和陆钟武（2005）对钢铁企业生态效率的测算、商华（2007）和张炳等（2008）对工业园区企业生态效率的评估、陈晓红和陈石（2013）对湖南地区化工行业企业的研究等。杨婷蓉和丁慧平（2017）以企业的预期生态效率为基础，构建了绿色 EVA 指标，用于测量企业实际生态效率与预期值之间的差异，并以宝钢股份公司为案例开展了实证研究。周一虹等（2011）认为，EVA 不能识别财务报表虚报风险，且调整具有复杂性和随意性，因而有必要采用更为客观、真实的企业经营现金净流量作为生态效率指标的分母，并应根据行业、企业特点补充其他有意义的指标，以实现对生态效率更为客观准确的评价②。可见，中外学者在企业生态效率研究方法和工具的认识上，存在相当程度的共识。但国内企业对生态效率工具的实践与应用相对薄弱，鲜见有专门的研究成果。

在区域、产业和企业之外，生态效率概念和工具还被应用到土地利用、城镇化扩张、废弃电脑回收处理等研究，在应用领域方面，呈现出明显的延伸拓展趋势。

四、生态效率驱动因素的探索

驱动因素是指导致生产方式和目的发生变化的主要自然和社会经济因素，是影响生态效率演变的动力因素。对生态效率驱动因素的探索和认识，有助于研究主体和环境管理主体更好地理解生态效率变化的动因，从而采取更为科学有效的调控手段与政策。有少部分学者会借助 Malmquist 指数模型等工具分解生态效率，以探索全要素生产率、纯技术效率、规模效率、技术进步的变动趋势及其对生态效率的影响（王耕等，2018）③，但更为常见的是探讨外部因素对生态效率的影响，Tobit 面板回归是最常使用的分析模型。

---

① Raymond C, Booth A, Louis B. Eco-efficiency and SMEs in Nova Scotia, Canada [J]. Journal of Cleaner Production, 2006, 14 (6-7): 542-550.

② 周一虹，芦海燕，陈润羊．企业生态效率指标的应用与评价研究——以宝钢、中国石油和英国 BP 公司为例［J］．兰州商学院学报，2011，27（1）：112-121.

③ 王耕，李素娟，马奇飞．人类福祉视角下中国生态效率时空演化研究［J］．地理科学，2018，38（10）：1597-1605.

探讨外部因素对生态效率影响的研究可以分为两类：一类是探讨多个因素对生态效率的影响，分析较多的有经济发展、产业结构、技术进步、对外开放、能耗水平、城镇化率、环境治理投资等因素（潘兴侠等，2013；屈小娥，2018；任梅等，2019；易杏花和刘锦钿，2020），研究区域除西部地区、长江经济带、若干省域之外，也涉及鄱阳湖生态经济区、民族地区等；另一类则聚焦于单个因素，探讨其对生态效率的影响机理，关注度较高的因素有如下几个：

第一，产业结构优化对生态效率的影响。现有研究多倾向于认为，产业结构升级对我国区域生态效率的提高有显著的促进作用（蔡玉蓉和汪慧玲，2020）①。相关研究表明，产业结构高级化、合理化对生态效率具有促进作用（陈立泰等，2020）②。本省份产业结构的合理化具有突出的正外部效应，能够显著提高其他省份的生态效率，而产业结构的高度化，则具有本地和外部双重正向效应（韩永辉等，2016）③。

第二，城镇化对生态效率的影响。这方面的研究结论差异较大，罗能生等（2013）研究发现，城镇化水平与区域生态效率之间是非对称的“U”形关系，对于中西部地区来说，随着城镇化水平的提高，区域生态效率是在不断下降的。汪晓文和刘娟（2019）检验了城镇化对西部地区生态效率的直接和间接影响，发现西部地区的城镇化水平与生态效率呈显著的“U”形关系，且会对产业结构升级、技术提升等影响生态效率的因素起到拉动作用。陈真玲（2016）则认为，从中国 2003~2012 年 30 个省份的数据测算结果来看，城镇化与生态效率之间有较强的负相关关系，而且对邻近区域产生负的溢出效应。

第三，环境规制对生态效率的影响。就区域生态效率的差异形成机理来说，“波特假说”是否成立，与环境规制工具的类型和区域发展的差异都有关（任胜钢等，2016）④。任小静和屈小娥（2020）研究发现，命令型、市场型、资源型规制工具对不同地区生态效率的作用各异，需要灵活选择规制工具或兼

---

① 蔡玉蓉，汪慧玲．产业结构升级对区域生态效率影响的实证［J］．统计与决策，2020，36（1）：110-113.

② 陈立泰，李金林，叶长华，等．长江经济带城市群产业结构变迁对生态效率的影响研究：2006—2014［J］．数理统计与管理，2020，39（2）：206-222.

③ 韩永辉，黄亮雄，王贤彬．产业结构优化升级改进生态效率了吗？［J］．数量经济技术经济研究，2016，33（4）：40-59.

④ 任胜钢，蒋婷婷，李晓磊，等．中国环境规制类型对区域生态效率影响的差异化机制研究［J］．经济管理，2016，38（1）：157-165.

顾各类工具的优化组合。而张子龙（2015）的研究结果则表明，环境规制政策的实施在短期内对生态效率的提高具有负效应，但从长期来看，环境规制对生态效率提升会表现出因倒逼机制产生的促进作用，但这种作用是有限的。环境规制对微观层面决策单元的影响有可能是显著的，杨皓天和马骥（2020）对江苏、河北、山东三省 399 家蛋鸡养殖场养殖生态效率的研究表明，环境规制的强弱能够显著影响养殖场的生态效率，这种影响的大小与养殖规模呈现出倒“U”形关系。

第四，金融集聚对生态效率的影响。相关研究表明，金融发展通过资本支持、资本配置、企业监督和绿色金融四个途径影响区域生态效率（黄建欢等，2014）①，而与之密切相关的金融集聚，与区域生态效率之间是一种耦合协调关系（白彩全等，2014）②。何宜庆在这个主题上的研究成果较多，他探讨了三大经济圈、长江经济带等区域的金融集聚、产业结构优化对生态效率的提升作用，后来又进一步分析了我国 31 个省区的金融集聚对生态效率的空间影响效应（2017），随后陈林心、姚惠泽等也做过类似的研究。何宜庆等（2017）认为，我国的金融集聚存在一定的空间正自相关性，但金融集聚对各省区生态效率的影响不尽相同③，在吴义根和冯开文（2018）的研究中，也得出了相似的结论。

第五，城市人口规模对生态效率的影响。不同规模等级的城市，其社会经济发展水平、产业结构、科学技术投入和管理效率均存在显著差异，因此会形成生态效率的城市规模等级差异（杨勇和邓祥征，2019）④。城市规模对生态效率的影响呈现“N”形曲线的特征，且具有显著的区间效应（李佳佳和罗能生，2016）⑤，不同人口规模下人口密度与生态效率之间的门槛效应存在显著

---

① 黄建欢，吕海龙，王良健．金融发展影响区域绿色发展的机理——基于生态效率和空间计量的研究［J］．地理研究，2014，33（3）：532-545.

② 白彩全，黄芽保，宋伟轩，等．省域金融集聚与生态效率耦合协调发展研究［J］．干旱区资源与环境，2014，28（9）：1-7.

③ 何宜庆，陈林心，焦剑雄，等．金融集聚的时空差异与省域生态效率关系研究［J］．数理统计与管理，2017，36（1）：162-174.

④ 杨勇，邓祥征．中国城市生态效率时空演变及影响因素的区域差异［J］．地理科学，2019，39（7）：1111-1118.

⑤ 李佳佳，罗能生．城市规模对生态效率的影响及区域差异分析［J］．中国人口·资源与环境，2016，26（2）：129-136.

的异质性（杨柳青青等，2019）[①]。马骏等（2020）研究发现，城市人口规模对长江经济带不同流域具有异质性作用，具体表现为提升下游生态效率但是抑制中、上游的生态效率[②]。

除上述因素外，也有学者论述了其他因素对生态效率的影响，如财政分权、地方政府财政竞争等。对生态效率影响因素的研究多建立在生态效率测度的基础上，是生态效率评价研究的深化和拓展，此类成果出现较晚，多数刊发于 2015 年之后，可以被视为生态效率研究体系不断深化完善的表现之一。

五、生态效率研究现状述评

1. 研究现状总结

若以 WBCSD 提出生态效率概念为该领域学术研究的起始，生态效率研究已经走过了 27 年，期间积累了丰富的研究成果，研究方法趋于规范，研究对象不断拓展，研究框架逐渐完备，并且形成了相对稳定的学术队伍，为后续研究奠定了坚实的理论与方法基础。经过对上述代表性文献的梳理比对，可以得出以下几点判断：

第一，国内外研究旨趣有异有同。从中英文文献的聚集程度来看，国内外关注的研究特点有明显差异，绝大多数国内学者惯常开展宏观、中观层面的研究，研究对象相对刻板固定，使用最多的是 DEA 模型，研究对象和方法的双重集聚，客观上加重了部分研究成果的同质化倾向。国外对区域等大尺度的研究尚处于尝试阶段，多数研究更偏好某一具体行业、某一类/某一家企业、某一类/某一个产品的研究，成果更显具体细致，生命周期评估的方法使用较为广泛。在应用层次上，国外开始将生态效率同产品的生态设计、关键问题辨识、系统开发等融合起来，而我国在企业尺度上的研究甚少，主要集中在行业、生态园区、城市及区域等大尺度的生态效率评价[③]。国外研究人员对企业生产过程更为关注，与企业的合作开展有力，因而在企业生态效率方面的实践进展与研究成果，其深度与实际指导意义都优于国内。在共性方面，一是对

① 杨柳青青，刘章生，张麒．中国城市人口集聚对城市生态效率的门槛效应研究［J］. 西南民族大学学报（人文社科版），2019，40（11）：153-157.

② 马骏，曹芳，周盼超．城市生态效率演变及驱动因素分析——以长江经济带 107 座城市为例［J］. 资源与产业，2020，22（1）：32-40.

③ 尹科，王如松，周传斌，等．国内外生态效率核算方法及其应用研究述评［J］. 生态学报，2012，32（11）：3595-3605.

DEA 模型的广泛使用；二是近年来对农业生态效率和旅游生态效率的关注，已成为国内外生态效率研究的共同热点。

第二，研究内容与框架不断拓展。从生态效率概念的引介性研究，到评价工具与方法的探讨，到对各类研究对象不同层面的测度比较，再到借助空间计量方法探讨生态效率时空演化规律特征，使用计量模型论证生态效率的影响因素与驱动机制，生态效率研究的内容与框架经历了一个不断拓展的过程，目前已经形成了“测算+时空特征分析+影响因素探索”的三段式研究范式。随着研究数据的积累、方法的不断成熟，对区域生态效率开展长时序研究成为可能，在研究对象上也呈现出静态评估到时空动态研究的趋势，不仅能够“反映其演变规律，也有助于根据演变态势提出更具针对性的对策建议”（胡熠娜等，2018）[①]。近两年，已经出现了少量的预测型研究，成为研究框架拓展的新方向。

第三，研究工具与方法逐渐成熟。在生态效率的评价工具、分析方法上，经历了从简单直接的单一比值法，到对生态足迹法、能值分析法等各种类型指标体系法的探索尝试，再到 DEA 模型法被应用、演化出多种子类，融合其他模型方法进行改进优化和后续分析，如“超效率 DEA”“Malmquist 指数”“SBM 模型”“三阶段 DEA”等关键词，不断出现在对一般 DEA 模型的优化研究中；空间相关、空间溢出等空间计量经济学方法和理论，被越来越多地应用于生态效率空间演化的特征分析中；Tobit 模型和空间计量模型则用于分析生态效率的影响因素。综上，目前已经形成了丰富、稳定的生态效率测算和分析“工具箱”，能够较好地满足各类评价对象的特征和需要。

2. 研究趋势展望

在后续的生态效率研究中，主要有以下两个方向值得进一步拓展：

第一，拓展多元化的应用领域。生态效率评价作为一种定量化程度高、方法相对成熟的可持续发展评价方法，完全有潜力、有必要向其他领域渗透，也值得生态经济学的相关领域借鉴并加以创造性延展。如果要使生态效率成为一种更具操作性的可持续环境管理概念，就非常有必要发展适应微观层面的以及不同类型决策单元的生态效率测度指标与方法，比如县域层面、村镇层面、不同行业企业类型、不同产品类型的工具与方法。

---

① 胡熠娜，彭建，刘焱序，等．区域生态效率研究进展［J］．生态学报，2018，38（23）：8277-8284.

第二，提升研究成果的实践价值。现有的大部分研究成果缺少内部精细化评估，对阶段性规律及其影响因素的探究不足，对研究结果的实际指示意义缺乏深入的梳理，因而实践价值相对有限。无论是在区域管治还是在企业管理方面，都难以为研究对象的可持续发展提供切实的路径和支持。在后续的研究中，可以借助微观层面的精细化跟踪评估、地理大数据的时空分析等手段，重点关注产品生产流程的科学化、企业管理方向调控、产业的绿色发展引导、区域可持续管治等研究主题，使生态效率的研究真正服务于社会经济的可持续发展。

第二节　旅游生态效率研究综述

一、旅游生态效率研究的源起

旅游生态效率（Tourism Eco-efficiency）源于生态效率（Eco-efficiency），最初由 Peter Dobers 等于 1999 年提出，他将旅游生态效率表示为单位经济产出下的碳排放量，并认为旅游生态效率具有双向效应，即在创造更多就业机会、促进经济增长的同时可以降低对生态环境的负面影响①。随着世界范围内的资源短缺和环境恶化，可持续发展日益成为世界各国普遍追求的目标，而生态效率则是不同层次上落实这一目标的重要切入点之一②。可持续发展概念在旅游领域的应用，推动了旅游可持续的产生和发展。而旅游业可持续发展的需要进一步催生了旅游生态效率，并使之成为衡量研究目的地可持续程度的重要理论工具③。

从全球的角度来看，使用化石燃料造成的温室气体排放是旅游业最紧迫的环境问题之一；旅游交通又是旅游业温室气体排放的主要环节，约占整个旅游

---

① Peter Dobers，Rolf Wolff. Eco-efficiency and dematerialization：Scenarios for new industrial logics in recycling industries，automobile and household appliances [J]. Business Strategy and the Environment，1999，8（1）.

② Moll S，Gee D. Making sustainability accountable：Eco - efficiency，resource productivity and innovation [R]. Copenhagen：EEA，1998：1-37.

③ 姚治国，陈田．旅游生态效率模型及其实证研究 [J]．中国人口·资源与环境，2015，25（11）：113-120.

业温室气体排放量的60%~95%。这些研究说明，旅游业温室气体排放已经开始成为旅游环境影响研究的焦点问题，生态效率为测度这种影响提供了新的视角和方法（李鹏等，2008）①。通过提高旅游生态效率，可以有效平衡经济发展与环境影响的关系，减少旅游活动对环境的影响，促进旅游业与环境的协调发展，从而达到旅游业的可持续发展。

2005年，Gössling对WBCSD的生态效率模型加以改进并应用到旅游生态效率研究中，进一步明确了旅游生态效率的概念，并测算了落基山、法国、阿姆斯特丹及锡耶纳等地的旅游生态效率，比较分析各国生态效率差异及主要原因，由此开启了旅游生态效率的评价研究。2005年瑞典学者Stefan提出，旅游生态效率是指在保证旅游经济效益最大化的同时，将其对环境的负面影响和对资源的消耗最小化。之后国外学者大多沿用此类定义，明确解读旅游生态效率概念的文献较为有限，研究重点在于旅游生态效率的测度与应用。由于生态效率公式可以直观地比较资源投入与经济产出，在旅游业能源消耗问题中使用生态效率概念和指标，显得尤为重要（Becken，2008）②。

在对旅游生态效率的内涵解读方面，国内学者在借鉴WBCSD关于生态效率的定义和国外学者关于旅游生态效率概念的基础上，结合中国国情和自身研究需要，探讨了适合我国旅游业的旅游生态效率概念。例如，肖建红等（2011）认为旅游生态效率是旅游经济发展预期与生态环境压力的关系；姚治国（2013）强调旅游生态效率的“双重目标”，即环境影响最小，经济影响最大；蒋素梅和幸岭（2014）认为旅游生态效率是生态资源满足旅游发展需求的效率；马勇和刘军（2016）从自然生态、经济发展、绿色发展三个角度来探讨旅游生态效率的核心理念，认为它是一个衡量旅游业经济发展与环境影响关系的指标。由于国内旅游生态效率的研究起步较晚，在概念界定上，大部分学者借鉴国外相对成熟的定义进行解读，遵循“最小投入，最大产出”的核心理念。

二、旅游生态效率的评价方法

旅游生态效率的测度思想主要来源于WBCSD对生态效率的定义，利用旅

① 李鹏，杨桂华，郑彪，等．基于温室气体排放的云南香格里拉旅游线路产品生态效率［J］．生态学报，2008（5）：2207-2219.

② Becken S. Developing indicators for managing tourism in the face of peak oil［J］. Tourism Management，2008，29（4）：695-705.

游业的环境影响和旅游业创造的经济价值之间的比值来表征旅游生态效率，采用定量化方法对旅游业经济、环境影响进行分析，已经成为测度旅游业可持续发展水平的重要工具（姚治国，2019）[①]。目前，现有的具体测度方法有两种，即单一指标法和模型法。

1. 单一指标法

作为明确提出旅游生态效率的第一人，Goessling Stefan 等（2005）利用单一比值法，对美国落基山国家公园、法国、丹麦阿姆斯特丹、塞舌尔、意大利锡耶纳等旅游目的地的生态效率进行了测算，测算公式为：旅游生态效率=旅游碳排放量/旅游收入[②]。Sabine 等（2010）在研究瑞士旅游业碳排放强度时采用的计算公式为旅游碳排放量与旅游业增加值的比值。Bruijn 等（2013）的测算方法与 Stefan 一致，都是采用旅游业碳排放量与旅游业收入的比值表征旅游生态效率。从国外旅游生态效率测算的公式来看，大部分学者利用旅游业碳排放量表征环境影响，而旅游业经济价值的指标方面，存在旅游收入和旅游业增加值两种选择。由于旅游业不属于国民经济账户体系，准确测算其增加值比较困难，所以大部分学者采用的都是旅游收入这一指标。相对而言，编制了旅游业卫星账户的国家或者地区比较容易获得旅游业增加值的数据，可为学术研究提供数据支撑。

现有文献在研究旅游生态效率时，选取的环境影响指标主要包括旅游碳足迹、旅游生态足迹、旅游业碳排放三类，其中旅游碳足迹和旅游生态足迹是从旅游者角度衡量旅游活动对环境产生的影响，而旅游碳排放则是从旅游相关行业层面进行测算，三类方法研究的出发点不同，但并无绝对优劣之分[③]。甄翌（2014）使用单一指标法评估张家界旅游生态效率时，同时运用旅游碳足迹和旅游生态足迹两种模型，研究得出的张家界生态效率具有一致性，说明两种方法并不矛盾；但研究结果显示两种方法下所得的旅游生态效率较好的部门排序不同，说明两种评估模型结果存在较大差异。

2. 模型法

学界对旅游生态效率评价指标与方法的探索，并未经历明显的、与寻求生

---

① 姚治国．国外旅游生态效率优化与管理［J］．生态学报，2019，39（2）：700-708.

② Goessling S，Peeters P，Ceron J P，et al. The eco-efficiency of tourism［J］. Ecological Economics，2005，54（4）：417-434.

③ 张哲．基于碳足迹的武汉市旅游生态效率研究［D］．武汉：华中师范大学，2017.

态效率评价工具与方法类似的甄选、讨论、摸索过程，带有一定的“拿来主义”性质，即将生态效率研究中较为成熟的工具与方法，根据研究需要经过改造后，用于旅游领域的研究中。大部分利用模型法研究的学者都是基于投入产出模型，即选择与生态效率相关的部分指标分别作为投入指标、产出指标，然后搭建相应的指标体系进行评价。在具体的模型和方法上，DEA 模型的使用最为广泛。较早的如 Laurent（2009）利用 DEA 模型法评价了法国旅游目的地的竞争力；George 和 Alexander（2012）运用 DEA 模型法研究了旅游绩效的决定因素及其相对重要性。运用模型法衡量旅游生态效率，对提升旅游业发展效率和降低其生态影响有重要的促进作用。

国内在使用模型法评估旅游生态效率时，最常用的仍是 DEA 模型①，如孙玉琴（2012）对中国 12 个滨海城市生态旅游效率的评价研究、马欣欣（2019）对 2011~2016 年辽宁省旅游生态效率时空变化的分析等。另外，一些改进优化后的 DEA 模型和方法，也被应用于旅游生态效率的研究中，例如，赵林林（2019）利用改进后的 DEA-DDF 模型对中国 1991~2010 年旅游业的生态效率、经济效率和环境效率进行了总体测度和评估；方世敏和王海艳（2017）利用 SBM-DEA 模型评价分析了张家界旅游生态效率的特征及时间演变规律；彭红松等（2017）在黄山风景区旅游生态效率的研究中，采用的是包含非期望产出的 SBM-DEA 模型；林文凯和林壁属（2018）运用超效率 DEA 模型对江西省旅游业生态效率进行了综合评估。

也有少量的研究采用了 DEA 之外的其他方法，例如，王兆峰和霍菲菲（2018）利用向量自回归模型（VAR）探究湖南武陵山片区旅游产业的生态效率，研究结果揭示了该地旅游产业生态效率的演化过程以及技术效应、结构效应、规模效应对旅游产业生态效率的贡献度。

三、旅游生态效率评价的应用研究

总体来说，旅游生态效率模型由于具有显著的科学性、前沿性与可操作性，在目的地可持续发展评价研究中具有突出的优势（姚治国，2019）②。现有的对旅游生态效率评价的应用研究，其目的都是在于借助这个概念模型来科

① 杨斌 . 2000—2006 年中国区域生态效率研究——基于 DEA 方法的实证分析［J］. 经济地理，2009，29（7）：1197-1202.

② 姚治国 . 国外旅游生态效率优化与管理［J］. 生态学报，2019，39（2）：700-708.

学地评判旅游目的地的生态效率水平，并探索如何进行优化管理，但在具体的研究中，切入的角度又有所不同。

1. 从旅游者角度切入的研究

此类研究成果数量少，且以境外研究居多。从旅游者角度切入来计算旅游活动的能源消耗和环境影响，是早期测算旅游碳排放的主要方式之一①。由于旅游碳排放是常用的旅游环境影响表征指标，因而从同一角度和路径切入来开展旅游生态效率的评价是可行的。Stefan Gossling（2005）对比分析了美国、荷兰、法国等国家和地区的旅游业生态效率，探究出客源地旅游生态效率差异的原因包括旅游者的旅行费用、游玩时长、行为习惯、旅行偏好以及交通模式、客源地与旅游目的地距离等因素，其中航空出行对旅游目的地生态效率影响最大。Kelly 等（2007）调查了游客对提升旅游业和目的地生态效率的认知，结果显示，被调查者的总体反映良好，不同类型的细分市场对“生态效率型”旅游的支持度是不同的，但大部分对提升策略都持接受态度，说明在促进旅游业发展过程中，提高旅游生态效率不仅是旅游管理者的需求，同时也是旅游者的期待。朱梅和汪德根（2016）也认为，旅游者是旅游生态效率优化的应有力量和有效力量，但管理与制度的欠缺，导致目前旅游者的参与并不踊跃。Sun 和 Pratt（2014）测算了大陆赴台游客对当地的环境影响，结果显示，受益于较近的距离和较长的逗留时间，赴台游客的碳排放效率和总的碳足迹效率都高于其他细分市场。

2. 从旅游交通角度切入的研究

交通运输是旅游业价值链的关键组成部分，并且是控制旅游业环境影响的关键因素。交通运输消耗了旅游系统最大部分的能量，以中国台湾澎湖列岛为案例地进行研究的 Kuo 等（2012）发现最主要的碳排放来源于交通尤其是航空部分。Sun 和 Pratt（2014）对中国台湾旅游碳足迹进行了测算，结果显示岛屿型目的地对航空运输和入境市场的依赖性，导致了来自岛外空间的碳排放占据更大份额。Qiu 等（2017）对中国旅游业碳排放进行了测算分析，结果表明中国旅游业碳排放量显著增加的最大来源是交通运输。由此可见，已有的研究结果都倾向于认为旅游交通是影响旅游生态效率的关键因素。Reilly 和

① Becken S, Simmons D G. Understanding energy consumption patterns of tourist attractions and activities in New Zealand [J]. Tourism Management, 2002, 23 (4): 343-354.

Williams（2010）认为，将游客转移到更为节能的交通方式有可能提高游客运输的生态效率，他们以加拿大哥伦比亚省的滑雪旅游目的地惠斯勒为例，调查滑雪旅游者对自驾转变为公共交通旅行的反应，并探索了这种可能性，结果表明远程游客是最有可能改变旅游交通方式的人群。因此，在目的地管理中，引导旅游者采用能效更高的交通工具、减少旅游交通层面碳排放的重点对象应为远程游客。

3. 从旅游目的地角度切入的研究

从旅游目的地角度切入的研究，是目前旅游生态效率评价研究的主流，该类型的成果在很大程度上沿用了区域生态效率研究的工具与方法，但将测算的重点转移到了旅游业上。根据研究区域的空间尺度不同，可划分为大、中、小三类尺度的研究。

（1）以国家或特定区域为旅游生态效率研究对象的大尺度研究。Dymond（2014）关注了新西兰旅游业的生态效率，并提出在制定旅游政策和相关规划时，需要考虑市场之外的因素和资源利用的多维度效率。Zhang 等（2014）探讨了美国饭店业的生态认证与行业生态效率之间的关系。刘佳和陆菊（2016）以中国 31 个省区为研究地域单元，探究中国 2003~2012 年旅游产业生态效率的时空分异格局及演化特征和影响因素。Song 和 Li（2019）使用 DEA 模型和 bootstrap-DEA 模型测算了中国旅游业的生态效率，测算结果显示，相较于 bootstrap-DEA，DEA 倾向于高估效率值，研究进一步分析了生态效率的影响因素，经济发展、城市化和对外开放程度被认为对旅游业生态效率有积极影响。刘军等（2019）运用单一比值法测算分析了 2000~2013 年中国及各地区旅游业的生态效率值，结果表明研究期限内，中国及各地区的旅游业生态效率总体上不断改善，但区域不平衡问题比较突出，中国旅游业自 2000 年开始进入可持续发展阶段，整体可持续水平优于其他产业，各地区的旅游业在 2010 年全部进入可持续发展状态。另外，国内对特定区域旅游业生态效率的研究，主要涉及沿海地区（付正本，2015）、长江中游城市群（陈梅和赵炜涛，2018）、长江经济带（王兆峰和刘庆芳，2019）等区域。

（2）以省市或相近尺度地理区域为旅游生态效率研究对象的中等尺度研究。国内的此类研究成果较为丰富，研究区域有江苏、海南、江西、湖南、辽宁等省份，有类似于武陵山片区的文化经济地理区域，也有青岛、昆明、宁波、常州等地市。

省域研究方面，姚治国等（2016）依据旅游生命周期评价理论，采用“自下而上”法，将旅游活动产生碳足迹的过程分解为旅游交通碳足迹、旅游住宿碳足迹、旅游活动碳足迹，用旅游碳足迹代表环境影响，测算了海南省2012年的旅游业生态效率，并指出“短距离、长停留、高消费”的市场模式有利于旅游生态效率优化，而“长距离、短停留、低消费”的市场模式则会拉低生态效率值。彭征和殷开明（2018）对海南省2016年生态效率的测度中，采用了与姚治国一文相似的研究方法，得出的结论也非常接近。林文凯和林璧属（2018）测算了江西省11个地级市2011~2016年的生态效率，并分析了地区之间的空间差异。从小丽（2019）测量分析了2003~2016年吉林省及各县市的生态旅游系统生态效率，并对其时空演化特征和关键因素的影响机理进行了分析。

地理区域研究方面，丁继月（2018）测算了鄂西生态文化旅游圈8个城市的旅游综合效率、技术效率和规模效率。李志龙和王迪云（2020）测算了武陵山片区71个县级单位2007~2016年的旅游经济—生态效率，并分析了经济水平、产业结构、资源禀赋、基础设施、环境规制5个因素对全要素生产率的影响。

地市研究方面，胡美娟等（2020）对常州市的研究较为新颖，该文用旅游生态效率值和本底生态效率值的比值构建了旅游生态福利指数，并借助生态福利指数模型测算了常州市1995~2017年的本底生态足迹和旅游业生态足迹，结果表明，研究期限内该市的旅游生态足迹呈直线式递增趋势，增长速度远快于全市生态足迹。另外，通过比较常州市本地居民与外来游客的人均资源消耗状况，发现游客的人均资源消耗量是本地居民的2.81~9.37倍，说明旅游业属于自然资源消耗高的产业①。

（3）以具体的旅游地、旅游景区或线路产品为研究对象的小尺度研究。早期Kelly等（2007）关注的是旅游地水资源使用的生态效率问题，在研究中建立了一个“自下而上”的评价模型，并以北美哥伦比亚省著名的滑雪旅游地惠斯勒小镇为例开展了实证研究。李鹏等（2008）尝试从旅游线路产品的特点入手，构建基于排放量的旅游线路产品生态效率计算模型，并对云南“香格里拉生态文化之旅八日游”的3种典型产品的生态效率进行了计算和分

① 胡美娟，丁正山，李在军，等．生态效率视角下旅游业生态福利及驱动因素——以常州市为例［J］．生态学报，2020，40（6）：1-12.

析。Kytzia 等（2011）以瑞士达沃斯小镇为例，利用投出产出（IOA）模型对该地旅游生态效率进行评价，结果显示，合理规划居住密度、接待机构床位数等对提高土地利用效率、提高经济价值有重要作用。

自然旅游景区是此类研究中常见的案例地类型，如甄翌（2013）以及方世敏和王海艳（2017）对张家界景区旅游生态效率的测度、李鑫等（2013）对华山风景区与大唐芙蓉园旅游生态效率的对比研究、杨任超（2017）对本溪关门山国家森林公园旅游生态效率的评估等。Peng 等（2017）对黄山国家公园生态效率的研究较具代表性，研究构建了一个基于 SBM-DEA 模型的旅游生态效率评估指标体系，评估分析了黄山国家公园生态效率的特征和演变。结果表明，研究期限内黄山的旅游生态效率在不断提升，且经历了初始的低效率阶段、快速增长阶段、成熟有效阶段和下行风险阶段 4 个阶段。研究认为产业结构和技术水平对生态效率具有显著正向影响，但投资水平却呈现相反的趋势，环境规制不能有效地提高旅游地的生态效率①。也有少部分学者关注传统村落之类的人文景区，例如，De Marco 等（2015）以五渔村作为典型范例，探讨了传统乡间建筑持续利用的生态效率改进策略；黄和平等（2019）采用过程生命周期评价法和生态效率评价模型，测算了江西省篁岭古村景区 2016 年的碳足迹与生态效率。

四、旅游生态效率研究现状述评

1. 研究现状总结

综上，旅游生态效率是生态效率概念在旅游研究领域的延伸，研究成果出现得较晚，数量也相对有限，可以被视为生态经济学与旅游经济学的一个交叉研究方向，整体尚处于起步阶段，并呈现出如下几个方面的特征：

（1）旅游生态效率研究的理论基础仍然薄弱。作为一个学术概念，旅游生态效率起源于国外，研究成果的形成也是国外早于国内，借鉴了生态效率的既有研究成果，在目标上追求旅游环境影响与旅游经济价值的“帕累托最优”，绝大部分学者在研究中认可并沿用了 WBCSD 关于生态效率的定义，将生态效率的概念运用到旅游领域。但截至目前，国内外对旅游生态效率概念、

① Peng H, Zhang J, Lu L, et al. Eco-efficiency and its determinants at a tourism destination: A case study of Huangshan National Park, China [J]. Tourism Management, 2017 (60): 201-211.

内涵、范畴、特征、理论支撑等基础问题的讨论仍然非常有限①，没有充分的探讨和解读。

（2）研究工具和方法上，以继承性应用为主。由前文综述可知，生态效率从概念转向评价工具的过程中，经历了多元化的指标体系法阶段、以 DEA 为主流的模型法阶段，以及目前正在进行中的 DEA 模型改进丰富阶段。旅游生态效率是从生态效率领域延伸出来的一个方向，旅游生态效率被用作定量化测度旅游可持续发展水平的工具时，在指标体系与具体的测算方法上，并未经过类似的过程，起初以单一指标法为主，其后直接以 DEA 模型为主。但旅游产业有显著的综合性与复杂性，一方面，产业发展在经济效益与环境效益之外，还受社会、文化、政治等诸多因素的影响，仅从经济与生态两方面来考虑，难以完整反映旅游业整体的可持续发展水平；另一方面，旅游业尚未纳入国民经济统计账户中，旅游业能源消费、旅游业增加值、固定资产投资等数据较难获取。因此，如何构建合理的旅游生态效率评价指标体系，科学地应用已有的生态效率测算分析工具，寻求在方法上的进一步突破，在很大程度上依赖于如何获取并科学地处理相关的指标数据。

（3）研究对象方面，国内外差异明显。尽管国内外旅游生态效率的研究成果都不丰富，但在关注面和切入点上，已呈现出较大的差异。国外成果的研究范围和视角相对广泛，研究对象涵盖了旅游者、旅游交通、旅游目的地三个旅游系统的构成要素，既有宏观层面的测度比较，也有微观的案例研究。根据研究对象的特征性质和尺度差异，使用了不同的研究工具与方法，在一些具体的研究中，往往能得出操作性强的结论与对策，应用价值较强。国内成果几乎都是从旅游目的地角度切入，其中大多数在研究方法和框架范式上，受区域生态效率研究的影响最为明显，成果带有一定的刻板化、模式化特征，应用价值较弱。

（4）研究内容的深度和框架的完整性较差。生态效率研究的内容框架已经形成了“测算+时空特征分析+驱动因素探索”的三段式范式，且已经出现了少量的预测型研究。但旅游生态效率的研究内容，仍以效率值的测算为主，对于旅游生态效率时空演变特征、影响因素等方面的研究仍较为欠缺。近三年的成果中，已有少量的研究对时空演化特征和驱动因素进行了分析，但这些成

① 刘军，马勇．旅游可持续发展的视角：旅游生态效率的一个综述［J］．旅游学刊，2017，32（9）：47-56.

果数量非常少，涉及的研究对象和研究区段有限，难以总结出更具规律性的结论，同时，在研究深度上也还有较大的发展空间，有待于进一步强化。

2. 研究趋势展望

在数据支持因素之外，旅游生态效率研究的发展，一方面有赖于生态效率理论的深化和工具方法的更新；另一方面也要结合旅游现象与问题的特质，在对基础理论进行充分讨论的前提下，对工具和方法加以选择优化，以提升研究成果的规范性和解释力。在未来的研究中，有以下几个方面是值得重点关注的：

（1）继续探索适用于旅游领域的研究工具和方法。在用好生态效率评价分析"工具箱"的基础上，对投入指标和产出指标应进行更严谨的甄选，如对非期望产出指标的科学界定、对旅游经济价值指标的选取和处理，以水资源消耗、能源利用、其他温室气体排放等作为环境变量（姚治国等，2016）①，进一步完善旅游生态效率指标体系。在 DEA 模型方法之外，探索适用于不同研究对象的评价方法，如将旅游地生命周期与生命周期评估方法结合（Peng 等，2017）②，用于微观单元的旅游生态效率评估。

（2）关注多元化、多尺度类型的研究对象，高质量的研究成果越来越多。随着旅游业卫星账户及区域投入产出数据的完善，旅游生态效率将进一步发展成为衡量旅游环境影响和旅游业可持续发展的重要指标。在对旅游生态效率实证案例的选择上，如城市群、经济圈、经济区等中观尺度层面的研究会越来越多。在不断深化、规范研究的同时，也会不断形成更多视角贴切、主题多元、内容丰富的高质量研究成果。

（3）拓展深化研究内容，加强对旅游生态效率时空演化与驱动因素的分析。运用空间计量学的工具和方法，探查不同区域不同发展条件下旅游生态效率的时间和空间演化机理，对掌握旅游可持续发展的规律具有重要意义。与之相关地，对旅游生态效率驱动因素的系统深入分析，能够为促进旅游产业高质量发展提供重要的决策依据。

随着旅游业的迅速发展以及旅游统计数据的进一步完善，旅游业的相关数

---

① 姚治国，陈田，尹寿兵，等．区域旅游生态效率实证分析——以海南省为例［J］．地理科学，2016，36（3）：417-423.

② Peng H，Zhang J，Lu L，et al. Eco-efficiency and its determinants at a tourism destination：A case study of Huangshan National Park，China［J］. Tourism Management，2017（60）：201-211.

据会越来越准确、丰富，旅游生态效率相关数据的获取会更加便捷。这些都将有助于促进旅游生态效率测度方法的进一步突破，指标体系法、模型法等将得到进一步发展；有助于促进旅游生态效率研究内容的进一步深入，旅游生态效率的时空演变机理、区域差异、收敛特征、影响因素等研究成果会更加丰富；有助于针对旅游产业发展制定更具操作性和指导性的对策建议。

本书主要尝试在以下几个方面对现有成果进行丰富和拓展：

第一，将旅游业发展的期望产出、非期望产出和资源消耗纳入同一框架下考虑，在测度旅游业生态效率水平的基础上，从时空演变、区域差异、收敛特征和空间效应及影响因素等方面进行实证分析，以期能够为旅游业生态效率评价提供一个较为系统的研究框架。

第二，采用了非径向、非角度的超效率 SBM 模型，并考虑了旅游业碳排放这一非期望产出对 2000~2017 年中国旅游业生态效率水平进行测度，与传统的 DEA 模型相比，不仅克服了径向缺陷和角度缺陷，使测算结果更加准确科学，而且解决了有效评价单元无法进一步大小排序和比较的问题。

第三，对中国旅游业生态效率进行收敛检验和分析，比较分析了基于同质性假设的传统的四类收敛模型，采用了基于异质性假设的 PS 收敛模型，并结合核密度函数估计法，对地区间旅游业生态效率差异现状和动态演变趋势进行分析。

第四，采用空间计量模型对旅游业生态效率的影响因素进行实证研究，对各因素的影响机理与影响方向、程度大小进行分析，从而为我国在旅游业发展过程中降低资源消耗和减少环境污染提供参考和对策建议，进而有助于促进旅游业生态效率水平的提高。

第三章　旅游业生态效率评价指标体系与模型构建

对旅游业生态效率进行科学客观评价的关键，在于评价方法和模型的使用以及评价指标体系的构建，两者不仅在很大程度上关系到评价结果的准确程度，而且也关系到有效评价单元的排序和进一步分析。本章对目前学术界生态效率的评价模型方法做了简单介绍和优缺点分析，并对评价指标选取的研究现状进行了梳理，借鉴现有的研究成果，从劳动力、资金、能源和设施投入角度以及经济增长、环境污染物等产出角度构建了评价指标体系，并据此选择合适的评价方法和评价模型。

第一节　评价模型构建

一、评价对象

本书的研究对象是中国旅游业。中国旅游业的起步较晚，一般认为改革开放前的旅游业主要服务国家外交战略、港澳台事务和海外华人华侨工作，属于外交事业范畴。改革开放之后的40多年间，我国旅游业逐渐向市场化转型，在1998年的中央经济工作会议上，旅游业被确定为国民经济新的增长点，标志着旅游业进入了产业化发展阶段①。

进入21世纪以来，旅游产业发展经历了几个关键节点。2001年，国务院印发《关于进一步加快旅游业发展的通知》，明确旅游业“已形成了比较完整的产业体系”，提出要重点从旅游产品丰富和优化、旅游基础和服务设施建设、旅游业队伍建设等方面加快产业发展；2006年，《中国旅游业发展“十一

① 李金早．当代旅游学（中）[M]．北京：中国旅游出版社，2018.

五”规划纲要》中，提出“要把旅游业培育成为国民经济的重要产业”；2009年，国务院印发《关于加快发展旅游业的意见》，将旅游业定位为“国民经济的战略性支柱产业”，并明确提出了要重点建设资源环境保护设施和推进节能环保，积极倡导低碳旅游方式；2018年，国务院办公厅印发《关于促进全域旅游发展的指导意见》，指出旅游业已成为“国民经济的战略性支柱产业”，并提出要推动旅游业的融合发展和旅游产业结构的转型升级，进一步加强资源环境保护和环境整治，倡导绿色旅游消费；2018年3月，中国文化和旅游部成立，标志着中国旅游业进入了全新发展时期。

中国旅游业起步晚、底子薄，但经过40多年的发展，产业体系逐渐完备、规模迅速壮大，旅游经济持续增长，旅游设施水平显著提升，产业发展获得了巨大的成就（见表3-1）。2018年，国内旅游人数55.39亿人次，出入境旅游总人数2.91亿人次，全年实现旅游总收入5.97万亿元，继续保持世界第一大出境旅游客源国和第四大入境旅游接待国地位，并拥有位居世界第一的国内旅游市场。2018年旅游业对GDP的综合贡献达9.94万亿元，占GDP总量的11.04%[①]。

表3-1 2000~2017年中国旅游业发展的相关数据一览

年份	2000	2001	2002	2003	2004	2005	2006	2007	2008
旅游业从业人员（万人）	186	200	219	241	244	259	270	271	271
星级酒店床位（万张）	157	153	172	188	236	241	277	295	292
旅行社（家）	8959	10497	11512	13316	14884	16212	17920	18900	20063
旅游业增加值（亿元）	3573	4192	5076	4775	6098	7072	8308	9494	10164
旅游总人次（百万人次）	1159	1305	1487	1389	1790	2067	2448	2880	3236
年份	2009	2010	2011	2012	2013	2014	2015	2016	2017
旅游业从业人员（万人）	274	203	203	158	150	224	290	282	278
星级酒店床位（万张）	304	255	257	266	269	260	258	250	249
旅行社数（家）	20360	22706	23593	24845	25952	26446	27425	27734	29466
旅游业增加值（亿元）	12160	14196	15483	17939	19748	21784	24108	26925	31706
旅游总人次（百万人次）	3855	4745	5782	6900	7882	8940	9970	11550	13520

注：表中数据为本书从相关统计年鉴中收集、整理和计算所得。

① 中华人民共和国文化与旅游部财务司.2018年旅游市场基本情况［EB/OL］.http：//zwgk.mct.gov.cn/auto255/201902/t20190212_837271.html？keywords=.［2019-02-12］.

毫无疑问，中国已经成为一个世界旅游大国，也正在实现旅游强国的建设目标。世界经济论坛（WEF）发布的《2019年全球旅游业竞争力报告》中，中国旅游业竞争力在140个国家中居第13位，在人文资源、自然资源、交通设施、价格竞争力、商业环境等方面表现突出，但“环境可持续性”一项居第120位，是所有评价指标中得分和排位最差的一项①。中国旅游业在迅猛发展、推动经济、就业增长的同时，也造成了大量资源、能源的消耗，给生态环境带来诸多负面影响。据笔者测算，在2000~2017年，中国旅游业能源消耗量和二氧化碳排放量呈逐年递增态势，2017年中国旅游业的能源消费量为25758.0万吨标准煤，比2000年增长了近13倍（见图3-1），产业能耗水平居高不下，已经成为影响我国旅游业竞争力和可持续水平提升的重要因素。

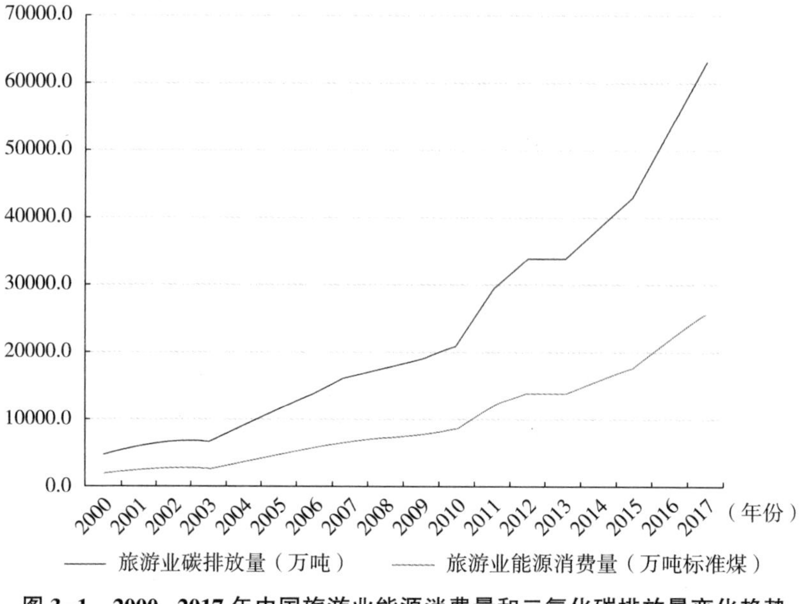

图3-1　2000~2017年中国旅游业能源消费量和二氧化碳排放量变化趋势

本书的评价对象是中国及30个省份的旅游业生态效率，研究中选取了除西藏、中国香港、中国澳门及中国台湾以外的中国其他30个省份作为决策单元（DMU），并按照传统的经济区划分方法，将中国分为东部、中部和西部三大经济区，具体划分如表3-2所示，研究时段为2000~2017年，共

① World Economic Forum（WEF）. The Travel & Tourism Competitiveness Report 2019［R］. Geneva, Switzerland, 2019.

计18年。

表3-2 中国30个省份按三大经济区划分情况

区域	省份	数量（个）
东部地区	北京、天津、河北、辽宁、上海、江苏、浙江、福建、山东、广东、海南	11
中部地区	山西、吉林、黑龙江、安徽、江西、河南、湖北、湖南	8
西部地区	内蒙古、广西、重庆、四川、贵州、云南、陕西、甘肃、青海、宁夏、新疆	11

注：区域划分方法与刘佳和陆菊（2016）、牛秀敏（2016）、傅京燕等（2016）、许罗丹和张媛（2018）等的划分一致。

二、评价方法

从生态效率的研究现状来看，模型法主要是基于投入产出的思想对效率进行测度，其测度结果更加科学、客观和准确，是当下主流和常用的评价方法。目前，应用较多的是随机前沿分析法（Stochastic Frontier Analysis，SFA）和数据包络分析法（Date Envelopment Analysis，DEA）两种（刘军，2018）。

1. 随机前沿分析法（SFA）

该方法是相对于确定性前沿来讲的，假定一个确定的前沿函数模型，在具体技术条件和生产要素组合条件下，对实际生产与理想生产前沿的差距效率评价的方法，最早是由 Aigner 等（1977）、Meeusen 和 Broeck（1977）分别提出的。该方法适合处理多投入、单产出和单投入、多产出的情况，允许技术无效性的存在，也充分考虑了随机事件对生产的冲击，与生产和经济增长的实际情况接近。但是 SFA 在处理多投入、多产出问题上不如 DEA 有优势，相比之下，SFA 需要的样本数量和观测值数量也更多。最主要的是 SFA 需要预先假定生产函数来确定生产前沿面，如果假设不当，就会导致效率值测算的偏误，而且在效率的稳定性上，不利于观察生产单元的效率变化速度及差异。

2. 数据包络分析法（DEA）

首先通过线性规划的方法来确定对于同类型决策单元（Decision Making Unit，DMU）具有相对有效的生产前沿面，然后将各个 DMU 投影到生产前沿面上，进而比较 DMU 与生产前沿面的偏离程度，以此来评价 DMU 的相对有效性。该方法最早可以追溯到 Charnes 等（1978）在论文中提出的 DEA 模型，该模型以投入为导向，以规模报酬不变（CRS）为假设，用来评价 DMU 间的相对有效性问题，也叫CRS模型，即最基本的DEA模型（DEA-CCR模型）。该模型测算后得到的是DMU的技术效率（TE），由于规模报酬不变的假设条件非常严苛，不但与实际情况差距较大，而且在大部分时候很难达到，DMU没有全部处于最佳规模时，无法从技术效率中消除规模效率的影响。

为了解决这一问题，Banker等（1984）将规模报酬可变（VRS）纳入假设条件考虑，对CRS模型进行了改进，提出了VRS模型（DEA-BCC模型）。该模型消除了规模效率的影响，得到的是纯技术效率（PTE）。以上DEA-CCR、DEA-BCC两种模型是DEA的基础模型，又称为传统DEA模型，适合于对多投入、多产出DMU的效率核算。该模型不需要对指标进行权重处理，避免了主观赋权对测度结果造成的影响；同时，也不需要设定具体的生产函数形式，避免了函数形式设置及参数估计不当对测度结果造成的影响；另外，也不需要考虑投入产出量纲的影响。因此，一经提出就得到了众多学者的关注，并将其应用于各个领域的效率研究中。

三、评价模型

1. 超效率DEA模型

通过两种传统DEA模型测度的评价单元效率值在0~1，会出现多个评价单元都处于生产前沿面上的测度结果，即处于生产前沿面上的DMU效率值都显示为1，导致无法严格区分有效DMU之间效率值的高低差异，进而无法进一步对有效DMU进行排序比较。

针对多个效率值为1的DMU之间无法进一步比较的问题，Andersen等（1993）提出了超效率DEA（Super-efficiency DEA）模型。通过该模型测算得出的DMU效率值可超过1，从而可以与效率值为1的DMU区分开来，进而可以进行效率值的高低排序，解决了传统DEA难以区分有效DMU效率大小和高低排序的问题，该模型表达式如下：

$$\min\theta \tag{3-1}$$

$$\text{s.t.}\begin{cases}\sum\limits_{\substack{j=1\\ j\neq k}}^{n} X_j\lambda_j \leqslant \theta X_k\\ \sum\limits_{\substack{j=1\\ j\neq k}}^{n} Y_j\lambda_j \geqslant Y_k\\ \lambda_j \geqslant 0,\ j=1,\ \cdots,\ n\end{cases}$$

其基本思路为，在测度某个有效 DMU 效率值时（如图 3-2 中的 B 点），先将它排除在 DMU 集合之外，则对于该 DMU 的有效生产前沿面由 ABCD 变为 ACD，其效率值也相应的由 $OB_1/OB=1$ 变为 $OB_1/OB>1$，进而成功区分了与效率值为 1 的 DMU 之间的差异；而对于无效 DMU（如图 3-2 中的 E 点），其生产前沿面没有发生变化，仍然是 ABCD，相应地，其效率值也仍然是 $OE_1/OE<1$。

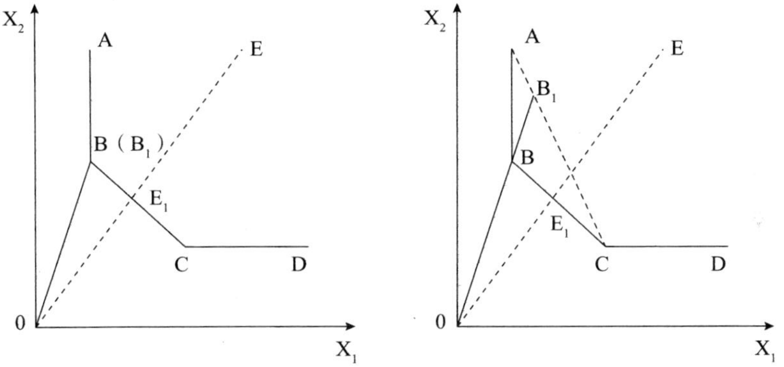

图 3-2　传统 DEA 模型（左）与超效率 DEA 模型（右）评价示意图

2. SBM 模型

无论是传统 DEA，还是超效率 DEA，都是采用径向方法对 DMU 进行效率评估，而对于无效 DMU，都没有把松弛变量的改进部分纳入考虑，从而对测度结果的准确性和客观性造成了一定的影响。

为了解决径向 DEA 模型在处理无效 DMU 时没有考虑对松弛变量的改进问题，Tone 在 2001 年提出了一种基于松弛变量测度的非径向、非角度的数据包络分析法，即 SBM 模型（Slack Based Measure，SBM）。该模型假设有 n 个 DMU_j（$j=1$，2，…，n），且对于每一个 DMU，则有 m 种投入 X_i（x_{1k}，x_{2k}，…，x_{mk}），有 s 种产出 Y_r（y_{1k}，y_{2k}…，y_{sk}）。SBM 模型的表达式如下：

$$\min\rho = \frac{1 - \frac{1}{m}\sum_{i=1}^{m} s_i^- / x_{ik}}{1 + \frac{1}{s}\sum_{r=1}^{s} s_r^+ / y_{rk}} \tag{3-2}$$

$$\text{s.t.}\begin{cases}\sum_{j=1,\ j\neq k}^{n} x_{ij}\lambda_j - s_i^- = x_{ik} \\ \sum_{j=1,\ j\neq k}^{n} y_{rj}\lambda_j + s_r^+ = y_{rk} \\ \lambda,\ s^-,\ s^+ \geqslant 0 \\ i=1,\ 2,\ \cdots,\ m;\ r=1,\ 2,\ \cdots,\ s;\ j=1,\ 2,\ \cdots,\ n(j\neq k)\end{cases}$$

式中，ρ 为 DMU 的效率值，且 $0\leqslant\rho\leqslant1$，λ 为权重向量，x_k 和 y_k 分别为投入和产出向量，s_i^- 和 s_r^+ 分别为投入和产出所对应的松弛变量。

3. 超效率 SBM 模型

虽然 SBM 模型考虑到了所有松弛变量，与传统径向 DEA 模型相比，其对 DMU 效率值的测度结果更加准确，但是仍然存在无法对有效 DMU 进行高低排序的问题。因此，Tone（2002）进一步优化和扩展了 SBM 模型，将超效率 DEA 和 SBM 两个模型结合起来，提出了超效率 SBM 模型。该模型的测度结果可以大于 1，从而解决了 SBM 模型无法对有效 DMU 进行进一步评价和排序的问题。超效率 SBM 模型的表达式如下：

$$\min\rho = \frac{1 + \frac{1}{m}\sum_{i=1}^{m} s_i^- / x_{ik}}{1 - \frac{1}{s}\sum_{r=1}^{s} s_r^+ / y_{rk}} \tag{3-3}$$

$$\text{s.t.}\begin{cases}\sum_{j=1,\ j\neq k}^{n} x_{ij}\lambda_j - s_i^- \leqslant x_{ik} \\ \sum_{j=1,\ j\neq k}^{n} y_{rj}\lambda_j + s_r^+ \geqslant y_{rk} \\ \lambda,\ s^-,\ s^+ \geqslant 0 \\ i=1,\ 2,\ \cdots,\ m;\ r=1,\ 2,\ \cdots,\ s;\ j=1,\ 2,\ \cdots,\ n(j\neq k)\end{cases}$$

式中，ρ 为 DMU 的效率值，且 $\rho\geqslant1$，λ 为权重向量，x_k 和 y_k 分别为投入和产出向量，s_i^- 和 s_r^+ 分别为投入和产出所对应的松弛变量。

4. 含非期望产出的 SBM 模型

超效率 SBM 模型的核心思想是在既定的资源数量约束下，如何用尽量少的投入，尽可能获得更多的产出。但是在实际的生产过程中，投入多种要素获得的产出并非都是人们所期望的，有很多时候会出现非期望产出，如各种对环境有害的污染物和废弃物，那么在这种情况下人们自然是希望非期望产出越少越好。针对如何在存在非期望产出的情况下测度 DMU 是否有效，Tone（2004）又对 SBM 做了进一步改进，提出了含非期望产出的 SBM 模型。该模型假定有 n 个 DMU，且每一个 DMU 都包含 3 个向量（投入、期望产出和非期望产出），分别用 $x \in R^m$、$y^g \in R^{s_1}$、$y^b \in R^{s_2}$ 来表示，其矩阵表示如下：

$$X = [x_1, \cdots, x_n] \in R^{m \times n} > 0$$

$$Y^g = [y_1^n, \cdots, y_n^g] \in R^{s_1 \times n} > 0$$

$$Y^b = [y_1^b, \cdots, y_n^b] \in R^{s_2 \times n} > 0$$

根据以上假设的生产可能集为 $p = \{(x, y^g, y^b (\mid x \geqslant X\lambda, y^g \leqslant Y^g\lambda, y^b \geqslant Y^b\lambda, \lambda \geqslant 0\}$，则构建的含非期望产出的 SBM 模型表达式如下：

$$\min\rho = \frac{1 - \frac{1}{m}\sum_{i=1}^{m} s_i^- / x_{ik}}{1 + \frac{1}{s_1 + s_2}\left(\sum_{r=1}^{s_1} \frac{s_r^g}{y_{rk}^g} + \sum_{l=1}^{s_2} \frac{s_l^b}{y_{lk}^b}\right)} \tag{3-4}$$

$$\text{s. t.} \begin{cases} X\lambda + s^- = x_k \\ Y^g\lambda - s^g = y_k^g \\ Y^b\lambda + s^b = y_k^b \\ \lambda, s^-, s^g, s^b \geqslant 0 \\ \sum_{i=1}^{n} \lambda_i = 1 \\ i = 1, 2, \cdots, m; r = 1, 2, \cdots, s; j = 1, 2, \cdots, n(j \neq k) \end{cases}$$

式中，ρ 为 DMU 的效率值，且 $0 \leqslant \rho \leqslant 1$，$\lambda$ 为权重向量，X 为投入向量，y^g 和 y^b 分别为期望和非期望产出，s^- 为投入的松弛变量，s^g 和 s^b 分别为期望和非期望产出的松弛变量。

5. 含非期望产出的超效率 SBM 模型

从前文对数据包络分析（DEA）基础模型及演化模型的比较可知，虽然含非期望产出的 SBM 模型解决了以往因忽视非期望产出造成的效率评价结果与实际存在偏差的问题，提高了评价的客观性和准确性，但是仍然没有解决对有效 DMU 按照效率值高低排序的问题。

因此，本书选择了将超效率 SBM 模型与含非期望产出的 SBM 模型结合的含非期望产出的超效率 SBM-DEA 模型，对中国 30 个省份的旅游业生态效率进行评价。具体来讲，对于每一个省份 DMU_j（$j=1, 2, \cdots, 30$），都包含 3 个向量（投入、期望产出和非期望产出），分别表示如下：

$$X = [x_1, \cdots, x_n] \in R^{m \times n} > 0$$

$$Y^g = [y_1^n, \cdots, y_n^g] \in R^{s_1 \times n} > 0$$

$$Y^b = [y_1^b, \cdots, y_n^b] \in R^{s_2 \times n} > 0$$

根据以上假设的生产可能集为 $p = \{(x, y^g, y^b) \mid x \geqslant X\lambda, y^g \leqslant Y^g\lambda, y^b \geqslant Y^b\lambda, \lambda \geqslant 0\}$，则构建的含非期望产出的超效率 SBM 模型表达式如下：

$$\min \rho = \frac{1 + \frac{1}{m}\sum_{i=1}^{m} s_i^- / x_{ik}}{1 - \frac{1}{s_1 + s_2}\left(\sum_{r=1}^{s_1} \frac{s_r^g}{y_{rk}^g} + \sum_{l=1}^{s_2} \frac{s_l^b}{y_{lk}^b}\right)} \tag{3-5}$$

$$\text{s. t.} \begin{cases} \sum_{j=1, j \neq k}^{n} x_{ij}\lambda_j - s_i^- \leqslant x_{ik} \\ \sum_{j=1, j \neq k}^{n} y_{rj}^g \lambda_j + s_r^g \geqslant y_r^g \\ \sum_{j=1, j \neq k}^{n} y_{lj}^b - s_l^b \leqslant y_l^b \\ \sum_{i=1}^{n} \lambda_i = 1 \\ \lambda, s^-, s^g, s^b \geqslant 0 \\ i = 1, 2, \cdots, m; r = 1, 2, \cdots, s; j = 1, 2, \cdots, n(j \neq k) \end{cases}$$

式中，ρ 为 DMU 的效率值，λ 为权重向量，X 为投入向量，y^g 和 y^b 分别为期望和非期望产出，s^- 为投入的松弛变量，s^g 和 s^b 分别为期望和非期望产出的松弛变量。

值得注意的是，超效率模型会出现无可行解的问题，即 DMU_k 的某项产出或者投入指标的数值高于或者低于其他 DMU，则 DMU_k 在与近似相同的生产规模进行比较的时候，找不到合适的参比对象，导致模型出现无可行解。因此，为了避免出现因存在无可行解造成的有效 DMU 不能按照效率值大小排序和进一步分析的情况，本书参照成刚（2014）提出的关于 VRS 超效率模型无可行解的解决办法中产出导向 FPA 求解方法，对含非期望产出的超效率 SBM

模型通过前沿替代点法（Frontier Proxy Approach，FPA）进行改进，则模型表达式如下：

$$\min\rho = \frac{1 + \frac{1}{m}\sum_{i=1}^{m} s_i^- / x_{ik}}{1 - \frac{1}{s_1 + s_2}\left(\sum_{r=1}^{s_1} \frac{s_r^g}{y_{rk}^g} + \sum_{l=1}^{s_2} \frac{s_l^b}{y_{lk}^b}\right)} \tag{3-6}$$

$$\text{s. t.}\begin{cases} \sum_{j=1,\ j\neq k}^{n} x_{ij}\lambda_j - s_i^- \leqslant x_{ik}(1+\omega^*) \\ \sum_{j=1,\ j\neq k}^{n} y_{rj}^g\lambda_j + s_r^g \geqslant y_r^g(1+\delta^*) \\ \sum_{j=1,\ j\neq k}^{n} y_{lj}^b - s_l^b \leqslant y_l^b(1+\delta^*) \\ \sum_{i=1}^{n} \lambda_i = 1 \\ \lambda,\ s^-,\ s^g,\ s^b \geqslant 0 \\ i=1,\ 2,\ \cdots,\ m;\ r=1,\ 2,\ \cdots,\ s;\ j=1,\ 2,\ \cdots,\ n(j\neq k) \end{cases}$$

式中，ω^* 和 δ^* 分别表示当 DMU_k 从 K 移动到 K' 时，投入和产出增加的比例，前沿替代点 K' 的投入、期望产出和非期望产出值分别为 $x_{ik'} = x_{ik}(1+\omega^*)$、$y_{rk'} = y_{rk}^g(1+\delta^*)$、$y_{lk'} = y_{lk}^b(1+\delta^*)$。

同时，在使用 MaxDEA Pro 8.3 对中国 30 个省份的旅游业生态效率值进行测算的过程中，在测算的最后一步中的“选项”面板框中的“线性规划无最优解时”分项框中勾选“前沿代理点方法”（FPA）。

第二节　指标体系构建

根据前文对旅游领域生态效率的文献综述情况可知，在测算旅游生态效率方法的使用上，无论是单一比值法还是模型法，都已经被国内外学者所采用。这两种方法都涉及评价指标的选取，下面分别对国内外学者使用单一比值法和模型法的指标选取情况进行汇总分析。

一、指标选取原则

1. 科学性与客观性原则

指标选取的科学性对旅游业生态效率评价结果至关重要，本书主要从理论和实践两个层面来把握指标选取的科学性。在理论上，需要参照和借鉴大量研究文献，并要有针对性地选择评价指标；在实践上，不论采取的是何种定量或定性的评价模型或方法，必须要确保所选取的指标可以客观体现旅游业生态效率评价内容。

2. 系统性与代表性原则

鉴于旅游业生态效率关系到经济、资源和环境等多个系统，指标选取应从系统角度考虑，并要全面、完整体现旅游业生态效率的投入产出；选取的指标要最大限度地反映评价对象的特征，并确保用最少、最具代表性的指标来反映旅游业生态效率最本质的特征。

3. 可获性与可操作性原则

由于国家层面的统计工作难以全面覆盖到社会经济发展的方方面面，会存在部分指标没有被统计或者存在年份统计数据缺失等问题。在选取指标的时候应尽量选择数据可获取性和连续性强的指标；可操作性主要是指选取指标的可量化、可计算，以及年份缺失数据可通过技术手段进行补齐。

二、指标选取情况

虽然 DEA 模型法比指标法更适合旅游业多投入、多产出的效率评价，但是国内外学者将模型法运用到旅游领域对生态效率进行测算的研究成果不多，可借鉴的指标选取经验较少。因此，本书将国内外学者采用 DEA 模型法测算旅游领域效率的研究成果也纳入参考范围，通过知网（www. cnki. net）检索到 70 余篇高质量文献，并对文献中涉及的投入和产出指标进行梳理和归纳总结，作为本书指标选取的经验借鉴，以保证本书所选取指标的科学合理。表 3-3 只列出了部分文献研究情况，其他详见附录 B。

表 3-3 国内外基于 DEA 测算旅游领域效率和生态效率的指标选取情况（部分研究成果）

作者	测度模型	投入指标	产出指标
Fuchs（2004）	DEA	劳动力、基础设施、自然环境	旅游收入、就业率、市场份额、净收益
Botti 等（2009）	DEA	接待设施容量、游客数量	过夜游客数
Assaf 和 Josiassen（2012）	Bootstrap-DEA	过夜人数、政府对旅游业投资、接待设施总数	国际、国内游客平均逗留时间及旅游者人数
Halenur（2017）	DEA-CCR	旅游费用、员工总数、床位数	旅游收入、旅游人数、过夜人数
朱顺林（2005）	DEA	旅游业从业人数、旅游业固定资产投资	旅游营业收入
马晓龙（2008）	DEA	第三产业从业人数、城市固定资产投资、城市资源吸引力	星级饭店旅游收入
曹芳东等（2014）	DEA	土地面积、固定资产投资、从业人员、经营支出	旅游收入、游客人数
方杏村等（2015）	DEA-Malmquist	第三产业从业人员、人均园林绿地面积、住宿和餐饮业固定资产投资	旅游收入、旅游人数
王坤等（2015）	含非期望产出的 SBM-DEA	固定资产投资额、旅游业从业人员数、旅游业能源消费量	期望产出：旅游总收入 非期望产出：旅游业 CO_2 排放量
钟敬秋和韩增林（2016）	DEA	第三产业从业人数、固定资产投资	旅游业总收入、游客接待量
刘佳和张俊飞（2017）	DEA-Malmquist	旅游业从业人数、第三产业固定资产投资、旅游产业能源消费总量	期望产出：旅游总收入 非期望产出：旅游产业废水排放量、旅游产业 SO_2 排放量、旅游产业生活垃圾清运量
徐冬等（2018）	Bootstrap-DEA	旅游吸引力（旅行社、星级酒店和 3A 及以上旅游景区）、第三产业从业人数	旅游收入、旅游人次
韩瑛等（2019）	DEA-Malmquist	城市第三产业从业人数、固定资本存量、旅游吸引力	旅游总人数、旅游总收入
王兆峰和刘庆芳（2019）	含非期望产出的 Super-SBM	3A 级及以上旅游景区数量、三星级及以上酒店数量、旅行社数量、旅游业从业人数	期望产出：旅游总收入 非期望产出：旅游业 CO_2 排放

注：考虑到文章篇幅结构，在此只列出部分研究文献，其他详见附录 B。

从国内外学者测算旅游领域效率和生态效率时所选取的投入和产出指标情况来看，绝大多数学者都是遵循一个经济生产系统在正常运转时，一般所必需的最基本的投入要素，即土地、劳动力、资本这三种投入要素。值得关注的是，不同的学者在具体指标选取与所选指标数据获取和处理方法上有所不同。

1. 在具体的投入和产出指标选取上

（1）在具体投入指标选取上。土地这一指标被大多数学者所舍弃，原因是旅游业的生产基本上不受土地面积的制约；劳动力指标主要选取第三产业从业人员数或旅游业从业人员数；资本指标主要选取城市固定资产投资或旅游企业固定资产投资；另外，还有学者选择了旅行社数、星级酒店数、旅游景区数（以 A 级以上或 3A 级以上为代表）等指标，但是选取旅游能源消耗量作为投入要素的较少。

（2）在具体产出指标选取上。一是期望产出指标。国内外学者在期望产出指标选择上基本一致，普遍是在旅游收入和旅游人数两个方面进行选择：一方面，在旅游收入指标选取上，多数学者选择旅游总收入和旅游总人数（次）或其中之一，少数学者选择旅游业（企业）营业收入和旅游税金来代表旅游收入，也有学者选择国际外汇收入或国内旅游收入来代表旅游收入，另外也有少数学者选择星级酒店旅游收入来代表旅游收入；另一方面，在旅游人数指标选取上，普遍比较一致地选取旅游总人数（次）来表示，少数只选择过夜游客数来表示。二是非期望产出指标。旅游业和一般的生产系统一样，也会产生对环境造成负面影响的非期望产出，而大多数学者在构建评价旅游领域效率指标体系的时候，没有将非期望产出纳入指标体系进行评价，这样得出的评价结果要高于实际情况，这是不科学、不合理的。从国内外旅游领域效率研究现状来看，在采用 DEA 模型法测算效率时，只有少数学者考虑了非期望产出，但是在对非期望产出指标的选取上又有所不同，如王坤等（2015）、韩元军等（2015）、查建平（2016）、胡兰双（2018）以及王兆峰和刘庆芳（2019）都选择了旅游业 CO_2 排放量作为非期望产出指标；而彭红松等（2017）则选取了旅游垃圾、污水和废气排放，刘佳和张俊飞（2017）选取了旅游产业废水排放量、旅游产业 SO_2 排放量、旅游产业生活垃圾清运量，刘佳和陆菊（2016）以及林文凯和林璧属（2018）选取了旅游业废水排放总量、固体废弃物排放量和废气排放总量，将这些环境污染指标作为投入变量进行处理。

2. 在对具体投入和产出指标数据获取和处理方法上

（1）投入指标数据的获取和处理方法。旅行社数量、星级饭店（床位）数量、A级景区数量、旅游业从业人员数量都可以从相关统计年鉴中直接获取。但有些指标由于在中国现有的统计资料中没有对旅游业的专门统计，如旅游业能源消费量和旅游业固定资产投资，因而无法直接获取数据，需要通过一些技术方法来间接获取。

在获取旅游业能源消费量数据方法上，Becken 等（2003）、Patterson 和 Donald（2004）、陶玉国和张红霞（2011）、王凯等（2017）、姚治国（2017）则认为，旅游业能源消耗主要来源于旅游交通、住宿和旅游活动三部分，通过构建旅游交通、住宿和旅游活动能源消耗模型计算出三部分的能源消费量之和来代表旅游业能源消费量；刘佳和张俊飞（2017）采用旅游总收入占地区生产总值的比值乘以地区能源消费总量得出旅游业能源消费总量；张广海和刘菁（2016）采用旅游总收入占第三产业生产总值的比重乘以第三产业能源消费量得出旅游业能源消费总量；王坤等（2015）、曾瑜晳等（2017）则借鉴谢园方和赵媛（2012）的“旅游消费剥离系数法”来计算旅游业的能源消费量。综合以上方法比较，笔者认为采用“旅游消费剥离系数法”从第三产业中旅游相关行业能源消费量中获取的旅游业能源消费量相对比较全面、科学和更接近实际。

在获取旅游业固定资产投资数据方法上，左冰和保继刚（2008）、曾瑜晳等（2017）选择旅游业固定资产净值作为旅游业固定资产投资的替代，并利用永续盘算法延展得到旅游业固定资产净值数据；李会琴等（2016）、刘佳和张俊飞（2017）、曹妍雪和李树民（2018）选择第三产业固定资产投资作为旅游业固定资产投资的替代；邓洪波和陆林（2014）、关伟等（2018）选择住宿业和餐饮业固定资产投资作为旅游业固定资产投资的替代；马晓龙和保继刚（2010）、屈小爽（2017）、王新越和韩霞霞（2018）、王兆峰和霍菲菲（2018）选择城市固定资产投资作为旅游业固定资产投资的替代；另外，林文凯和林壁属（2018）通过计算出的旅游总收入占国民生产总值的比值乘以地区固定资产投资总额来得到旅游业固定资产投资。

（2）产出指标数据的获取和处理方法。旅游总收入可以通过国内旅游收入和国际旅游外汇收入加总获得，其中国内旅游收入可以直接从相关统计资料获取，国际旅游外汇收入也可以直接从相关统计资料获取，但需要由美元换算为人民币，相关外汇汇率可以直接获取；旅游总人数（次）也可以通过国内游客人数和入境游客人数加总获得，两部分接待人数都可以直接从相关统计资料获取。另外，少部分学者选择旅游业增加值作为旅游业的产出指标，但是该指标数据无法直接获取，要经过较为复杂的计算得到；旅游碳排放和旅游“三废”指标数据同样无法直接获取，也需要经过计算获取。

在获取旅游业增加值数据的方法上，现有研究主要是以借鉴曾国军和蔡建东（2012）的“旅游增加值剥离测算法”来测算，如曾瑜皙等（2017）的研究。本书选择旅游业增加值作为期望产出指标，同样借鉴“旅游增加值剥离测算法”来计算获取。

在获取旅游业废气、废水和固体废弃物指标数据方法上，刘佳和陆菊（2016）、刘佳和张俊飞（2017）、林文凯和林壁属（2018）利用计算出的旅游总收入占国民生产总值的比，分别乘以地区的废水排放总量、固体废弃物排放量和废气排放总量，从而剥离出旅游产业废水排放总量、旅游产业固体废弃物排放量和旅游产业废气排放总量，用该方法计算出的结果往往高于实际情况；而彭红松等（2017）所用的旅游“三废”指标数据，则是在实地调研中通过访谈与收集整理文献统计资料得到，该方法得到的指标数据虽然更符合实际，但是仅适合于某个旅游目的地或旅游景区（点）的微观层面研究，而且获取数据的人、财和物力成本巨大，难以在省级、区域和国家层面的研究中使用。

在获取旅游业 CO_2 排放量指标数据方法上，主要是借助前文计算旅游业能源消费量的几种方法。在计算得出的旅游业能源消费量基础上，根据各类能源的碳排放系数，进一步获取旅游业二氧化碳排放量。本书认为可以采用“旅游消费剥离系数法”，即先从第三产业中旅游相关行业能源消费量中剥离出旅游业能源消费量，再进一步计算出旅游业 CO_2 排放量的方法更合适。

从以上两类旅游业对环境影响的非期望产出指标数据获取和处理方法上可以看出，旅游业碳排放相比旅游“三废”更适合作为非期望产出指标。因此，本书选择旅游业碳排放作为含非期望产出的超效率 SBM 模型中的非期望产出指标。

三、指标体系构建

1. 指标体系构建

虽然评价指标体系中指标数量的多少关系到评价结果的真实性和准确性，但是根据传统 DEA 模型对指标选取的基本要求，限制了指标数量与决策单元数量之间的比例，即指标数量不能超过决策单元数量的 1/3。本书的决策单元有 30 个，选取的投入产出指标有 8 个，在数量和比例上符合使用 DEA 模型的基本要求。另外，在旅游业生态效率评价指标选取时，除了要遵循几个选取原则外，指标之间还必须存在某种逻辑关系，即旅游投入可以引发旅游产出。

基于国内外学者评价旅游领域效率和生态效率的指标选取情况，遵循指标选取的基本要求，结合旅游业的基本特征，本书从投入、产出和环境影响三个方面，构建了旅游业生态效率评价指标体系：①从劳动力、资本、能源和设施方面选取 5 个变量构建投入指标体系，即旅游业从业人员数（x_1）、旅游业固定资产投资（x_2）、旅游业能源消费（x_3）、星级饭店床位数（x_4）、旅行社数（x_5）5 个投入指标；②从经济社会效益方面选取 2 个变量，从环境影响方面选取 1 个变量共同构建产出指标体系，即旅游总人次（y_1）、旅游业增加值（y_2）作为期望产出指标，选取旅游业碳排放（y_3）作为非期望产出指标，具体如表 3-4 所示。

表 3-4 中国旅游业生态效率评价投入产出指标体系

类别		指标名称	符号	单位	指标说明
投入	劳动力	旅游业从业人员数	x_1	人	旅游业发展规模
	资本	旅游业固定资产投资	x_2	亿元	旅游业投资规模
	能源	旅游业能源消费	x_3	万吨标准煤	旅游业能源消耗
	设施	星级酒店床位数	x_4	张	旅游业接待设施规模
		旅行社数	x_5	家	旅游业组织机构规模
产出	期望产出	旅游总人次	y_1	万人	旅游业规模产出
		旅游业增加值	y_2	亿元	旅游业经济产出
	非期望产出	旅游业碳排放	y_3	万吨	旅游业能源产出

2. 指标选取说明

在投入指标选取上，主要是从产业发展所需要的最基本的投入要素考虑，即基于土地、劳动力和资本等生产投入要素，并结合旅游业的产业特征，将资源、设施等投入要素纳入考虑之中。由于土地对旅游业生产的限制比较微弱（马晓龙和保继刚，2010；曹芳东等，2012；李会琴等，2016；屈小爽，2017；王兆峰和霍菲菲，2018；王新越和韩霞霞，2018），选取投入指标时将其排除。

（1）劳动力投入指标——旅游业从业人员数（x_1）。考虑到旅游业作为服务业，其提供的服务是最主要的产品和价值所在，而服务又是由食、住、行、游、购、娱等旅游部门的从业人员所提供的，因此从业人员的数量和质量就成为影响旅游服务质量的主要因素。随着旅游者对旅游服务质量要求的日益提高，必然会对旅游从业人员的数量和质量提出更高的要求。在数据可获取的情况下，选择第三产业从业人数（马晓龙，2008；曹芳东等，2012；钟敬秋等，2016；李会琴等，2016；屈小爽，2017；徐冬等，2018；王兆峰和赵松松，2019）作为旅游业劳动力投入指标，在一定程度上放大了旅游业实际劳动力要素的投入规模，指标数据缺乏严谨性和科学性。本书认为，选取旅游业从业人员数（朱顺林，2005；梁流涛和王建涛，2012；王坤等，2015；刘佳和张俊飞，2017）作为旅游业劳动力投入指标更为合适。

（2）资本投入指标——旅游业固定资产投资（x_2）。前文提到了有部分学者选取城市固定资产投资（马晓龙和保继刚，2010；屈小爽，2017；王新越和韩霞霞，2018；王兆峰和杨显，2018）、第三产业固定资产投资（李会琴等，2016；刘佳和张俊飞，2017；曹妍雪和李树民，2018）或餐饮业和住宿业固定资产投资（邓洪波和陆林，2014；关伟等，2018）作为旅游业资本投入指标，而不是选择旅游业固定资产投资（林文凯和林璧属，2018），其主要原因在于这些指标数据可以直接从相关统计资料中获取，而旅游业固定资产投资则没有专门的统计。本书选择旅游业固定资产投资作为旅游业资本投入指标，并借鉴“旅游消费剥离系数法”，从第三产业中旅游相关行业固定资产投资中将旅游业固定资产投资剥离出来，笔者认为该指标更符合旅游业实际，数据也更严谨和科学，也更适合用来反映旅游业固定资产投资情况。

（3）能源投入指标——旅游业能源消费（x_3）。随着旅游业并非“无烟工业”“朝阳产业”的事实不断被认知和接收，而且在旅游业实际的生产过程中也确实需要大量能源的投入，特别是旅游交通运输工具（如汽车、火车、飞机等）需要消耗大量的能源，有学者开始将旅游业能源消费（Becken 等，2003；Patterson 和 Donald，2004；陶玉国和张红霞，2011；张广海和刘菁，2016；王凯等，2017；姚治国，2017；刘佳和张俊飞，2017）作为旅游业物质资源投入指标纳入对旅游领域效率或生态效率的测算。本书也选取旅游业能源消费指标作为旅游业物质资源投入指标，由于没有对旅游业能源消费量的专门统计，所以本文采用“旅游消费剥离系数法”（谢园方和赵媛，2012；王坤等，2015；曾瑜皙等，2017），借助各地区能源平衡表，将旅游业能源消费量从第三产业中旅游相关行业能源消费量中剥离出来，对数据的具体处理详见后文。

（4）设施投入指标Ⅰ——星级酒店床位数（x_4）。酒店是地区旅游住宿和餐饮接待的主要场所，而星级酒店作为地区旅游住宿的高端类型和重要组成部分，在很大程度上可以代表地区旅游业发展水平和旅游接待能力，而且地区旅游业规模越发展壮大，就越需要更多的星级酒店建设和投入使用，因此星级酒店是地区旅游业重要的接待设施资源。有不少学者选择星级酒店数（顾江和胡静，2008；梁明珠和易婷婷，2013；马震，2015；李会琴等，2016；刘佳和陆菊，2016；李占风和叶银丹，2017；胡兰双，2018；魏俊等，2018；刘曙光和尚英仕，2018；王新越和韩霞霞，2018；王兆峰和杨显，2018；王少华，2019；杨萍等，2019；王兆峰和赵松松，2019）或星级酒店客房数（邓洪波和陆林，2014；时雨晴等，2015；方叶林等，2018）作为设施投入指标。在此，本书选取星级酒店床位数作为旅游业接待设施资源投入指标。

（5）设施投入指标Ⅱ——旅行社数（x_5）。旅行社业作为旅游业的三大支柱之一，是地区招徕游客和组织出游的经营性旅游组织，也是连接旅游业生产各部门的桥梁，对保障地区旅游业正常、有序运转发挥着非常重要的作用。随着地区游客和出游人数的增加，需要更多的旅行社提供组织接待服务，旅行社（梁明珠和易婷婷，2013；鲁小波和郭迪，2014；鹿晨昱等，2015；李会琴等，2016；刘佳和陆菊，2016；李姝姝等，2017；李占风和叶银丹，2017；刘曙光和尚英仕，2018；方叶林等，2018；胡兰双，2018；魏俊等，2018；王少华，2019；杨萍等，2019；王兆峰和赵松松，2019）的多少在很大程度上也直接反映了地区旅游业的服务能力和水平。因此，本书选取旅行社数作为旅游业组织机构投入指标。

（6）期望产出指标Ⅰ和指标Ⅱ——旅游总人次（y_1）、旅游业增加值（y_2）。从前文期望产出指标的选取情况来看，旅游总收入（王恩旭和武春友，2010；曹芳东等，2012；杨春梅和赵宝福，2014；钟敬秋等，2016；龚艳等，2016；关伟等，2018；韩瑛等，2019）和旅游总人次（王恩旭和武春友，2010；曹芳东等，2012；杨春梅和赵宝福，2014；龚艳等，2016；申鹏鹏等，

2018；韩瑛等，2019）是选择和使用频率最多的两个指标，而且在现实中旅游及相关部门也都使用这两个指标来衡量和比较地区旅游业发展水平。

但是，在旅游业实际生产过程中，会有来自第一、第二或第三产业其他部门生产的产品和服务的投入，即旅游业生产所需的中间产品并不都是旅游业自己生产的，而在对旅游业总收入进行统计时却没有将这部分中间消耗的价值扣除，所以用旅游业总收入来反映地区旅游业发展水平时往往会高于实际水平。因此，有学者提出了旅游业增加值的概念，以此来更为真实、准确地反映旅游业发展水平，并将旅游业增加值作为经济价值指标（Sabine et al，2010；曾瑜皙等，2017）来测算旅游领域生态效率。但是，目前国内外还没有对旅游业增加值的专门单独统计。因此，有学者提出了相应的旅游业增加值的计算方法。本书认为，用旅游业增加值代替旅游业总收入来衡量旅游业发展水平更合适，故选择旅游业增加值和旅游总人次作为旅游业期望产出指标，旅游业增加值采用“旅游增加值剥离测算法”（曾国军和蔡建东，2012）计算得到。

（7）非期望产出指标——旅游业碳排放（y_3）。目前，旅游业碳排放作为环境影响指标（Sabine et al，2010；Bruijn et al，2013；李鹏等，2008；甄翌，2013；蒋素梅和幸岭，2014；王淑新等，2016；王兆峰和霍菲菲，2018；刘军等，2019）主要被用在单一比值法测算旅游领域生态效率中。但在用DEA模型法测算旅游领域效率或生态效率的指标体系构建中，将旅游业碳排放（王坤等，2015；韩元军等，2015；查建平，2016；胡兰双，2018）作为非期望产出指标的较少。根据前文内容以及指标数据的可获性，本书选取旅游业碳排放作为旅游业非期望产出指标，借助“旅游消费剥离系数法”先计算出旅游业能源消费量，进而计算得到旅游业碳排放量，具体处理方式详见后文。

需要特别说明的是，本书没有选取旅游资源作为投入指标的原因在于，旅游资源按照其成因或属性的不同，可以分为自然旅游资源和人文旅游资源，其中自然旅游资源部分是天然形成的，并且无须进行投资；而人文旅游资源部分则是需要通过投资转化成旅游产品，但是该部分的投资包含在旅游业固定资产投资的范围之内。为了避免重复，本书没有选取旅游资源作为投入指标。

第三节　数据来源与处理

一、数据来源说明

本书在数据预收集的过程中，发现中国的西藏、香港、澳门及台湾的大部分指标数据缺失，且难以通过技术手段补全，因此对中国各省、市、自治区旅游业生态效率进行研究时将中国的西藏和中国的港、澳、台排除在外。本书选取2000~2017年中国其他30个省份作为研究样本，收集、整理各省份历年的旅游业相关投入、产出的原始数据，并进行初步处理，最终所采用的数据为2000~2017年中国30个省份18年的长面板数据。

关于研究期限为2000~2017年的特别说明。由于本书测算旅游业生态效率所用到的几个关键指标数据在不同年份有不同程度的缺失，甚至有些指标数据缺失严重，如旅游业能源消费指标和旅游业碳排放指标数据，都是基于历年《中国能源统计年鉴》中地区能源平衡表里的基础数据测算得出的，目前国家统计局公布的2000年以前的年份中只有1995年和1997年两年有地区能源平衡表，而目前最新发布的是2018年（即2017年地区能源平衡表数据）；城镇和农村游客花费构成的原始数据来自《旅游抽样调查资料》，目前最新为2018年（2017年数据）；另外还有部分省份，如上海、吉林、辽宁、黑龙江、甘肃、天津和宁夏等的统计年鉴最新发布的是2018年（2017年数据）。综上，本书从数据的可获性、完整性和连续性考虑，选择2000~2017年作为本书的研究期限。

本书中用到的数据可以分成以下两大类：

（1）基础数据：能源消费量来源于2001~2018年《中国能源统计年鉴》的地区能源平衡表中30个省份部分，按照IPCC的能源分类和我国的统计口径，选取原煤、型煤、洗精煤、焦炭、原油、汽油、煤油、柴油、燃料油、液化石油气、液化天然气、天然气、热力、电力、其他石油制品和其他能源等17种能源终端消费量；旅游业从业人员数、星级酒店床位数来源于2001~2018年《中国旅游统计年鉴》；旅游总人次分为国内旅游总人次和国际旅游总人次，均来源于2001~2018年的《中国统计年鉴》《中国旅游统计年鉴》及

30个省份统计局官方网站；入境、城镇和农村游客花费构成比例来源于2001~2018年的《中国统计年鉴》《旅游抽样调查资料》；2000~2017年美元对人民币汇率（年平均价）来源于中国国家统计局官网；第三产业GDP（当年价格计算）、指数（1978年=100）来源于2001~2018年《中国统计年鉴》国民经济核算部分。

（2）经济数据：全国第三产业分行业部门增加值、总产出数据及30个省份第三产业分行业增加值来源于2001~2018年的《中国统计年鉴》《中国投入产出表（42部门）》（2000年、2002年、2005年、2007年、2010年、2012年、2015年、2017年）；全国及分地区主要行业固定资产投资、固定资产投资价格指数等来源于2001~2018年的《中国固定资产投资统计年鉴》；入境旅游外汇收入、国内旅游总花费（收入）、城镇旅游花费（收入）和农村旅游花费（收入）等数据来源于2001~2018年的《中国统计年鉴》以及30个省份的统计年鉴、统计公报和政府工作报告等。

二、数据预先处理

1. 原始数据处理

本书对收集到的原始数据进行了预处理，以便后续计算相关指标数据过程中使用，主要的相关处理情况如下：

（1）对城镇旅游花费和农村旅游花费占国内旅游总花费比例的计算。

（2）对以当年价格计算的入境旅游外汇收入、城镇旅游花费和农村旅游花费以2000年为不变价进行去除通货膨胀处理，本书用第三产业GDP平减指数进行平减处理。

（3）将中国30个省份2000~2017年第三产业分行业增加值以第三产业GDP平减指数进行处理，合并整理为交通运输、仓储和邮政业，批发、零售业和住宿、餐饮业，其他行业三部分的总增加值。

（4）对入境、城镇和农村三部分游客花费构成比例的合并及拆分处理。

（5）将计算得出的交通、游览、住宿餐饮、商品销售、娱乐、邮电通信和其他部分的旅游业增加值，合并为交通运输、仓储和邮政业，批发、零售业和住宿、餐饮业，其他行业的旅游增加值。

（6）对当年价格计算的人均GDP以2000年为不变价进行去除通货膨胀处

理，为了使结果更加准确，本书用人均 GDP 平减指数进行平减处理。

2. 关键数据处理

（1）基于《中国投入产出表》的第三产业分行业增加值率计算。根据我国旅游卫星账户中的产业部门分类，入境旅游和国内旅游收入（分为城镇旅游收入和农村旅游收入）构成都包含长途交通（民航、铁路、汽车和轮船）、住宿、餐饮、景区游览、娱乐、购物、市内交通、邮电通信和其他服务 9 项；相对应的中国投入产出表中所核算的第三产业各分行业则分别是：交通运输及仓储业，邮政业，信息传输、计算机服务和软件业，批发和零售贸易业，住宿和餐饮业，金融保险业，房地产业，租赁和商务服务业，水利、环境和公共设施管理业，文化、体育和娱乐业，居民服务和其他服务业。

基于《国民经济行业分类标准（GBT4754-2011）》《2008 旅游卫星账户：概念推荐框架（TSA：RMF2008）》《中国投入产出表（42 部门）》，将投入产出表中的第三产业分行业部门对照旅游卫星账户中的旅游特征产业部门进行对应和归并处理（见表 3-5），然后用各自的增加值除以总产出得到 2000~2017 年第三产业分行业增加值率（见附录 A 中附表 A1）。

表 3-5 国民经济行业分类中第三产业分行业部门与投入产出表、国家旅游卫星账户中分行业部门的对应关系①

第三产业产业部门名称（行业分类门类代码）	投入产出表（42 部门）中相对应第三产业分行业部门名称	基于旅游卫星账户的旅游特征产业部门名称
批发和零售业 F（51-52）	批发和零售贸易业	商品销售（购物）
交通运输、仓储和邮政业 G（53-60）	交通运输及仓储业	交通（含长途、市内）
	邮政业	邮电通信
住宿和餐饮业（61-62）	住宿和餐饮业	住宿、餐饮
信息传输、计算机服务和软件业 I（63-65）	信息传输、计算机服务和软件业	邮电通信
金融业 J（66-69）	金融保险业	其他服务
房地产业 K（70）	房地产业	其他服务
租赁和商务服务业 L（71-72）	租赁和商务服务业	其他服务
科学研究和技术服务业 M（73-75）	科学研究事业、综合技术服务业	—

① 石晟屹．中国旅游碳排放特征及驱动力研究［D］．中南林业科技大学，2015.

续表

第三产业产业部门名称（行业分类门类代码）	投入产出表（42部门）中相对应第三产业分行业部门名称	基于旅游卫星账户的旅游特征产业部门名称
水利、环境和公共设施管理业 N（76-78）	水利、环境和公共设施管理业	游览
居民服务和其他服务业 O（79-81）	居民服务和其他服务业	其他服务
教育 P（82）	教育	—
卫生和社会工作 Q（83-84）	卫生、社会保障和社会福利事业	—
文化、体育和娱乐业 R（85-89）	文化、体育和娱乐业	娱乐
公共管理、社会保障和社会组织 S（90-95）	—	—
国际组织 T（96）	—	—

资料来源：《国民经济行业分类标准（GBT4754-2011）》《2008 旅游卫星账户：概念推荐框架（TSA：RMF2008）》和《中国投入产出表（42 部门）》，并按照本书研究的需要，对相关内容进行合并处理。

（2）基于“旅游消费剥离系数法”的三类旅游消费剥离系数计算。本书基于《国民经济行业分类标准（GBT4754-2011）》，参照《2008 旅游卫星账户：概念推荐框架（TSA：RMF2008）》和《中国能源统计年鉴》，将旅游卫星账户中的旅游特征产业部门与能源统计年鉴的地区能源平衡表中第三产业行业部门进行对应和归并处理（见表 3-6）。

表 3-6　国民经济行业分类中第三产业分行业部门与国家旅游卫星账户、地区能源平衡表中分行业部门的对应关系①

第三产业产业部门名称（行业分类门类代码）	基于旅游卫星账户的旅游特征产业部门名称	地区能源平衡表中第三产业分行业部门名称
批发和零售业 F（51-52）	商品销售（购物）	批发、零售业和住宿、餐饮业
交通运输、仓储和邮政业 G（53-60）	交通（含长途、市内）	交通运输、仓储和邮政业
	邮电通信	
住宿和餐饮业（61-62）	住宿、餐饮	批发、零售业和住宿、餐饮业
信息传输、计算机服务和软件业 I（63-65）	邮电通信	交通运输、仓储和邮政业

① 石晟屹．中国旅游碳排放特征及驱动力研究［D］．长沙：中南林业科技大学，2015.

续表

第三产业 产业部门名称 （行业分类门类代码）	基于旅游卫星账户的 旅游特征产业部门名称	地区能源平衡表中第三产业 分行业部门名称
金融业 J（66-69）	其他服务	其他行业
房地产业 K（70）	其他服务	其他行业
租赁和商务服务业 L（71-72）	其他服务	其他行业
科学研究和技术服务业 M（73-75）	—	—
水利、环境和公共设施管理业 N（76-78）	游览	其他行业
居民服务和其他服务业 O（79-81）	其他服务	其他行业
教育 P（82）	—	—
卫生和社会工作 Q（83-84）	—	—
文化、体育和娱乐业 R（85-89）	娱乐	其他行业
公共管理、社会保障和 社会组织 S（90-95）	—	—
国际组织 T（96）	—	—

资料来源：《国民经济行业分类标准（GBT4754-2011）》《2008 旅游卫星账户：概念推荐框架（TSA：RMF2008）》和《中国能源统计年鉴》，并按照本书研究的需要，对相关内容进行合并处理。

本书主要参考李江帆和李美云（1999）的研究成果，将旅游消费剥离系数分为 3 类进行计算：交通运输、仓储和邮政业的旅游消费剥离系数；批发、零售业、住宿和餐饮业的旅游消费剥离系数；其他行业的旅游消费剥离系数，计算过程和具体计算步骤如下所述：

第一，借助计算出的第三产业分行业（旅游相关行业）的增加值率（见附录 A 中附表 A1），计算得到 7 个旅游特征产业部门的旅游增加值，并对照表 3-5 合并为交通运输、仓储和邮政业，批发、零售业和住宿、餐饮业及其他行业三部分旅游业增加值。

第二，对照表 3-6 将《中国统计年鉴》各地区第三产业分行业增加值中的相关行业也合并为交通运输、仓储和邮政业，批发、零售业和住宿、餐饮业及其他行业，并计算出各自的总增加值。

第三，将交通运输、仓储和邮政业，批发、零售业和住宿、餐饮业及其他行业的旅游业增加值除以交通运输、仓储和邮政业，批发、零售业和住宿、餐饮业及其他行业的总增加值得到各自对应的旅游消费剥离系数（见附录 A 中附表 A2、附表 A3、附表 A4）。

3. 缺失数据处理

对研究期内部分指标数据在某些年份的相关统计年鉴中的缺失情况，本书主要通过以下几种渠道和方法进行处理：①通过检索 30 个省份政府官方网站上公开发布的历年国民经济与社会发展统计公报、政府工作报告和政府相关文件等资料，获取数据补充；②通过检索 30 个省份的统计局、文化和旅游厅等政府部门的官方网站，获取数据补充；③通过指数平滑法、趋势法和均值法等数据处理方法，对数据进行补充。

三、部分指标测算

1. 旅游业增加值测算

目前，在我国现有的国民经济核算统计中尚未对旅游业增加值进行专门统计，因此要对旅游业增加值进行测算。本书在界定旅游业概念的前提下，认为旅游业增加值是指广义旅游业增加值，即为了满足旅游者在食、行、游、购、娱等方面的需求，由餐饮、住宿、交通、游览、商业、娱乐、邮电通信及其他行业提供相关服务而产生的增加值总和。在此，将旅游增加值看作由交通、住宿餐饮、商品销售、游览、娱乐、邮电通信和其他服务 7 个旅游特征产业部门的增加值构成，借助计算得到的第三产业分行业增加值率（见附录 A 中附表 A1），从 7 个旅游特征产业部门的旅游收入中剥离出旅游增加值并加总，得到各省份的旅游业增加值，计算过程和具体计算步骤如下所述：

第一，收集和整理各省份入境旅游花费（收入=花费）、城镇旅游花费和农村旅游花费三部分数据，其中城镇旅游花费和农村旅游花费数据，通过计算全国城镇旅游总花费和农村旅游总花费各占全国国内旅游总花费的比例，然后用相应的比例乘以各省份国内旅游总花费分别计算得出。

第二，查找和整合入境、城镇、农村三部分的游客花费构成比例。

第三，基于各省份三部分旅游花费数据和相对应的花费构成比例，计算出三部分各自 7 个旅游特征产业部门的旅游收入，并加总为统一的各省份 7 个旅游特征产业部门的旅游收入。

第四，基于计算出的 7 个旅游特征产业部门所对应的第三产业分行业部门的增加值率，从计算出的各省份 7 个旅游特征产业部门的旅游收入中将对应的旅游增加值计算出来。

第五，将计算出的各省份 7 个旅游特征产业部门的旅游增加值加总，得到各省份的旅游业增加值。

特别要说明的是，本书关于旅游业增加值的测算方法有以下几个假定①：①假定各部门的增加值率在行业内是均匀分布的；②假定当年的部门增加值率适用于当年全国各省份，且在行业中均匀分布；③假定当年全国的入境旅游、城镇旅游和农村旅游的花费构成比例适用于当年全国各省份；④假定全国城镇和农村的旅游总花费（总收入）比例适用于全国各省份。

基于以上旅游业增加值的测算思路和具体步骤，计算得到 2000~2017 年中国 30 个省份旅游业增加值（见附录 A 中附表 A5）。

2. 旅游业能源消费测算

目前，在我国现有的能源统计中尚未对旅游业能源消费量进行专门统计，因此要对旅游业能源消费量进行测算。同样，在对旅游业概念界定的前提下，将旅游业能源消费界定为：旅游业能源消费是指为了满足旅游者在餐饮、住宿、交通、游览、商业、娱乐、邮电通信及其他服务方面的旅游消费需求而消耗的能源总和，也即旅游相关行业的能源消费总和。本书基于《国民经济行业分类标准（GBT4754-2011）》，参照《2008 旅游卫星账户：概念推荐框架（TSA：RMF2008）》和《中国能源统计年鉴》，将旅游卫星账户中的旅游特征产业部门与能源统计年鉴的地区能源平衡表中第三产业行业部门进行对应和归并处理（见表 3-6），进一步确定旅游业能源消费量为交通运输、仓储和邮政业，批发、零售业和住宿、餐饮业以及其他行业三部分中与旅游相关部分的能源消费量。

借助前文计算出的 3 类旅游消费剥离系数（见附录 A 中附表 A2、附表 A3、附表 A4），从交通运输、仓储和邮政业，批发、零售业和住宿、餐饮业以及其他行业中把与旅游业相关的能源消费量，即旅游业能源消费量剥离出来，具体计算步骤如下：

① 曾国军，蔡建东．中国旅游产业对国民经济的贡献研究［J］．旅游学刊，2012，5（27）：23-30.

第一，根据本书确定的17种可以被旅游业所使用的能源类型，对研究期限内各年份《中国能源统计年鉴》的地区能源平衡表中各省份的交通运输、仓储和邮政业，批发、零售业和住宿、餐饮业以及其他行业三部分的各类能源消费量数据进行收集和整理。

第二，通过各类能源的折标准煤系数（见表3-7），将各类能源消费量统一折算为万吨标准煤，并加总计算出各省份的交通运输、仓储和邮政业，批发、零售业和住宿、餐饮业以及其他行业三部分的能源消费量（见附录A中附表A6、附表A7、附表A8）。

第三，借助前文计算得出的历年各省份的3类旅游消费剥离系数，从交通运输、仓储和邮政业，批发、零售业和住宿、餐饮业以及其他行业能源消费量中将各部分对应的旅游业能源消费量剥离出来，加总得到2000~2017年中国30个省份的旅游业能源消费量（见附录A中附表A9）。

表3-7 各种能源折标准煤参考系数

能源名称	折标准煤系数	能源名称	折标准煤系数
原煤	0.7143kgce/kg	汽油	1.4714kgce/kg
洗精煤	0.9000kgce/kg	煤油	1.4714kgce/kg
焦炭	0.9714kgce/kg	柴油	1.4571kgce/kg
型煤	0.5000-0.7000kgce/kg	液化石油气	1.7143kgce/kg
原油	1.4286kgce/kg	油田天然气	1.3300kgce/m^3
燃料油	1.4286kgce/kg	气田天然气	1.2143kgce/m^3
焦炉煤气	0.5714-0.6143kgce/m^3	液化天然气	1.7572kgce/kg
其他石油制品	1.4000kgce/kg	其他能源	1.0000kgce/kg
电力	0.1229kgce/kW·h	热力	0.0341kgce/MJ

注：由于在《中国能源统计年鉴》的能源平衡表中只有天然气的消费量，为了与能源折标准煤参考系数保持一致，本书在此将其折标准煤系数取油田天然气和气田天然气的均值，即为1.2722kgce/m^3；对于型煤和焦炉煤气的折标准煤系数，本书按照惯常处理方法在此取均值0.6000kgce/kg和0.5929kgce/m^3。

资料来源：《综合能耗计算通则》（GB/T 2589-2008），中华人民共和国工业和信息化部。

3. 旅游业碳排放测算

目前，在我国尚未有对旅游业碳排放量的专门统计，因此要对旅游业碳排放量进行测算。基于对旅游业能源消费的界定，本书认为旅游业碳排放是指旅游业消耗能源产生的碳排放总和，也即旅游业能源消费的碳排放总和。根据测算出的2000~2017年中国30个省份的旅游业能源消费量数据，参照本书采用的单位标准煤的CO_2排放量值，计算出2000~2017年中国30个省份的旅游业碳排放量（见附录A中附表A10），计算公式如下：

$$TC = \sum_{i=1}^{n} C_i \tag{3-7}$$

$$C_i = \sum_{i=1}^{n} (E_{it} f_j k) \tag{3-8}$$

式中，TC为中国旅游业碳排放总量，C_i为某省（市）的旅游业碳排放量，E_{it}为旅游业能源消耗量，f_j为j类能源的标准煤转换系数（表3-7），k为单位标准煤的CO_2排放量，参照陈飞和诸大建（2009）的研究成果，令k=2.45。

4. 旅游业固定资产投资测算

基于《国民经济行业分类标准（GBT4754-2011）》，参照《2008旅游卫星账户：概念推荐框架（TSA：RMF2008）》和《中国固定资产投资统计年鉴》，将旅游卫星账户中的旅游特征产业部门与固定资产投资统计年鉴的各地区全社会按主要行业分的固定资产投资中的分行业部门进行对应和归并处理（见表3-8）。

表3-8 国民经济行业分类中第三产业分行业部门与国家旅游卫星账户、各地区全社会按主要行业分的固定资产投资中分行业部门的对应关系

第三产业产业部门名称（行业分类门类代码）	基于旅游卫星账户的旅游特征产业部门名称	中国固定资产投资中各地区主要行业分行业部门名称
批发和零售业F（51-52）	商品销售（购物）	批发和零售业
交通运输、仓储和邮政业G（53-60）	交通（含长途、市内）	交通运输、仓储和邮政业
	邮电通信	
住宿和餐饮业（61-62）	住宿、餐饮	住宿和餐饮业
信息传输、计算机服务和软件业I（63-65）	邮电通信	信息传输、计算机服务和软件业
金融业J（66-69）	其他服务	金融业
房地产业K（70）	其他服务	房地产业
租赁和商务服务业L（71-72）	其他服务	租赁和商务服务业
科学研究和技术服务业M（73-75）	—	—

续表

第三产业产业部门名称（行业分类门类代码）	基于旅游卫星账户的旅游特征产业部门名称	中国固定资产投资中各地区主要行业分行业部门名称
水利、环境和公共设施管理业 N（76-78）	游览	水利、环境和公共设施管理业
居民服务和其他服务业 O（79-81）	其他服务	居民服务和其他行业
教育 P（82）	—	—
卫生和社会工作 Q（83-84）	—	—
文化、体育和娱乐业 R（85-89）	娱乐	文化、体育和娱乐业
公共管理、社会保障和社会组织 S（90-95）	—	—
国际组织 T（96）	—	—

资料来源：《国民经济行业分类标准（GBT4754-2011）》《2008 旅游卫星账户：概念推荐框架（TSA：RMF2008）》和《中国固定资产投资统计年鉴》，并按照本书研究的需要，对相关内容进行合并处理。

借助计算出的 2000~2017 年中国 30 个省份的交通运输、仓储和邮政业的旅游消费剥离系数，批发、零售业、住宿和餐饮业的旅游消费剥离系数以及其他行业的旅游消费剥离系数，基于本书对旅游业概念的界定，对研究期限内的历年各地区全社会按主要行业分的固定资产投资中旅游相关行业合并为交通运输、仓储和邮政业的固定资产投资以及批发、零售业、住宿和餐饮业的固定资产投资以及其他行业的固定资产投资三部分，再剥离计算出 2000~2017 年 30 个省份的旅游业固定资产投资额，并以 2000 年为基期的 2000~2017 年固定资产投资价格指数进行平减处理（处理结果见附录 A 中附表 A11）。

四、数据描述性统计

本书对中国旅游业生态效率的投入产出指标的简单描述性统计如表 3-9 所示。根据表中数据可知，中国 30 个省份旅游业发展情况在2000~2017 年呈现出较大的差异。从投入产出指标数据的最大值和最小值之比情况来看，所有投入指标的最大最小值比都在 50 以上，期望产出和非期望产出的最大、最小值比基本都在 300 以上。如此明显的指标数据差异，一方面说明了中国 30 个省份之间旅游业发展规模和增长速度不同，另一方面也说明了不同省份之间各种投入要素消耗和对环境的污染程度存在明显差异。因此，在测算中国 30 个省份旅游业生态效率时，要考虑到旅游业发展对环境的污染，从而避免测算结果和后续分析出现偏差。

表 3-9　2000~2017 年中国旅游业生态效率投入和产出指标数据的描述性统计

指标名称	符号	单位	样本数	均值	标准差	最大值	最小值
旅游业从业人员数	x_1	人	540	78218	73350	614441	4195
旅游业固定资产投资	x_2	亿元	540	380.7	471.6	3298.5	3.0
旅游业能源消费	x_3	万吨标准煤	540	323.1	328.5	1905.1	3.5
星级酒店床位数	x_4	张	540	81094	55086	292010	4231
旅行社数	x_5	家	540	668.1	472.4	2450.0	29.0
旅游总人次	y_1	万人	540	16800.0	17000.0	78494.4	243.8
旅游业增加值	y_2	亿元	540	449.6	446.3	2418.2	4.3
旅游业碳排放	y_3	万吨	540	791.5	804.7	4667.4	8.6
东部地区							
旅游业从业人员数	x_1	人	198	125013	96502	614441	16995
旅游业固定资产投资	x_2	亿元	198	431.3	419.0	1940.7	17.9
旅游业能源消费	x_3	万吨标准煤	198	424.6	361.3	1905.1	25.8
星级酒店床位数	x_4	张	198	119551	65570	292010	18838
旅行社数	x_5	家	198	980.0	576.8	2450.0	143.0
旅游总人次	y_1	万人	198	20000.0	17000.0	78494.4	1007.7
旅游业增加值	y_2	亿元	198	673.3	522.5	2418.2	35.3
旅游业碳排放	y_3	万吨	198	1040.2	885.1	4667.4	63.1
中部地区							
旅游业从业人员数	x_1	人	144	59231	35335	219076	13236
旅游业固定资产投资	x_2	亿元	144	380.0	441.4	2049.0	20.5
旅游业能源消费	x_3	万吨标准煤	144	293.4	290.6	1391.8	20.7
星级酒店床位数	x_4	张	144	64245	26342	148893	22837
旅行社数	x_5	家	144	647.7	253.2	1141.0	116.0
旅游总人次	y_1	万人	144	18800.0	17700.0	66934.6	1831.3
旅游业增加值	y_2	亿元	144	397.3	337.0	1447.5	25.5
旅游业碳排放	y_3	万吨	144	718.9	712.0	3409.9	50.6

续表

指标名称	符号	单位	样本数	均值	标准差	最大值	最小值
西部地区							
旅游业从业人员数	x_1	人	198	45230	30715	145635	4195
旅游业固定资产投资	x_2	亿元	198	330.6	535.3	3298.5	3.0
旅游业能源消费	x_3	万吨标准煤	198	243.1	293.2	1660.6	3.5
星级酒店床位数	x_4	张	198	54891	33396	183816	4231
旅行社数	x_5	家	198	371.1	211.1	992.0	29.0
旅游总人次	y_1	万人	198	12200.0	15500.0	74417.4	243.8
旅游业增加值	y_2	亿元	198	264.1	320.4	1778.7	4.3
旅游业碳排放	y_3	万吨	198	595.6	718.2	4068.4	8.6

根据表 3-10 中的数据，从东中西部三大区域来看，2000~2017 年中国西部地区的旅游接待总人次和旅游业增加值平均增长速度最高，超过全国平均水平，但旅游业增加值份额只占不到 20%，旅游业固定资产投资和星级酒店床位数等要素投入的平均增速也最高，同样超过全国平均水平，旅游业能源消费量和碳排放量的平均增速低于中部地区，但也超过全国平均水平；东部地区旅行社数量的平均增速最高，超过全国平均水平，除此之外，其他要素投入和产出的平均增速都是最低的，且低于全国平均水平，所有投入产出要素的所占份额最多，除旅游业固定资产投资以外，其他都在 40%以上，有些甚至超过了 50%；中部地区的旅游业从业人员数量的平均增速最高，是全国平均水平的近 3 倍，旅游业能源消费量和碳排放量的平均增速最高，且高于全国平均水平近 5%，旅游业固定资产投资和旅游业增加值的平均增速也高于全国平均水平。

表 3-10　2000~2017 年中国及三大区域投入产出增长率情况　　单位：%

区域	年平均增长率							
	从业人员	固定投资	能源消费	床位	旅行社	总人次	增加值	碳排放
全国	3.44	18.88	15.79	2.94	6.95	14.90	13.15	15.79
东部	1.70	14.44	12.62	2.34	7.08	12.40	10.58	12.62
中部	9.37	22.13	20.39	2.90	6.90	16.88	16.18	20.39
西部	6.20	24.17	19.42	4.76	6.70	17.25	17.33	19.42

续表

区域	各要素所占份额							
	从业人员	固定投资	能源消费	床位	旅行社	总人次	增加值	碳排放
全国	100	100	100	100	100	100	100	100
东部	54.48	37.77	44.18	50.09	49.02	39.24	50.45	44.18
中部	25.81	33.28	30.53	26.91	32.42	36.91	29.76	30.53
西部	19.71	28.95	25.29	23.00	18.56	23.85	19.79	25.29

注：最大值、最小值、均值和标准差是表示中国30个省（市、自治区）各个指标的相应值。年平均增长率是表示中国及东、中、西部地区总的年均增长率情况。

第四节 本章小结

本章对目前学术界关于生态效率的评价模型方法和评价指标选取的研究现状进行了介绍和梳理，根据评价指标选取的原则要求，构建了旅游业生态效率评价的投入产出指标体系，并在此基础上构建了旅游业生态效率评价模型。

（1）基于对不同DEA模型的优缺点比较，本书选择了含非期望产出的超效率SBM-DEA模型，并通过前沿替代点法（FPA）对模型进行了进一步改进，避免了因存在无可行解造成的有效DMU不能按照效率值大小排序的问题。

（2）基于国内外学者旅游领域效率和生态效率的指标选取情况，选取旅游业从业人员数、旅游业固定资产投资、旅游业能源消费量、星级酒店床位数、旅行社数作为投入指标；选择旅游接待总人次和旅游业增加值作为期望产出指标，选择旅游业碳排放作为非期望产出指标，构建了旅游业生态效率评价指标体系。

（3）基于本书篇章结构的合理性考虑，先行对部分评价指标进行了计算，旅游业能源消费量、旅游业固定资产投资指标数据的计算采用了“旅游消费剥离系数法”，旅游业增加值指标数据的计算采用了“旅游增加值剥离测算法”，旅游业碳排放指标数据的获得是基于计算出的旅游业能源消费量得出的。

（4）详细介绍了2000~2017年中国30个省份旅游业生态效率评价体系中各个指标的数据来源，并通过EPS数据、中国经济社会大数据研究平台、国家相关部门官方网站等渠道对数据进行了查找和收集；同时，为了后续计算的便利，对部分指标数据进行了预处理，如经济数据的平减处理、原始数据的合并和拆分，并说明了对于缺失数据的处理方法。

第四章　中国旅游业生态效率评价与时空演变分析

改革开放以来的40多年间，中国旅游业产业体系日益完善、规模持续壮大，创造了巨大的社会和经济效益。同时，旅游业的快速发展与片面追求经济增长的地方诉求，也加剧了区域资源消耗，并给生态环境带来了诸多破坏，成为中国整体生态环境恶化的“贡献者”之一。旅游业生态效率是对区域旅游经济—资源—环境复合系统协调发展的有效测度，是衡量旅游业可持续发展的重要工具和手段，也是当前旅游领域研究的热点。本章通过第三章中构建的旅游业生态效率评价指标体系和评价模型，基于中国30个省份的旅游业投入产出的面板数据，对不考虑和考虑非期望产出的2000~2017年中国30个省份旅游业生态效率进行了测算和比较分析，对旅游业生态效率的时空演变特征和区域差异特征进行了研究。

第一节　中国旅游业生态效率测算与总体特征分析

借助第三章中的数据收集和处理方法，本章收集和整理了2000~2017年中国30个省份的旅行社数、星级酒店床位数、旅游业从业人员数、旅游接待总人次等指标数据，并计算得到了旅游业固定资产投资、旅游业增加值、旅游业能源消费、旅游业碳排放等指标数据，利用超效率SBM模型，从考虑非期望产出和不考虑非期望产出两种情况，以30个省份各年份的投入产出系统为评价决策单元（DMU），借助MaxDEA Pro 8.3软件，对2000~2017年中国30个省份的旅游业生态效率进行测算。需要特别说明的是，根据超效率SBM模型原理，当被评价的决策单元效率值大于或等于1时，被认为是相对有效的；而当效率值小于1时，则被认为是相对无效的。

一、考虑非期望产出的旅游业生态效率测算

根据本书构建的旅游业生态效率评价指标体系，利用FPA改进后的含非期望产出的超效率SBM模型，将旅游业碳排放作为非期望产出纳入旅游业生态效率测算，计算出了2000~2017年中国30个省份的旅游业生态效率，计算结果见表4-1。

表4-1 考虑非期望产出的2000~2017年中国30个省份旅游业生态效率值

年份 省份	2000	2001	2002	2003	2004	2005	2006	2007	2008
北京	1.064	1.084	1.051	0.681	1.010	1.041	1.009	0.778	0.704
天津	1.135	1.133	1.122	1.441	1.516	1.313	1.330	1.280	1.260
河北	1.089	1.124	1.050	1.096	1.170	1.079	1.086	1.136	1.032
山西	0.639	0.639	1.038	1.082	1.038	1.122	1.105	1.070	1.015
内蒙古	0.389	0.386	0.524	0.462	0.440	0.425	0.482	0.476	0.423
辽宁	1.043	1.001	1.003	0.755	0.819	0.691	0.642	0.694	0.660
吉林	0.508	0.615	0.618	0.578	0.750	0.670	0.604	0.530	0.526
黑龙江	0.559	0.617	0.641	1.005	1.013	1.000	0.746	0.825	1.033
上海	1.057	1.015	1.056	1.034	1.004	1.006	0.646	1.009	1.013
江苏	1.022	1.017	1.036	1.078	1.065	1.039	1.039	1.043	1.078
浙江	0.646	0.656	0.778	1.005	0.868	0.747	1.043	1.080	1.107
安徽	0.670	0.630	0.710	0.734	0.776	1.060	0.886	0.787	0.748
福建	1.033	1.029	1.020	1.067	1.060	1.050	1.013	1.009	0.751
江西	1.008	1.026	0.768	0.740	0.625	1.013	0.679	0.689	0.649
山东	1.142	0.795	1.077	0.762	1.124	0.844	1.000	1.013	1.010
河南	1.145	1.127	1.155	1.110	1.047	1.085	1.144	1.197	1.298
湖北	1.001	1.053	1.052	0.588	0.719	0.695	0.585	0.645	0.736
湖南	1.103	1.050	1.057	1.106	1.064	0.805	0.726	1.030	0.693
广东	1.102	1.112	1.114	1.082	1.078	1.010	1.031	1.057	1.033
广西	1.051	1.047	0.751	1.001	0.838	1.016	1.046	1.033	1.048

续表

省份＼年份	2000	2001	2002	2003	2004	2005	2006	2007	2008
海南	0.388	0.396	0.384	0.390	0.435	0.492	0.415	0.402	0.327
重庆	1.161	1.200	1.217	1.131	1.087	1.119	1.077	1.048	1.056
四川	0.655	0.737	0.789	0.761	1.089	1.044	1.015	1.063	1.024
贵州	1.012	0.584	0.504	0.481	0.520	0.608	1.018	1.062	1.089
云南	0.571	0.567	0.552	0.547	1.069	0.504	0.433	0.488	0.506
陕西	0.732	0.778	0.704	0.548	0.732	0.624	0.593	0.612	0.541
甘肃	1.040	1.037	0.350	0.406	0.317	0.507	0.573	1.047	1.041
青海	0.472	0.524	0.404	0.395	0.449	0.519	0.463	0.434	0.348
宁夏	0.314	0.304	0.283	0.277	0.388	0.509	0.476	0.619	0.511
新疆	0.364	0.309	0.317	0.268	0.297	0.309	0.303	0.334	0.291
全国	0.837	0.820	0.804	0.787	0.847	0.832	0.807	0.850	0.818
东部	0.975	0.942	0.972	0.944	1.013	0.938	0.932	0.955	0.907
中部	0.829	0.845	0.880	0.868	0.879	0.931	0.809	0.847	0.837
西部	0.706	0.679	0.581	0.571	0.657	0.653	0.680	0.747	0.716
省份＼年份	2009	2010	2011	2012	2013	2014	2015	2016	2017
北京	1.006	1.006	1.026	0.748	1.005	1.008	1.028	1.010	0.434
天津	1.234	1.155	1.125	1.114	1.149	1.120	1.123	1.132	1.085
河北	1.154	1.131	1.224	1.204	0.762	1.179	1.095	1.077	1.024
山西	0.564	0.609	0.615	0.681	0.712	0.781	1.048	1.068	1.399
内蒙古	0.382	0.355	0.349	0.396	0.368	0.411	0.444	0.546	0.421
辽宁	0.675	0.746	1.005	0.794	0.714	0.739	1.005	1.127	1.002
吉林	0.556	0.531	0.537	0.584	0.563	0.623	0.513	0.623	1.012
黑龙江	1.063	1.108	1.085	1.126	1.137	1.188	1.178	1.133	1.094
上海	1.003	1.100	1.085	1.125	1.154	1.207	1.127	0.751	0.450
江苏	1.086	1.112	1.087	1.102	1.020	1.057	1.036	1.041	1.010
浙江	1.129	1.192	0.681	0.624	0.605	0.725	0.663	0.716	0.577
安徽	1.012	1.029	1.002	0.805	0.723	0.700	0.670	0.736	0.692

续表

省份\年份	2009	2010	2011	2012	2013	2014	2015	2016	2017
福建	0.741	0.659	0.649	0.645	0.619	0.780	1.025	1.027	1.027
江西	0.871	0.813	1.036	1.085	1.015	0.881	0.802	1.049	1.090
山东	0.780	0.700	0.803	0.752	1.192	0.871	0.855	0.878	0.681
河南	1.166	1.068	1.000	1.030	1.011	1.066	1.061	1.006	0.833
湖北	0.636	0.671	0.671	0.777	0.828	0.751	0.714	0.689	0.622
湖南	0.868	1.012	0.740	0.834	1.010	0.731	0.670	0.682	0.650
广东	1.013	0.642	0.579	1.005	0.568	0.669	0.748	1.015	0.462
广西	0.747	0.733	0.733	0.739	0.846	0.705	0.701	0.737	0.684
海南	0.301	0.275	0.285	0.270	0.254	0.353	0.333	0.341	0.323
重庆	1.083	1.093	1.120	1.108	1.058	1.096	1.083	1.057	1.055
四川	1.008	1.006	0.878	1.044	1.105	1.111	1.163	1.067	0.657
贵州	1.173	1.144	1.191	1.180	1.244	1.211	1.205	1.239	1.430
云南	0.471	0.425	0.436	0.492	0.476	0.456	0.469	0.577	0.653
陕西	0.666	0.640	0.598	0.667	0.711	0.670	0.634	0.760	0.715
甘肃	1.018	0.575	0.726	0.667	0.507	0.418	0.447	0.416	0.460
青海	0.444	0.377	0.342	0.300	0.254	0.236	0.227	0.208	0.163
宁夏	1.012	0.498	0.502	0.498	0.408	0.437	0.440	0.386	0.359
新疆	0.311	0.306	0.291	0.317	0.288	0.299	0.270	0.315	0.281
全国	0.839	0.790	0.780	0.790	0.777	0.783	0.793	0.814	0.745
东部	0.920	0.883	0.868	0.853	0.822	0.883	0.912	0.920	0.734
中部	0.842	0.855	0.836	0.865	0.875	0.840	0.832	0.873	0.924
西部	0.756	0.650	0.651	0.674	0.660	0.641	0.644	0.664	0.625

二、不考虑非期望产出的旅游业生态效率测算

为了与考虑非期望产出的旅游业生态效率进行比较分析，本书也利用超效率 SBM 模型计算出了不考虑非期望产出的 2000~2017 年中国 30 个省份的旅游业生态效率，即没有将旅游业碳排放作为产出指标来计算旅游业生态效率，测算结果见表 4-2。

表 4-2　不考虑非期望产出的 2000~2017 年中国 30 个省份旅游业生态效率值

省份＼年份	2000	2001	2002	2003	2004	2005	2006	2007	2008
北京	1.064	1.084	1.051	0.679	1.010	1.062	1.011	0.786	0.752
天津	1.186	1.214	1.122	1.492	1.571	1.343	1.384	1.346	1.335
河北	1.089	1.135	1.052	1.118	1.160	1.062	1.068	1.091	1.020
山西	0.671	0.646	1.038	1.082	1.057	1.159	1.108	1.083	1.015
内蒙古	0.452	0.455	0.612	0.489	0.457	0.458	0.516	0.512	0.465
辽宁	1.043	1.001	1.003	0.817	0.863	0.739	0.670	0.735	0.690
吉林	0.585	0.669	0.718	0.670	0.813	0.718	0.647	0.607	0.600
黑龙江	0.666	0.735	0.745	1.005	1.019	1.000	0.813	0.895	1.036
上海	1.085	1.023	1.073	1.037	1.004	1.005	0.644	1.009	1.014
江苏	1.032	1.019	1.049	1.118	1.069	1.055	1.060	1.051	1.112
浙江	0.674	0.663	0.756	1.007	0.845	0.721	1.066	1.120	1.165
安徽	0.699	0.686	0.754	0.737	0.802	1.023	0.886	0.775	0.745
福建	1.047	1.039	1.021	1.066	1.070	1.057	1.013	1.008	0.767
江西	1.008	1.026	0.852	0.791	0.661	1.011	0.681	0.687	0.667
山东	1.111	0.800	1.089	0.782	1.125	0.882	1.000	1.012	1.010
河南	1.190	1.174	1.163	1.087	1.042	1.059	1.094	1.185	1.328
湖北	1.001	1.053	1.052	0.689	0.785	0.763	0.656	0.722	0.851
湖南	1.148	1.058	1.080	1.108	1.072	0.847	0.780	1.037	0.797
广东	1.160	1.178	1.179	1.111	1.101	1.010	1.031	1.057	1.037
广西	1.051	1.047	0.807	1.001	0.847	1.016	1.046	1.039	1.063
海南	0.407	0.465	0.443	0.450	0.496	0.555	0.468	0.472	0.395
重庆	1.161	1.273	1.327	1.137	1.134	1.186	1.102	1.074	1.075
四川	0.751	0.803	0.861	0.825	1.128	1.047	1.015	1.063	1.024
贵州	1.012	0.684	0.626	0.514	0.515	0.653	1.018	1.065	1.103
云南	0.647	0.659	0.644	0.646	1.057	0.551	0.480	0.527	0.582
陕西	0.801	0.791	0.748	0.630	0.752	0.702	0.627	0.668	0.621
甘肃	1.040	1.037	0.370	0.429	0.383	0.540	0.566	1.047	1.041
青海	0.513	0.539	0.415	0.422	0.482	0.530	0.467	0.451	0.388
宁夏	0.391	0.369	0.333	0.310	0.411	0.501	0.496	0.700	0.602
新疆	0.358	0.341	0.348	0.304	0.348	0.355	0.350	0.409	0.355

续表

省份 \ 年份	2000	2001	2002	2003	2004	2005	2006	2007	2008
全国	0.868	0.856	0.844	0.818	0.869	0.854	0.825	0.874	0.855
东部	0.991	0.966	0.985	0.971	1.029	0.954	0.947	0.972	0.936
中部	0.871	0.881	0.925	0.896	0.906	0.948	0.833	0.874	0.880
西部	0.743	0.727	0.644	0.610	0.683	0.685	0.698	0.778	0.756

省份 \ 年份	2009	2010	2011	2012	2013	2014	2015	2016	2017
北京	1.006	1.009	1.030	0.736	1.006	1.012	1.038	1.015	0.389
天津	1.324	1.226	1.183	1.182	1.231	1.183	1.189	1.210	1.130
河北	1.053	1.131	1.178	1.108	0.749	1.073	1.045	1.036	1.019
山西	0.619	0.686	0.671	0.741	0.754	0.849	1.048	1.068	1.469
内蒙古	0.440	0.402	0.399	0.367	0.378	0.336	0.383	0.469	0.352
辽宁	0.674	0.759	1.005	0.839	0.769	0.805	1.005	1.141	1.002
吉林	0.576	0.581	0.589	0.626	0.631	0.644	0.561	0.652	1.012
黑龙江	1.090	1.170	1.126	1.177	1.204	1.305	1.260	1.214	1.132
上海	1.003	1.105	1.087	1.125	1.154	1.236	1.140	0.739	0.458
江苏	1.111	1.135	1.099	1.130	1.020	1.080	1.038	1.047	1.010
浙江	1.207	1.276	0.747	0.682	0.658	0.730	0.694	0.729	0.570
安徽	1.007	1.018	1.002	0.823	0.722	0.751	0.702	0.774	0.706
福建	0.753	0.697	0.676	0.661	0.659	0.780	1.012	1.016	1.017
江西	0.871	0.805	1.031	1.075	1.015	0.881	0.810	1.027	1.080
山东	0.838	0.773	0.841	0.803	1.161	0.871	0.855	0.877	0.683
河南	1.145	1.057	1.000	1.028	1.008	1.054	1.055	1.006	0.836
湖北	0.696	0.748	0.710	0.827	0.873	0.819	0.769	0.741	0.623
湖南	0.868	1.012	0.775	0.871	1.010	0.773	0.714	0.736	0.638
广东	1.013	0.636	0.591	1.007	0.586	0.623	0.727	1.019	0.392
广西	0.782	0.730	0.743	0.759	0.846	0.739	0.737	0.752	0.677
海南	0.342	0.330	0.349	0.321	0.302	0.367	0.373	0.365	0.353
重庆	1.130	1.119	1.185	1.162	1.089	1.107	1.091	1.071	1.063
四川	1.008	1.006	0.879	1.062	1.105	1.111	1.144	1.093	0.622
贵州	1.223	1.194	1.216	1.222	1.262	1.262	1.229	1.282	1.438

续表

省份＼年份	2009	2010	2011	2012	2013	2014	2015	2016	2017
云南	0. 448	0. 427	0. 477	0. 558	0. 522	0. 518	0. 534	0. 622	0. 660
陕西	0. 686	0. 670	0. 623	0. 710	0. 693	0. 714	0. 667	0. 784	0. 721
甘肃	1. 018	0. 612	0. 729	0. 656	0. 526	0. 458	0. 440	0. 430	0. 438
青海	0. 479	0. 417	0. 345	0. 329	0. 280	0. 267	0. 270	0. 243	0. 199
宁夏	1. 012	0. 536	0. 550	0. 511	0. 468	0. 463	0. 475	0. 410	0. 364
全国	0. 859	0. 821	0. 806	0. 816	0. 801	0. 803	0. 809	0. 829	0. 745
东部	0. 938	0. 916	0. 890	0. 872	0. 845	0. 887	0. 920	0. 927	0. 729
中部	0. 859	0. 885	0. 863	0. 896	0. 902	0. 885	0. 865	0. 902	0. 937
西部	0. 781	0. 680	0. 682	0. 701	0. 683	0. 660	0. 658	0. 678	0. 620

三、基于两种测算结果的旅游业生态效率特征分析

如图 4-1 所示，在考虑非期望产出和不考虑非期望产出的两种情形下，可以看出 2000~2017 年中国、三大地区及各省份的旅游业生态效率存在着较为明显的差异。

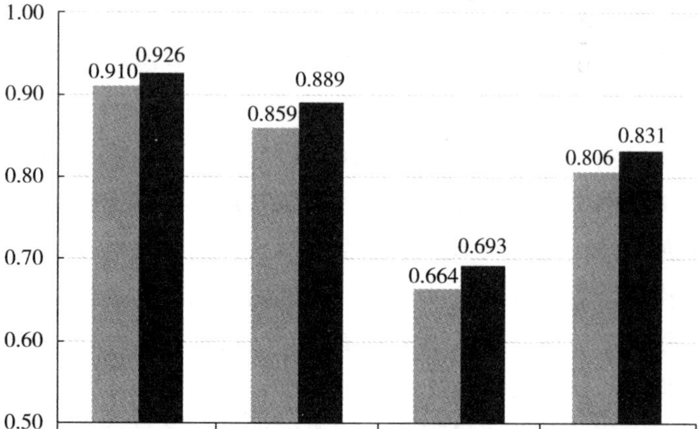

	东部地区	中部地区	西部地区	全国
■ 考虑非期望产出	0.910	0.859	0.664	0.806
■ 不考虑非期望产出	0.926	0.889	0.693	0.831

图 4-1　2000~2017 年中国及东中西部地区考虑非期望产出和不考虑非期望产出的旅游业生态效率均值

1. 从全国整体情况来看

由表 4-1 和表 4-2 可知，2000~2017 年不考虑和考虑非期望产出的中国旅游业生态效率都没有达成生产前沿面，在研究期限内都属于相对无效状态。在不考虑非期望产出（旅游业碳排放）的影响下，2000~2017 年中国旅游业生态效率均值为 0.831，但在考虑了非期望产出（旅游业碳排放）的影响后，中国旅游业生态效率均值为 0.806，如图 4-1 所示，说明非期望产出造成了 0.025 的效率损失，损失幅度为 3.01%。以上数据结果证明，旅游业在发展过程中产生的环境污染已经对中国旅游业生态效率造成了一定程度的损失。如果不考虑旅游业非期望产出对环境的影响，那么对旅游业生态效率的评价结果将会出现不准确和偏离实际的现象，因此应把旅游业碳排放这一非期望产出纳入旅游业生态效率评价指标体系，以使评价结果更为准确和科学。

2. 从三大区域的情况来看

由表 4-1 和表 4-2 可知，2000~2017 年东中西部地区考虑非期望产出和不考虑非期望产出的旅游业生态效率都没有达成生产前沿面，在研究期限内属于相对无效状态。从旅游业生态效率大小来看，东部地区>中部地区>西部地区。如图 4-1 所示，考虑非期望产出和不考虑非期望产出，对东中西部地区的旅游业生态效率产生了一定程度的影响，且区域差异较为明显。在不考虑非期望产出的情况下，2000~2017 年东中西部地区的旅游业生态效率分别为 0.926、0.889 和 0.693；在将非期望产出纳入考虑后，东中西部地区的旅游业生态效率分别为 0.910、0.859 和 0.664，分别下降了 0.016、0.040 和 0.029，损失幅度分别为 1.73%、4.50%和 4.18%。以上数据结果表明，东部地区受非期望产出的影响最小，中部地区受影响最大，西部地区次之。可能的原因如下：①东部地区经济实力雄厚且发展水平较高，在产业结构、科技水平、能源利用结构等方面都有较大的优势，同时随着生活水平的提高，人们也更注重对低碳、生态型旅游产品的追求和消费，对旅游资源和生态环境的关注和保护意愿也更强烈；②中西部地区相对经济发展水平较低，产业结构、技术水平都有所不足，在旅游业发展过程中，更多以追求旅游经济效益为目的，忽略了旅游资源和环境保护；另外，中西部地区旅游业碳排放量呈现持续大量增加的态势，年均增长率分别为 20.39%和 19.42%，远高于东部地区的 12.62%，且超过全国 15.79%的平均水平，导致对旅游业生态效率产生的影响相对较大。

3. 从各省情况来看

为了进一步探析各省份旅游业生态效率受非期望产出影响的差异和程度，本书计算了考虑非期望产出和不考虑非期望产出的 2000~2017 年中国 30 个省份旅游业生态效率均值（见表 4-3）。由表 4-3 可知，在不考虑非期望产出的情况下，2000~2017 年，旅游业生态效率相对有效的省份有天津、河北、黑龙江、江苏、河南、重庆和贵州 7 个，其中天津的效率值最大（1.269），排名第一；其余 23 个省份的效率值都小于 1，属于相对无效状态，但其中有 12 个省份的效率值高于全国平均值（0.831）；另外，效率值小于全国平均值的省份有 11 个，排名在后 5 位的省份基本在西部地区，分别是宁夏、内蒙古、海南、青海和新疆，新疆的效率值最低（0.340）。在考虑非期望产出的情况下，旅游业生态效率相对有效的省份有天津、河北、江苏、河南、重庆 5 个，它们的旅游业生态效率都有一定程度的减少，其中，天津效率值减少幅度最大，为 0.060，但仍排名第一；其余 25 个省份的效率值都小于 1，属于相对无效状态，但其中有 14 个省份的效率值高于全国平均值（0.806），值得关注的是黑龙江和贵州，受非期望产出的影响，效率值分别由 1.033、1.029 减小到 0.975 和 0.994，直接由相对有效变为相对无效；另外，效率值小于全国平均值的省份有 11 个，排名在后 5 位的省份没有变化，新疆的效率值仍然最小（0.304）。

表 4-3　2000~2017 年中国 30 个省份考虑非期望产出和不考虑非期望产出的旅游业生态效率均值

省份	不考虑非期望产出		考虑非期望产出		变化情况	
	生态效率均值	排名	生态效率均值	排名	效率值变化	排名变化
北京	0.930	11	0.927	10	-0.003	-1
天津	1.269	1	1.209	1	-0.060	0
河北	1.066	5	1.095	3	0.029	-2
山西	0.931	10	0.901	13	-0.030	3
内蒙古	0.441	27	0.427	27	-0.015	0
辽宁	0.865	18	0.840	18	-0.025	0
吉林	0.661	23	0.608	24	-0.053	1
黑龙江	1.033	6	0.975	8	-0.058	2
上海	0.997	8	0.991	7	-0.006	-1

续表

省份	不考虑非期望产出		考虑非期望产出		变化情况	
	生态效率均值	排名	生态效率均值	排名	效率值变化	排名变化
江苏	1.069	4	1.054	5	-0.015	1
浙江	0.851	19	0.825	19	-0.026	0
安徽	0.812	20	0.798	20	-0.013	0
福建	0.909	14	0.900	14	-0.009	0
江西	0.888	16	0.880	15	-0.008	-1
山东	0.917	12	0.904	12	-0.013	0
河南	1.084	3	1.086	4	0.002	1
湖北	0.799	21	0.746	21	-0.052	0
湖南	0.907	15	0.880	16	-0.027	1
广东	0.914	13	0.907	11	-0.008	-2
广西	0.871	17	0.859	17	-0.013	0
海南	0.403	28	0.354	29	-0.049	1
重庆	1.138	2	1.103	2	-0.036	0
四川	0.975	9	0.957	9	-0.018	0
贵州	1.029	7	0.994	6	-0.035	-1
云南	0.587	25	0.538	25	-0.048	0
陕西	0.700	22	0.662	22	-0.038	0
甘肃	0.653	24	0.642	23	-0.011	-1
青海	0.391	29	0.364	28	-0.027	-1
宁夏	0.494	26	0.457	26	-0.038	0
新疆	0.340	30	0.304	30	-0.036	0
全国	0.831	—	0.806	—	-0.025	—

第二节　中国旅游业生态效率时空演变分析

一、旅游业生态效率时间变化特征分析

1. 国家层面的旅游业生态效率变化

（1）全国旅游业生态效率变化情况。如图 4-2 所示，2000~2017 年考虑

非期望产出和不考虑非期望产出的中国旅游业生态效率呈现基本相同的变化态势，总体上表现为“下降—上升—下降”波动变化中的下降态势。其中，不考虑非期望产出的旅游业生态效率在 0.745~0.874，以年均 0.78%的速度下降；考虑非期望产出的旅游业生态效率在 0.745~0.850，以年均 0.58%的速度下降，都呈现出持续恶化的态势。

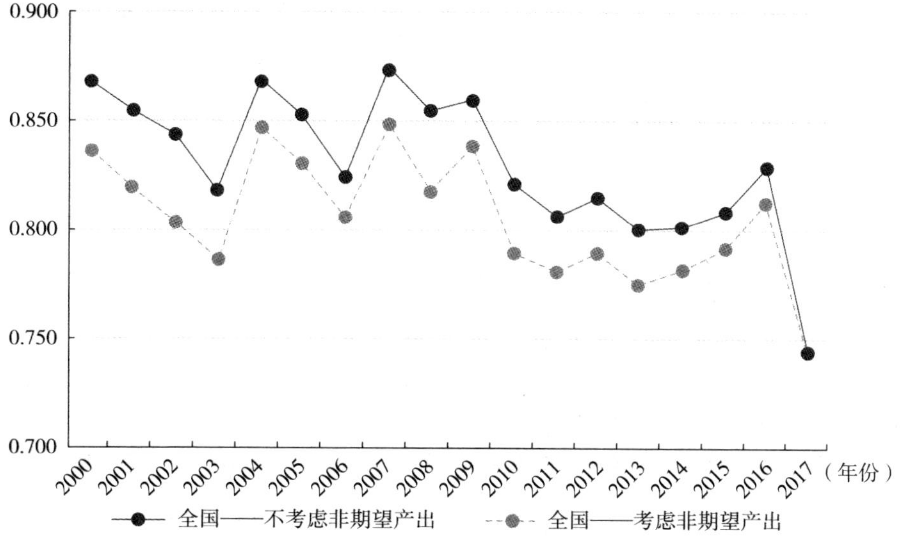

图 4-2　2000~2017 年考虑非期望产出和不考虑非期望产出的中国旅游业生态效率年均值变动趋势

（2）基于效率分解的全国层面变化情况。根据 DEA 模型原理，技术效率是由纯技术效率与规模效率两者同时作用的结果（TE = PTE×SE）。对本研究来讲，即考虑非期望产出和不考虑非期望产出的旅游业生态效率都可以分解为旅游业纯技术效率和旅游业规模效率，鉴于考虑非期望产出和不考虑非期望产出的旅游业生态效率在时间变化上的相似性，在此只对考虑非期望产出的旅游业生态效率进行分解和分析。

如图 4-3 所示，2000~2017 年旅游业纯技术效率总体上呈现出波动变化中的下降态势，但是高于规模效率，除了 2001 年和 2016 年达到生产前沿面以外，其余年份离生产前沿面都还有一定的差距，具有一定的改善潜力和提升空间；旅游业规模效率低于旅游业纯技术效率，但高于旅游业生态效率，在研究期间内的所有年份都没有达到生产前沿面，且相较于旅游业纯技术效率，与生产前沿面的距离更大，从而改善潜力和可提升的空间也更大；2000~2017 年旅游业规模效率总体上也呈现出波动变化中的下降趋势，且低于纯技术效率，说明旅游业规模效率对旅游业生态效率的影响要更大。

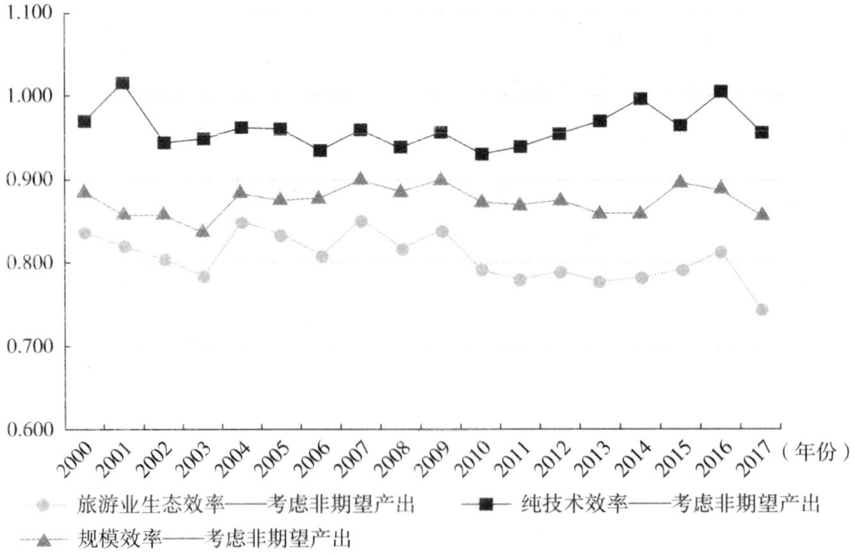

图 4-3　2000~2017 年考虑非期望产出的中国旅游业生态效率及效率分解

综上，2000~2017 年考虑非期望产出的中国旅游业生态效率，总体上呈现出波动变化中的缓慢下降态势。其原因在于：旅游业纯技术效率处于 0.93~1.02，均值为 0.96<1，除了在 2001 年和 2016 年达到最优状态外，其余年份都没有达到最优状态，说明各投入要素的利用程度不够，技术资源利用效率较低；旅游业规模效率处于 0.84~0.90，均值为 0.88<1，虽然在缓慢提升，但仍然存在资源投入过多和冗余过多的问题，说明旅游业在不断发展的情况下，劳动力、资金和资源等投入要素过多，但旅游业增加值产出不足且旅游业碳排放过多，从而导致旅游业生态效率处于较低水平。因此，要提高旅游业生态效率水平，需要从资源利用效率、从业人员素质和管理技术水平等方面进行提升和改善。

2. 区域层面的旅游业生态效率变化

（1）区域旅游业生态效率变化情况。如图 4-4a、图 4-4b 和图 4-4c 所示，2000~2017 年东部地区考虑非期望产出和不考虑非期望产出的旅游业生态效率的变化情况与全国基本上保持一致，均呈现出波动变化中的下降态势；中部地区考虑非期望产出和不考虑非期望产出的旅游业生态效率总体上均呈现出波动变化中的上升态势，在2000~2005年和2015~2017年两个时间段内呈现出明显的上升态势，在2006~2015年呈现出小幅波动中的缓慢上升态势；西部地区考虑非期望产出和不考虑非期望产出的旅游业生态效率总体上均呈现出波动变化中的下降态势，在2000~2009年呈现出“V”形变化态势，从2009年开始总体上呈现出波动变化中的下降态势。

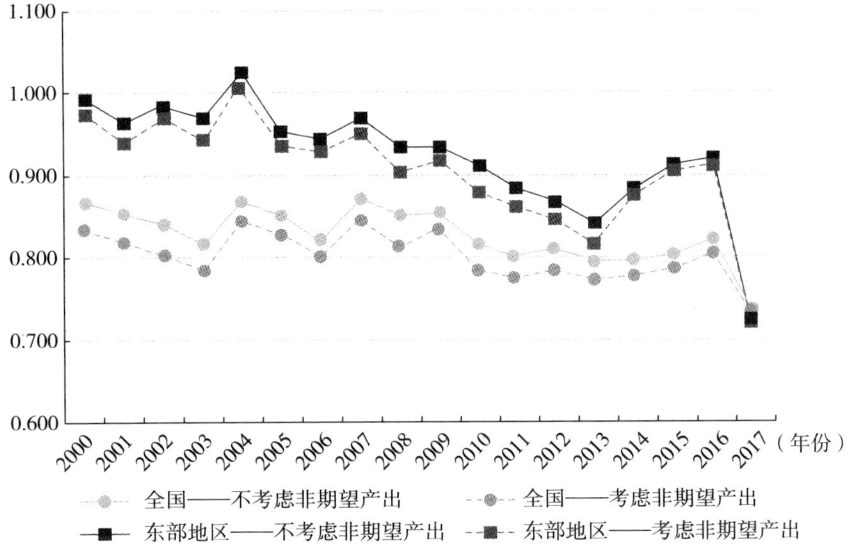

图4-4a　2000~2017年东部地区考虑非期望产出和不考虑非期望产出的旅游业生态效率变动趋势

如图4-4d所示，在本书研究期内，东中西部三大地区考虑非期望产出和不考虑非期望产出的旅游业生态效率水平存在较大差异，具体来看：①在考虑非期望产出的旅游业生态效率水平上，东部地区总体上要高于中部地区（除了2012年、2013年和2017年外）和西部地区，并高于全国平均水平（除了2017年外）；中部地区总体上高于西部地区，并高于全国平均水平（除了2000年、2007年外）；西部地区最低，不但低于东部和中部地区，而且低于全国平均水平，从旅游业生态效率均值大小情况来看，总体上是东部>中部>全国>西部。②在不考虑非期望产出的旅游业生态效率水平上，东中西部地区的差异情况与考虑非期望产出的旅游业生态效率水平差异情况基本一致，在此不再赘述。

（2）基于效率分解的区域层面变化情况。同样，根据DEA模型原理，对东中西部地区考虑非期望产出的旅游业生态效率分解进行整理和分析。

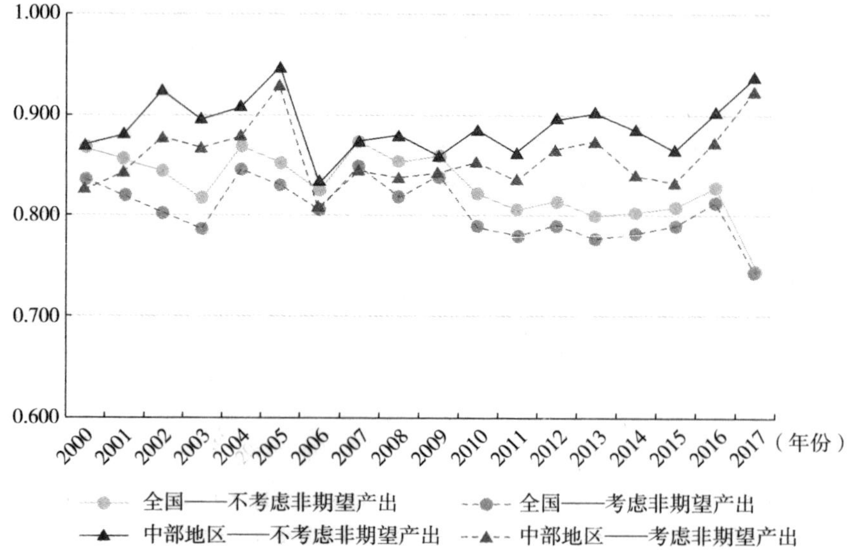

图 4-4b　2000~2017 年中部地区考虑非期望产出和不考虑非期望产出的旅游业生态效率变动趋势

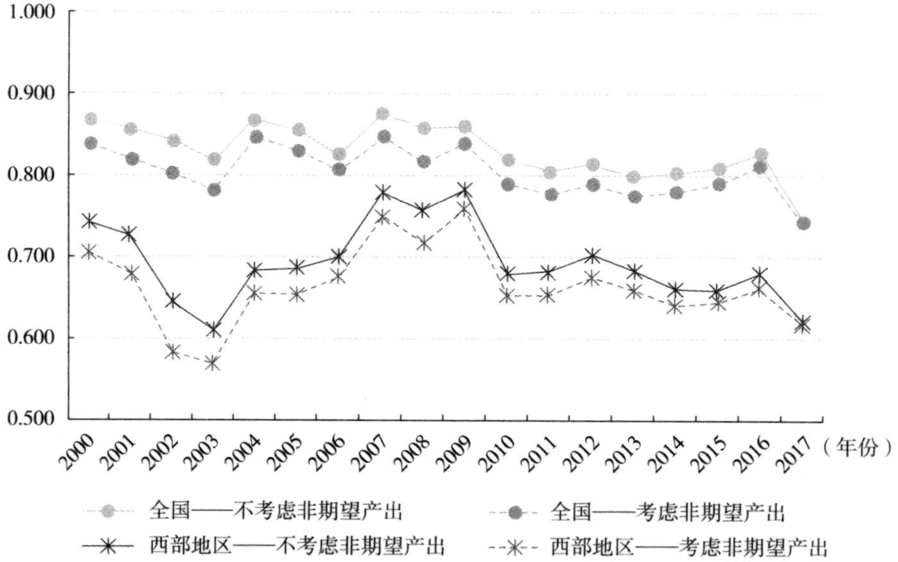

图 4-4c　2000~2017 年西部地区考虑非期望产出和不考虑非期望产出的旅游业生态效率变动趋势

如图 4-5 所示，从纯技术效率来看，2000~2017 年东部地区旅游纯技术效率总体上呈现出波动中下降的态势，2000~2011 年高于全国平均水平，从

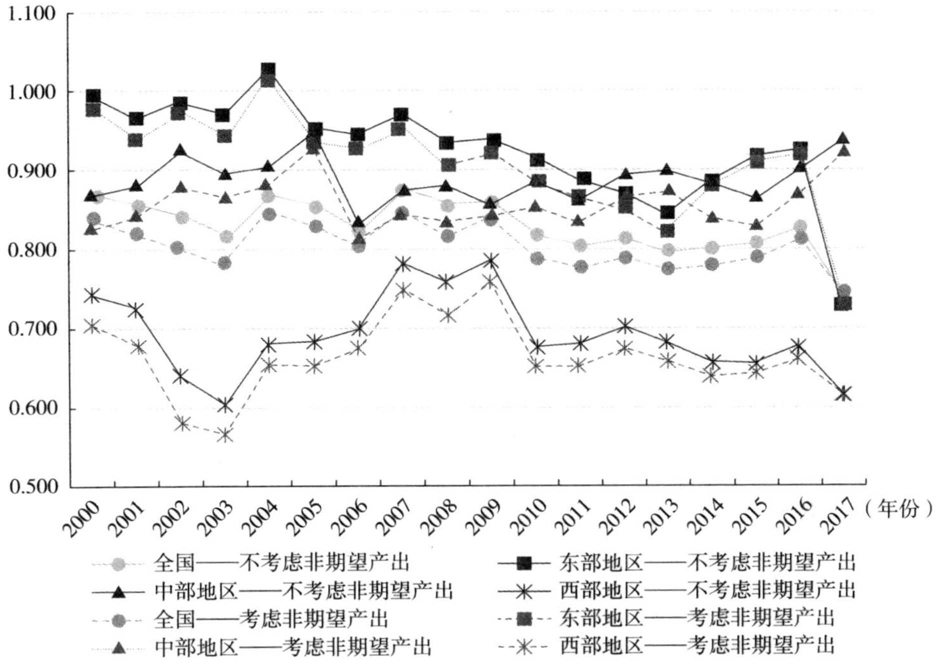

图 4-4d 2000~2017 年中国及东中西部三大地区考虑非期望产出和不考虑非期望产出旅游业生态效率变动趋势

2012 年开始（除 2015 年外）低于全国平均水平；中部地区旅游纯技术效率总体上呈现出波动中上升的态势，除了 2005 年外，其余年份均低于全国平均水平；西部地区旅游纯技术效率总体上呈现出两个连续的“M”形变化态势，在 2000~2010 年（除 2001 年）均低于全国平均水平，从 2011 年开始高于全国平均水平。从三大地区旅游业纯技术效率均值大小来看，总体上是东部>西部>全国>中部。

如图 4-6 所示，从规模效率来看，2000~2017 年东部地区旅游业规模效率总体上呈现出波动中下降的态势，除 2010 年和 2017 年，其余年份均高于全国平均水平；中部地区旅游业规模效率总体上呈现出波动中上升的态势，且高于全国平均水平；西部地区旅游业规模效率总体上呈现出波动变化中下降的态势，但是在不同时间段表现出不同的变化态势，2000~2005 年呈现出“V”形变化态势、2006~2011 年呈现出“M”形变化态势、2011~2017 年呈现出先上升后下降的变化态势，所有年份均低于全国平均水平。从三大地区旅游业规模效率均值大小来看，总体上是中部>东部>全国>西部。

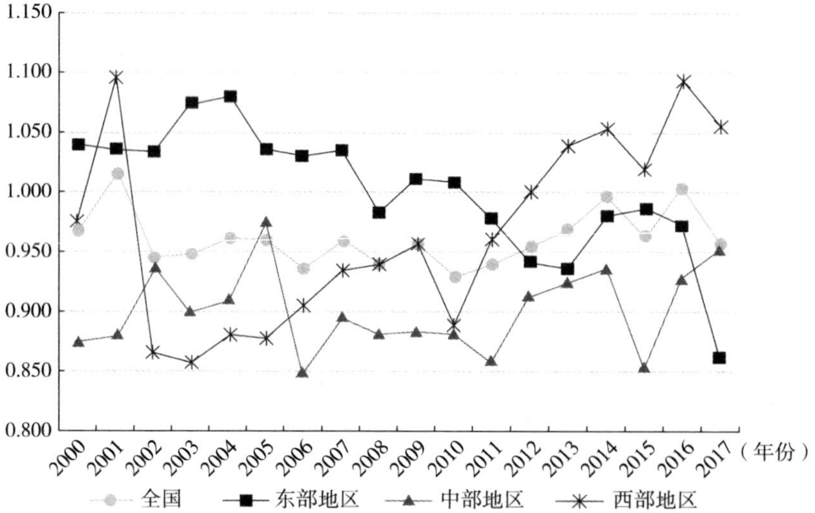

图 4-5　2000~2017 年中国及东中西三大地区考虑非期望产出的旅游业纯技术效率变化趋势

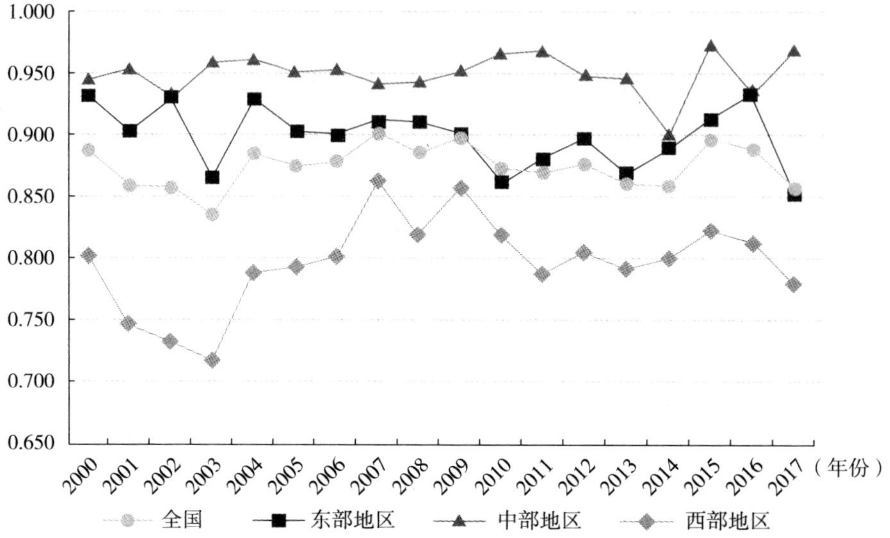

图 4-6　2000~2017 年中国及东中西三大地区考虑非期望产出的旅游业规模效率变化趋势

3. 基于效率分解的各区域变化情况

（1）东部地区考虑非期望产出的旅游业生态效率分解及变化情况。由前文分析可知，东部地区 2000~2017 年考虑非期望产出的旅游业生态效率总体上呈现出波动变化中下降的态势，且旅游业纯技术效率总体上也呈现出波动中下降的态势。根据相关数据计算可知，东部地区旅游业能源消费量以年均12.62%的速度不断增长，从2000年的1350.8万吨增长到2017年的10356.6万吨，增长了7倍多，且旅游业碳排放从2000年的3309.5万吨增长到2017年的25373.7万吨，增长了近8倍，而旅游业各投入要素，如旅游业固定资产投资、旅游业从业人员数、酒店床位数等冗余率较高，也导致了规模效率的持续缓慢下降，两种分解效率共同导致了旅游业生态效率的下降（见图4-7）。

（2）中部地区考虑非期望产出的旅游业生态效率分解及变化情况。由前文分析可知，中部地区2000~2017年考虑非期望产出的旅游业生态效率总体上呈现出波动变化中上升的态势，且高于全国平均水平。而由图4-7和图4-8可知，虽然中部地区旅游业纯技术效率低于全国平均水平，但旅游业固定资产投资、旅游业从业人员数、旅游业能源消费等投入要素的冗余率低使其旅游业规模效率远高于全国平均水平。总之，虽然旅游业纯技术效率水平较低，但是旅游业规模效率的高水平驱动和持续上升，加上中部地区各省份对旅游业的日益重视和加快发展，在旅游总收入和旅游接待总人次上都取得了较大突破，这些都使中部地区旅游业生态效率在波动中保持上升的态势。

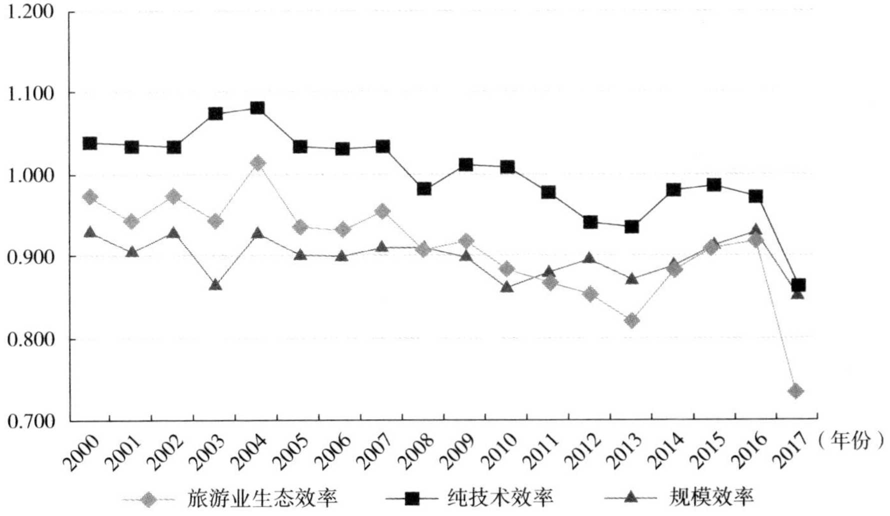

图4-7　2000~2017年东部地区考虑非期望产出的旅游业生态效率分解变化趋势

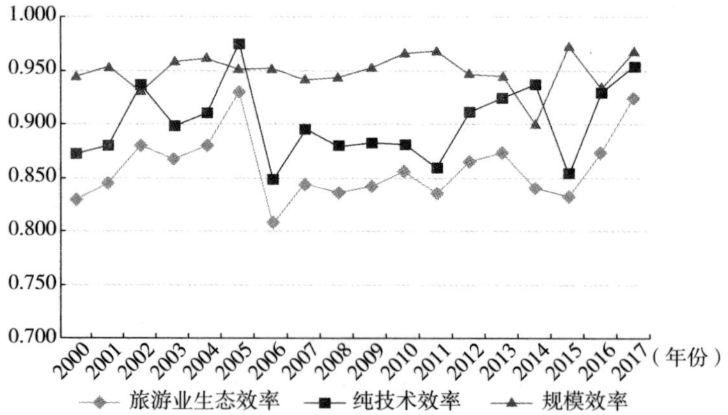

图 4-8　2000~2017 年中部地区考虑非期望产出的旅游业生态效率分解变化趋势

（3）西部地区考虑非期望产出的旅游业生态效率分解及变化情况。由前文分析可知，西部地区 2000~2017 年考虑非期望产出的旅游业生态效率总体上呈现出波动变化中下降的态势，且低于东部地区和中部地区，也低于全国平均水平。而由图 4-7 和图 4-8 可知，西部地区旅游业纯技术效率水平整体上和全国平均水平较为接近，但其旅游业规模效率远低于全国平均水平，造成旅游业生态效率水平较低。另外，西部地区缺少区位优势且交通不便，旅游业发展整体水平较低，以粗放型发展方式为主，在很大程度上制约了旅游业生态效率水平的提高（见图 4-9）。

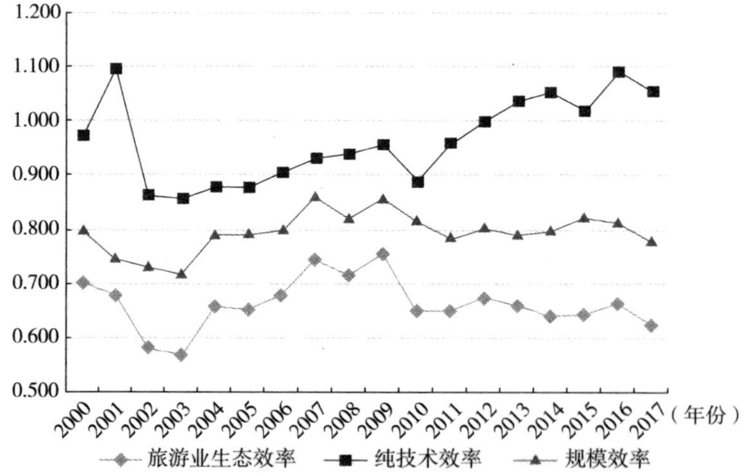

图 4-9　2000~2017 年西部地区考虑非期望产出的旅游业生态效率分解变化趋势

二、旅游业生态效率空间变化特征分析

为了进一步探究中国30个省份含非期望产出的旅游业生态效率在2000~2017年的变化情况，本小节主要从空间变化上进行分析。

首先，根据计算出的中国30个省份历年旅游业生态效率值（考虑非期望产出），利用ArcGIS10.2软件，采用手动断点分级法，对中国30个省份2000~2017年考虑非期望产出的旅游业生态效率均值由低到高划分为生态效率非优区（~0.4567）、生态效率弱优区［0.4568~0.7463）、生态效率次优区［0.7464~1）、生态效率最优区［1~1.2093）4种等级类型进行分析。

其次，为了进一步在空间上探究非期望产出对旅游业生态效率的影响，有必要对不考虑非期望产出的旅游业生态效率空间变化进行分析。同样，据计算出的中国30个省份历年不考虑非期望产出的旅游业生态效率值，利用ArcGIS10.2软件，采用手动断点分级法，对中国30个省份2000~2017年不考虑非期望产出的旅游业生态效率均值，由低到高划分为生态效率非优区（~0.4567）、生态效率弱优区［0.4568~0.7463）、生态效率次优区［0.7464~1）、生态效率最优区［1~1.2093）4种等级类型进行分析。在研究期间，具体情况如下：

第一，考虑非期望产出的中国旅游业生态效率空间分布存在差异，整体上呈现出较为明显的空间梯级变化趋势；空间集聚特征显著，呈现出"东部高、中部次之、西部低"逐级递减的分布特征。具体情况如下：①非优区5个，即内蒙古、新疆、宁夏、青海和海南，主要分布在西部地区；②弱优区5个，即吉林、甘肃、陕西、湖北和云南，在中西部地区都有分布；③次优区15个，即辽宁、黑龙江、北京、山西、山东、安徽、上海、浙江、江西、福建、湖南、贵州、四川、广东和广西，主要分布在东部地区，少数分布在中部地区；④最优区5个，即天津、河北、河南、江苏和重庆，主要分布在东部地区。

第二，不考虑非期望产出的中国旅游业生态效率空间分布同样存在着差异，在整体上也呈现出较为明显的空间梯级变化趋势；空间集聚特征显著，在整体上也呈现出"东部高、中部次之、西部低"逐级递减分布特征，且以次优区和最优区为主。具体情况如下：①非优区5个，即内蒙古、新疆、宁夏、

青海和海南，主要分布在西部地区；②弱优区 4 个，即吉林、陕西、甘肃和云南，在中西部地区都有分布；③次优区 14 个，即辽宁、北京、山西、山东、安徽、上海、浙江、福建、湖北、湖南、四川、江西、广西和广东，主要分布在中东部地区；④最优区 7 个，即黑龙江、河北、天津、河南、江苏、重庆和贵州，东中西部地区各有分布。

基于以上两种情况分析，可以发现在考虑非期望产出和不考虑非期望产出两种情况下，旅游业生态效率的总体空间变化趋势和演变特征基本一致，不同之处在于空间等级类型数量上的变化。在考虑了非期望产出后，非优区的数量不变，弱优区和次优区的数量增加，而最优区的数量减少。

为了进一步对中国 30 个省份旅游业生态效率在空间上的变化情况进行研究，本书根据计算出的中国 30 个省份旅游业生态效率值（考虑非期望产出），利用 ArcGIS10.2 软件，采用手动断点分级法，划分为生态效率非优区 [0.1632~0.4799)、生态效率弱优区 [0.4799~0.7966)、生态效率次优区 [0.7966~1.1133)、生态效率最优区 [1.1133~1.4298] 4 种等级类型。受本书篇幅所限，采用等距法选取 2000 年、2005 年、2010 年、2015 年、2017 年各省份旅游业生态效率值，绘制以上各年份 30 个省份旅游业生态效率的 GIS 图（图略），反映了 2000~2017 年中国 30 个省份旅游业生态效率的空间格局演变。

在代表性年份，30 个省份旅游业生态效率因效率水平不同导致其所属的等级类型空间分布也不同，具体可以分为等级类型的上升、下降和不变三种情况，具体如表 4-4 所示。

根据表 4-4 中变化情况，值得注意的是，北京、江苏、江西一直处于生态效率次优区，内蒙古和新疆一直处于生态效率非优区，陕西一直处于生态效率弱优区。另外，天津、河北、重庆和贵州主要在生态效率次优区和最优区之间转移，辽宁、吉林、安徽、福建、湖北、湖南和广西主要在生态效率次优区和弱优区之间转移，海南、云南、青海和宁夏主要在生态效率弱优区和非优区之间转移，而广东和甘肃则表现出从生态效率次优区到弱优区再到非优区的转移路径。

表 4-4　代表年份中国 30 个省份旅游业生态效率空间分布及变化情况

省份＼年份	2000	2005		2010		2015		2017	
北京	次优区	次优区	→	次优区	→	次优区	→	非优区	→
天津	最优区	最优区	→	最优区	→	最优区	→	次优区	↓
河北	次优区	次优区	→	最优区	↑	次优区	↓	次优区	→
山西	弱优区	最优区	↑	弱优区	↓	次优区	↑	最优区	↑
内蒙古	非优区	非优区	→	非优区	→	非优区	→	非优区	→
辽宁	次优区	弱优区	↓	弱优区	→	次优区	↑	次优区	→
吉林	弱优区	弱优区	→	弱优区	→	弱优区	→	次优区	↑
黑龙江	弱优区	次优区	↑	次优区	→	最优区	↑	次优区	↓
上海	次优区	次优区	→	次优区	→	最优区	↑	非优区	↓
江苏	次优区	次优区	→	次优区	→	次优区	→	次优区	→
浙江	弱优区	弱优区	→	最优区	↑	弱优区	↓	弱优区	→
安徽	弱优区	次优区	↑	次优区	→	弱优区	↓	弱优区	→
福建	次优区	次优区	→	弱优区	↓	次优区	↑	次优区	→
江西	次优区	次优区	→	次优区	→	次优区	→	次优区	→
山东	最优区	次优区	↓	弱优区	↓	次优区	↑	弱优区	↓
河南	最优区	次优区	↓	次优区	→	次优区	→	次优区	→
湖北	次优区	弱优区	↓	弱优区	→	弱优区	→	弱优区	→
湖南	次优区	次优区	→	次优区	→	弱优区	↓	弱优区	→
广东	次优区	次优区	→	弱优区	↓	弱优区	→	非优区	↓
广西	次优区	次优区	→	弱优区	↓	弱优区	→	弱优区	→
海南	非优区	弱优区	↑	非优区	↓	非优区	→	非优区	→
重庆	最优区	最优区	→	次优区	↓	次优区	→	次优区	→
四川	弱优区	次优区	↑	次优区	→	最优区	↑	弱优区	↓
贵州	次优区	弱优区	↓	最优区	↑	最优区	→	最优区	→
云南	弱优区	弱优区	→	非优区	↓	非优区	→	弱优区	↑
陕西	弱优区	弱优区	→	弱优区	→	弱优区	→	弱优区	→
甘肃	次优区	弱优区	↓	弱优区	→	非优区	↓	非优区	→
青海	非优区	弱优区	↑	非优区	↓	非优区	→	非优区	→
宁夏	非优区	弱优区	↑	弱优区	→	非优区	↓	非优区	→
新疆	非优区	非优区	→	非优区	→	非优区	→	非优区	→

第三节　中国旅游业生态效率区域差异分析

一、旅游业生态效率泰尔指数测算

目前，对区域差异进行研究的方法比较多，常被用到的主要有变异系数法、基尼系数法、泰尔指数法、赫芬达尔指数法等，这几种方法在对区域差异研究上各有优势。但是相比较而言，泰尔指数法具有可分解的特点，不但可以将区域总体差异分解为区域间差异和区域内差异，而且还可以计算出被分解出的区域间差异和区域内差异对总体差异的贡献率大小，可以更好地对区域差异情况进行定量分析研究。

泰尔指数又称泰尔熵标准，主要是从利用信息量和熵的概念来考察不公平性和差异性，在其出现之初被用来研究地区收入水平的区域差异。泰尔指数作为一个无量纲化的数值，取值范围为［0，1］，值的大小与差异性呈正相关关系，值越大说明差异越大，值越小则说明差异越小。本书将泰尔指数引入旅游业生态效率研究中，基于前文划分的东中西三大区域，构建了中国旅游业生态效率区域差异的泰尔指数，泰尔指数测算公式及分解如下：

$$\begin{cases} T = \dfrac{1}{n}\sum_{i=1}^{n}\left(\dfrac{TEE_i}{TEE}\right) \times \ln\left(\dfrac{TEE_i}{TEE}\right) = T_B + T_W \\ T_B = \sum_{j=1}^{m}\dfrac{n_j}{n} \times \left(\dfrac{TEE_j}{TEE}\right) \times \ln\left(\dfrac{TEE_j}{TEE}\right) \\ T_W = \sum_{j=1}^{m}\left(\dfrac{n_j}{n} \times \dfrac{TEE_j}{TEE}\right) \times T_D \end{cases} \tag{4-1}$$

$$T_D = \frac{1}{n_j}\sum_{j=1}^{n_j}\left(\frac{TEE_{ji}}{TEE_j}\right) \times \ln\left(\frac{TEE_{ji}}{TEE_j}\right) \tag{4-2}$$

式中，n 表示本书研究的省份个数，m 表示本书所划分区域个数，n_j（j=1，2，…，6）表示三大区域各自的省份个数；TEE_i 表示 i 省份旅游业生态效率值，TEE_{ij} 表示 j 区域内 i 省份旅游业生态效率值，TEE_j 表示 j 区域旅游业生态效率值，TEE 表示中国旅游业生态效率值；T_B、T_W 和 T 分别表示中国旅游业生态效率的区域间差异、区域内差异和总体差异，T_D 表示 j 区域各省份间旅游业生态效率差异的泰尔指数值。另外，本书通过 T_B/T、T_W/T 分别计算出区域间差异和区域内差异对总体差异的贡献率，进一步研究区域间差异和区域内差异对总体差异的贡献程度。

根据前文分析可知，中国及三大区域的旅游业生态效率存在差异，但是总体差异、区域间差异和区域内差异情况如何？差异是源于区域间还是区域内？在此采用泰尔指数的分解方法，根据式（4-1）、式（4-2）对考虑非期望产出的旅游业生态效率泰尔指数及贡献率进行计算并分解，结果见表 4-5 和表 4-6。

表 4-5　2000~2017 年考虑非期望产出的中国旅游业生态效率泰尔指数

年份	区域内			T_B	T_W	T
	东部	中部	西部			
2000	0.0322	0.0440	0.0910	0.0095	0.0535	0.0630
2001	0.0323	0.0346	0.0945	0.0097	0.0518	0.0616
2002	0.0274	0.0269	0.0925	0.0242	0.0445	0.0687
2003	0.0429	0.0321	0.1025	0.0236	0.0556	0.0792
2004	0.0333	0.0184	0.1054	0.0169	0.0497	0.0665
2005	0.0280	0.0171	0.0765	0.0138	0.0387	0.0526
2006	0.0384	0.0300	0.0844	0.0090	0.0504	0.0594
2007	0.0333	0.0328	0.0764	0.0055	0.0471	0.0526
2008	0.0449	0.0390	0.0997	0.0051	0.0609	0.0660
2009	0.0467	0.0348	0.0847	0.0035	0.0561	0.0596
2010	0.0582	0.0324	0.0974	0.0095	0.0626	0.0720
2011	0.0574	0.0304	0.1008	0.0082	0.0630	0.0712
2012	0.0570	0.0226	0.0986	0.0065	0.0600	0.0665
2013	0.0679	0.0231	0.1285	0.0070	0.0733	0.0803
2014	0.0433	0.0223	0.1304	0.0100	0.0635	0.0734
2015	0.0387	0.0349	0.1328	0.0112	0.0657	0.0769
2016	0.0358	0.0253	0.1202	0.0103	0.0581	0.0683
2017	0.0776	0.0373	0.1456	0.0122	0.0852	0.0974

表 4-6 2000~2017 年考虑非期望产出的中国旅游业生态效率泰尔指数贡献率

年份	区域内			T_B	T_W
	东部	中部	西部		
2000	21.85	18.44	44.64	15.08	84.92
2001	22.10	15.43	46.67	15.81	84.19
2002	17.64	11.42	35.68	35.26	64.74
2003	23.87	11.92	34.42	29.80	70.20
2004	21.93	7.65	45.07	25.35	74.65
2005	22.04	9.74	41.92	26.30	73.70
2006	27.42	13.52	43.89	15.18	84.82
2007	26.11	16.59	46.85	10.45	89.55
2008	27.66	16.12	48.46	7.76	92.24
2009	31.52	15.61	46.96	5.92	94.08
2010	33.11	12.99	40.77	13.13	86.87
2011	32.90	12.21	43.37	11.52	88.48
2012	33.94	9.93	46.34	9.78	90.22
2013	32.79	8.64	49.88	8.70	91.30
2014	24.38	8.70	53.31	13.60	86.40
2015	21.26	12.70	51.43	14.60	85.40
2016	21.71	10.60	52.66	15.03	84.97
2017	28.79	12.67	46.00	12.54	87.46

二、旅游业生态效率区域差异分析

根据计算出的区域内、区域间和总体泰尔指数，对考虑非期望产出的中国旅游业生态效率的差异情况进行分析，图 4-10 反映了 2000~2017 年中国旅游业生态效率泰尔指数的变化趋势情况。

（1）总体泰尔指数（T）的变化情况。2000~2017 年，总泰尔指数（T）整体上呈现出持续增大的变化态势，具体来看中国旅游业生态效率的泰尔指数（T）变化可以分为两个阶段：第一个阶段是在 2000~2005 年，期间总泰尔指数（T）整体上呈现出先增大后减小的倒“V”形变化态势，说明旅游业生态效率的总体差异表现出先缩小后扩大的变化态势；第二个阶段是从2005年开始总体上呈现出“增大—减小”波动变化中的增长态势，由2005年的0.0526增大到2017年的0.0974，增长幅度达85.40%，且以年均6.07%的速度增长，说明旅游业生态效率的总体差异从2005年开始表现出不断扩大的变化态势。综上，从整体上看，2000~2017年中国旅游业生态效率的总体差异表现出在波动变化中持续扩大的态势。

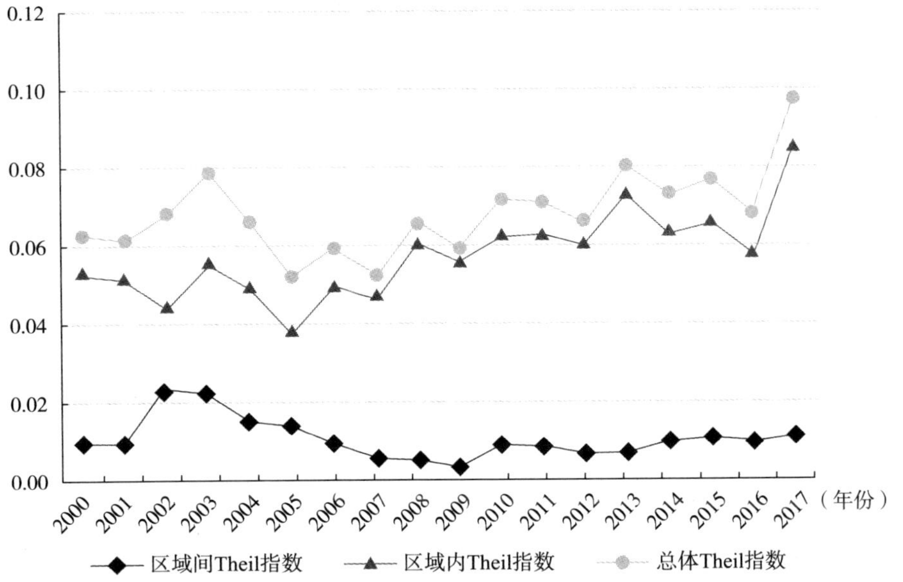

图4-10 2000~2017年中国旅游业生态效率泰尔指数变化趋势

（2）区域内泰尔指数（T_W）的变化情况。2000~2017年，区域内泰尔指数（T_W）的变化情况与总泰尔指数（T）的变化情况基本保持一致，除了2002年与总体泰尔指数（T）的变化不同外。具体来看，中国旅游业生态效率的区域内泰尔指数（T_W）变化同样可以分为两个阶段：第一个阶段是在2000~2005年，期间区域内泰尔指数（T_W）整体上呈现出先减小后增大再减小的倒“N”形变化态势，说明旅游业生态效率的区域内差异表现出先缩小后扩大再缩小的变化态势；第二个阶段是从2005年开始总体上呈现出“增大—减小”波动变化中的增长态势，由2005年的0.0387增大到2017年的0.0852，增长幅度达120%，且在该期间以年均7.7%的速度增长，说明旅游业生态效率的区域内差异从2005年开始表现出不断扩大的变化态势。综上，从整体上看，区域内泰尔指数（T_W）与总体泰尔指数（T）的变化基本一致，说明2000~2017年中国旅游业生态效率的区域内差异表现出在波动变化中持续扩大的态势，也说明了旅游业生态效率的区域内差异是导致中国旅游业生态效率总体差异的主要原因。

（3）区域间泰尔指数（T_B）的变化情况。2000~2017年，区域间泰尔指数（T_B）整体上呈现出持续缓慢增大的态势。具体来看，中国旅游业生态效率的区域间泰尔指数（T_B）变化可以分为两个阶段：第一个阶段是在2000~2009年，期间区域间泰尔指数（T_B）整体上呈现出先增大后减小的倒“V”形变化态势，说明旅游业生态效率的区域间差异表现出先扩大后缩小的变化态势；第二个阶段是从2009年开始总体上呈现出波动变化中缓慢增大的态势，说明旅游业生态效率的区域间差异从2009年开始表现出不断缓慢扩大的变化态势。综上，从整体上来看，2000~2017年中国旅游业生态效率区域间差异随时间的推移而逐渐扩大，也反映出旅游业生态效率区域间差异对中国旅游业生态效率总体差异的影响程度在逐渐增大。

另外，通过计算得到的区域间差异和区域内差异的贡献率（见表4-6），发现中国旅游业生态效率的总体差异主要源于区域内差异，各年份的区域内泰尔指数（T_W）对总泰尔指数（T）的贡献率基本都保持在60.0%以上，平均贡献率达84.1%，而区域间泰尔指数（T_B）的平均贡献率仅为15.9%，也再次说明了旅游业生态效率区域内差异是导致中国旅游业生态效率总体差异的主要原因。

值得注意的是，2000~2017年，区域内泰尔指数（T_W）的贡献率从2013年开始总体上呈现出缓慢下降趋势，相应地，区域间泰尔指数（T_B）贡献率则从2013年开始总体上呈现出缓慢上升趋势，说明区域内差异对中国旅游业生态效率差异的影响程度在逐渐减弱，而区域间差异对中国旅游业生态效率的影响程度则在缓慢增强。

三、旅游业生态效率区域内差异分析

为了进一步揭示2000~2017年东中西部地区旅游业生态效率的差异情况，在此运用区域内泰尔指数进一步分析旅游业生态效率的差异情况。

首先，计算得出东中西部地区旅游业生态效率泰尔指数，从总体上来看2000~2017年三大地区的泰尔指数大小排序为：西部地区>东部地区>中部地区，说明东中西部地区内省份间旅游业生态效率差异情况是，西部地区内部差异最大，东部次之，中部最小。值得注意的是，西部地区的泰尔指数要大于总的区域内泰尔指数，说明西部地区省份间旅游业生态效率差异要大于全国省份份间旅游业生态效率差异（见图 4-11）。

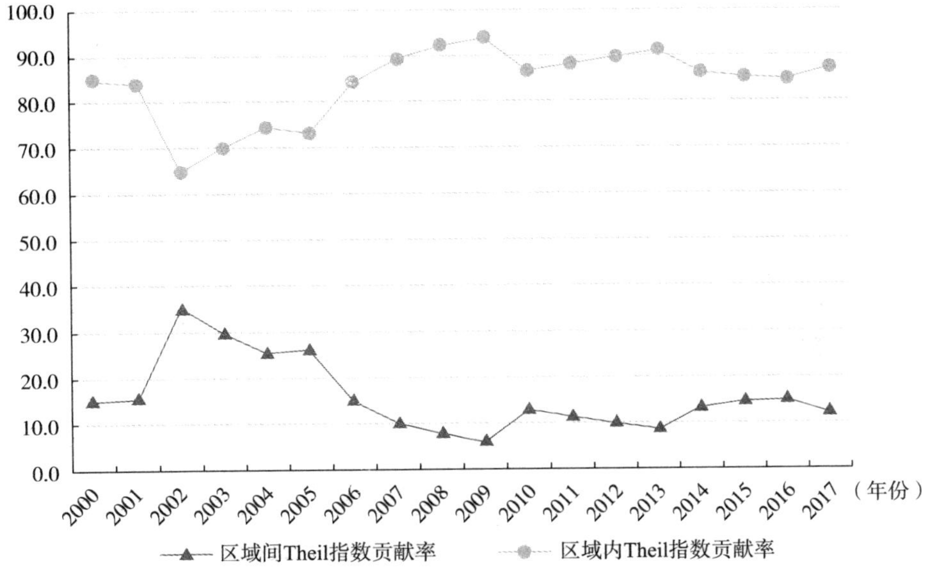

图 4-11　2000~2017 年中国旅游业生态效率泰尔指数贡献率变化趋势

其次，从各地区内旅游业生态效率的差异情况来看，一方面，西部地区差异最大，其原因在于，虽然西部地区旅游业整体发展相对迟缓，但是各省份旅游业发展水平差异较大，以 2017 年西部地区各省份旅游总收入为例，地区排名第一和排名最后的分别是四川（8293 亿元）、宁夏（278 亿元），两省之比为 30：1，大于东部地区广东和海南的 15：1，是三个地区内省份之间差距最大的；另外，通过对投入产出原始数据的分析可知，在旅游业生产过程的各项投入要素中，四川和宁夏的旅游业固定资产投资比为 42：1，四川和宁夏的旅游业能源消费比为 27：1，而在旅游业从业人员数量上四川和宁夏的比为 9：1，省份之间投入和产出的差距造成了地区旅游业发展水平的差异，进而导致了旅游业生态效率的差异（见图 4-12）。

另一方面，中部地区差异最小，其原因在于，中部六省在地缘上的邻近性、旅游资源和市场的互补性和关联性以及交通的通达性，都有利于区域旅游合作，而 2004 年“中部崛起”战略的提出和实施，更是进一步促进了中部六省区域旅游合作，随着旅游联合开发的加强，地区旅游业发展水平差距逐渐缩

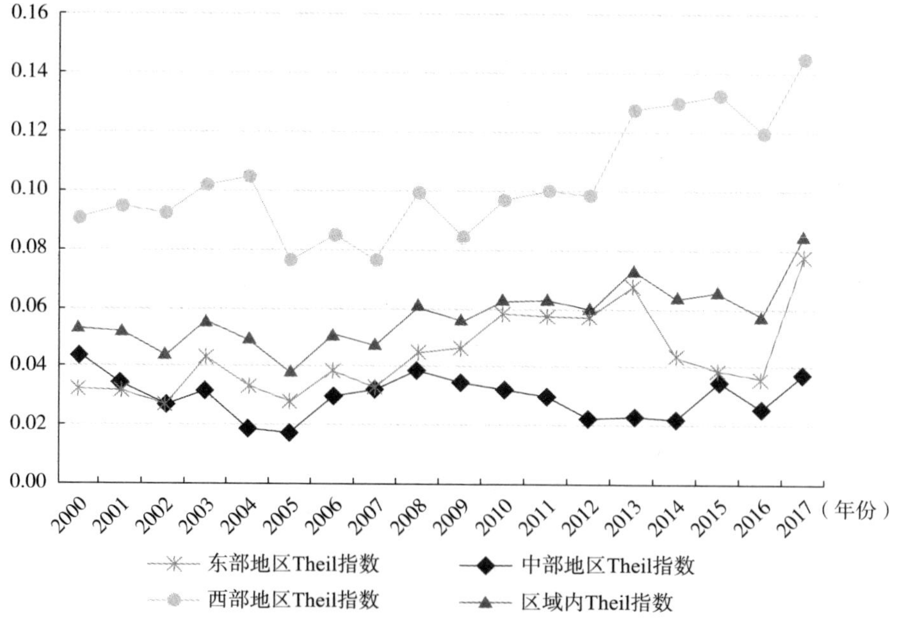

图 4-12　2000~2017 年东中西部地区旅游业生态效率泰尔指数变化趋势

小；以黑龙江和吉林为代表的东北地区，从 2004 年“东北振兴”战略提出和实施以来，旅游业得到重视和发展，并初具规模，特别是大东北无障碍旅游区的构建使区域内旅游资源得到有效流动和合理配置，地区旅游业发展水平差距逐渐缩小，也促进了整个地区旅游业生态效率水平的提升。

从旅游业发展水平来看，以 2017 年中部地区各省份旅游收入为例，地区排名第一和排名最后的分别是湖南（7260 亿元）和黑龙江（1909 亿元），两省之比为 4：1，是三个地区内省份差距最小的。此外，通过对投入产出原始数据的分析可知，在旅游业生产过程的各项投入要素中，省份间的旅游业固定资产投资比（湖南比山西为 4：1）、旅游业能源消费比（湖南比黑龙江为 27：1），旅游业从业人员比（湖南比吉林为 5：1），都是三个地区内省份之间差距最小的，省份之间投入和产出的差距小使地区旅游业发展水平的差异也小，导致了旅游业生态效率的差异较小。

最后，从计算出的东中西部地区旅游业生态效率泰尔指数贡献率来看，三大地区旅游业生态效率泰尔指数对区域内泰尔指数的贡献率按数值大小排序为：西部地区>东部地区>中部地区，这与各地区内省份间旅游业生态效率差异大小排序一致（见图 4-13）。另外，通过计算均值来看，西部地区泰尔指数

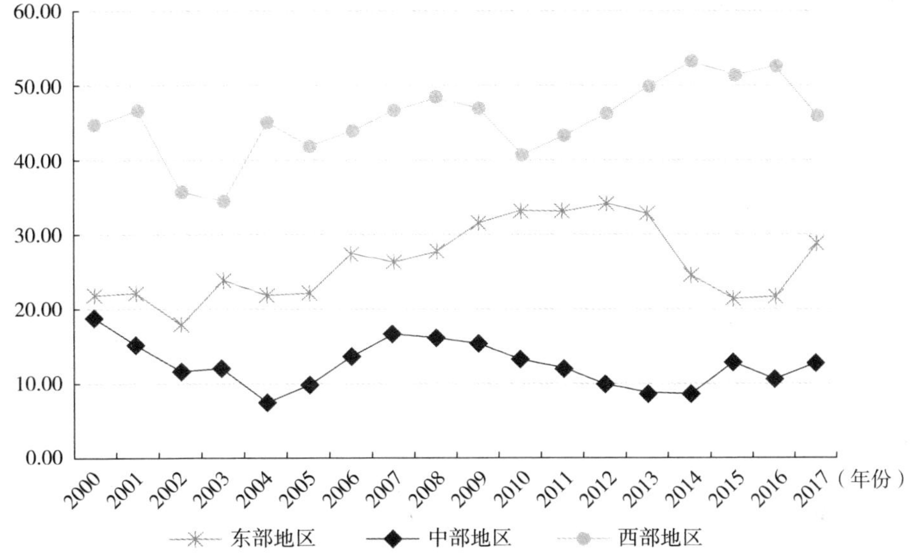

图 4-13　2000~2017 年东中西部地区旅游业生态效率泰尔指数贡献率变化趋势

贡献率占到了区域内泰尔指数贡献率的 45.5%，说明西部地区旅游业生态效率差异是造成区域内差异的主要原因所在。因此，加强西部旅游区内各省份间在旅游资源、交通、市场、人才和技术等方面的跨省域合作和交流，共同提高地区旅游业发展水平，进而缩小各省份之间旅游业发展的差距，是缩小中国旅游业生态效率区域总体差异的关键所在。

第四节　本章小结

旅游业生态效率评价的目的之一就是通过纵向分析研究，了解旅游业生态效率的时空变化及区域差异情况，发现其演变规律及原因所在。本章根据构建的旅游业生态效率评价指标体系，采用改进后的含非期望产出的超效率 SBM 模型，借助 MaxDEA Pro 8.3 软件对中国 30 个省份旅游业生态效率进行测算，并进行时空演变及区域差异分析，主要得到以下几点结论：

（1）考虑非期望产出和不考虑非期望产出的旅游业生态效率评价结果不同，非期望产出对全国、东中西部地区及各省份的旅游业生态效率都造成了一定的效率损失，说明在考虑非期望产出对旅游业生态效率影响的情况下，把旅游业碳排放这一非期望产出纳入旅游业生态效率评价，会使评价结果更为准确和科学，也更加符合实际情况。

（2）从时间变化上看，①在国家层面上，在不考虑非期望产出和考虑非期望产出两种情形下，2000~2017 年中国旅游业生态效率都呈现出“下降—上升—下降”波动变化中的缓慢下降趋势，而且在研究期内都处于总体相对无效状态，并都呈现出持续恶化的态势。②从区域层面来看，2000~2017 年东中西部地区旅游业生态效率都处于相对无效状态，东部地区总体变化趋势与全国基本上保持一致，都呈现出波动变化中下降的态势；西部地区总体上呈现出波动变化中下降的态势，但其具体变化情况又与全国和东部地区不同；中部地区与全国和东西部地区的变化情况不同，总体上呈现出波动变化中的上升态势。③东中西部地区旅游业生态效率存在较大差异，东部地区总体上要高于中部和西部地区，并高于全国平均水平；中部地区总体上高于西部地区，并高于全国平均水平；西部地区最低，不但低于东部地区和中部地区，而且低于全国平均水平。

（3）从空间变化上看，①在国家层面上，在不考虑非期望产出和考虑非期望产出两种情形下，中国旅游业生态效率空间分布都存在差异，整体上均呈现出较为明显的空间梯级变化趋势，空间集聚特征显著，均呈现“东部高、中部次之、西部低”逐级递减的分布特征。②从各省份的空间分布变化来看，在代表性年份旅游业生态效率等级类型空间分布变化差异较大，主要表现为不同年份的等级类型上升、下降和不变三种演变情况。

（4）从区域差异上看，①在国家层面上，2000~2017 年中国旅游业生态效率的总体差异、区域内差异和区域间差异整体上都呈现出波动变化中持续扩大的态势，反映出区域内差异是导致旅游业生态效率总体差异的主要原因，也反映出区域间差异对旅游业生态效率总体差异的影响程度在逐渐增大；而区域内差异和区域间差异的贡献率占比情况，也再次证明了区域内差异是导致中国旅游业生态效率总体差异的主要原因；另外，区域内差异对旅游业生态效率总体差异的影响程度开始逐渐减弱，而区域间差异对总体差异的影响程度则开始缓慢增强。②在区域层面上，2000~2017 年东中西部地区内省份间旅游业生态效率差异大小情况是，西部地区最大，东部次之，中部最小；值得注意的是，西部地区省份间旅游业生态效率差异要大于全国省份间差异；三大地区旅游业生态效率的区域内差异贡献率大小排序为西部地区>东部地区>中部地区，与各地区内省份间旅游业生态效率差异大小排序一致；另外，西部地区区域内差异的平均贡献率占到45.5%，说明西部地区旅游业生态效率差异是造成区域内差异的主要原因。

（5）从效率分解上看，①在国家层面上，现阶段中国旅游业发展过程中存在劳动力、资金和能源等要素投入冗余和资源利用效率较低等问题，导致旅游业产出不足和环境污染排放过多，进而导致旅游业生态效率水平较低，需要从资源利用效率、从业人员素质和管理技术水平等方面进行提升和改善。②从区域层面来看，东部地区旅游业能源消费量和旅游业碳排放增长过快，且存在固定资产投资、从业人员数、床位数等冗余率过高的问题；中部地区基本不存在投入要素冗余的问题，但是资源利用率较低；西部地区旅游业生态效率低下的主要原因在于投入要素不足，且资源利用率较低。

第五章　中国旅游业生态效率的收敛特征分析

根据第四章对中国旅游业生态效率的时空演变和区域差异特征的分析可知，旅游业生态效率存在较为明显的区域差异。那么随着时间的推移，这种差异会不会发生变化？变化趋势和规律如何？是否会随着时间的演进出现收敛？这些问题都值得去进一步研究分析。本章将新古典经济学中收敛假说的思想和方法引入区域旅游业生态效率差异性分析。首先，对目前学术界收敛研究的相关文献进行了梳理；其次，借助传统收敛模型对旅游业生态效率的收敛特征进行检验分析；再次，在充分考虑地区生产技术水平差异的前提下，运用基于异质性假设的PS收敛模型对旅游业生态效率的收敛特征进行检验，并对这两类收敛模型的检验结果进行比较；最后，对基于PS收敛模型的检验结果进行分析，并进一步借助核密度函数估计，分析了中国旅游业生态效率的动态演变情况。

第一节　收敛研究与收敛假说

一、收敛研究的现状

一般认为，收敛的概念起源于新古典经济增长理论。收敛性（Convergence）也即趋同性，从长期均衡理论的角度出发，可以理解为经济增长速度慢的落后地区对经济增长速度快的发达地区存在“追赶效应”，并最终趋向于同一水平，即落后地区具有向发达地区收敛的趋势。所谓的经济收敛假说是指经济区域初始的静态指标与其经济增长速度存在负向关系，即落后地区与发达地区相比具有更高的经济增长率，而且从长期来看，各经济区域间的初始静态指标差异会逐渐消失（刘强，2001），体现了落后地区向发达地区追赶的动态演化过程（Islam Nazrul，2003）。由于对收敛性的探讨最早开始于对经济增长的研究，所以国内外学者对于收敛的研究多集中在经济领域的区域经济增长上。国外学者 Baumol 最早对经济增长的收敛假说进行了实证研究，此后有越来越多的国外学者各自通过实证对经济增长的收敛假说进行研究。国内学者对经济增长的收敛研究要晚于国外，沈坤荣和马俊（2002）最早通过β收敛对我国区域经济增长进行收敛研究，此后也有很多学者对区域经济增长进行了收敛研究，并取得了较多的研究成果，得出了许多值得参考和借鉴的有价值的结论。

随着国内外学术界对收敛假说的日益重视，作为一种重要的分析工具，收敛理论开始逐渐从经济领域扩展到其他领域，并在基于传统收敛模型对效率和生态效率的收敛研究方面，如能源、碳排放和环境等领域，取得了较为丰富的研究成果。在旅游领域的收敛研究方面，现有研究主要是对入境旅游流和入境客源市场的收敛研究，而在旅游经济、旅游业及相关产业和旅游效率等方面的收敛研究成果较少，具体如表 5-1 所示。

表 5-1 基于传统收敛模型的旅游领域收敛特征研究

研究领域	研究尺度或对象	作者
客源市场与入境旅游	马来西亚 10 个主要客源市场	Lean 和 Smyth（2008）、Tang（2011）
	土耳其主要客源市场	Abbott 等（2012）、Ozcan 和 Erdogan（2017）
	新加坡主要客源国市场	Tan 和 Tan（2013）
	塞舌尔主要客源国市场	Solarin 和 Lean（2014）
	中国 31 个省入境旅游	丘萍（2012）
	中国 342 个市域入境旅游流	纪小美等（2015）
	中国入境旅游客源市场	罗浩和张瑜璇（2018）
旅游经济	河南省旅游经济	骆泽顺和林璧属（2015）
	新疆旅游经济差异	张子昂等（2016）
	江苏旅游经济	于秋阳和颜鑫（2019）

续表

研究领域	研究尺度或对象	作者
旅游业及相关行业	中国旅游产业的区域集聚	郭为和何媛媛（2008）
	中国餐饮旅游行业 22 家主要上市公司经营绩效	吉生保等（2011）
	中国省际旅游全要素生产率	赵磊（2013）
	中国 31 个省份旅游发展对区域经济协调发展	骆泽顺和林璧属（2015）
	中国沿海 11 个省份旅游产业绿色全要素生产率	刘佳和张俊飞（2017）
其他	中国省区 A 级景区发展水平和发展强度	李飞和何建民（2011）
	风景名胜区旅游增长	曹芳东等（2015）
	丝绸之路经济带 9 个省份生态旅游发展	王怡（2015）

从对国内外文献的梳理来看，收敛理论的应用范围越来越广。目前，学术界对不同区域尺度的能源、碳排放、环境和生态效率等的收敛研究成果，为本书在研究方法和研究内容等方面提供了参考和借鉴。中国旅游业已经走在可持续发展的道路上，如何提升旅游业生态效率水平以促进经济、资源和环境的协调发展，需要对区域旅游业生态效率的收敛性规律进行探讨和研究。遗憾的是，目前国内外对旅游领域的收敛研究较少，且基本上没有对区域旅游业生态效率收敛性的研究。另外，仅有的一些文献基本都是以经典收敛模型来对旅游领域进行收敛研究，由于无法克服模型本身暗含的同质性假设问题，会在一定程度上影响结论的可靠性。基于此，本书尝试应用基于异质性假设的 PS 收敛模型，对旅游业生态效率收敛性进行系统而全面的研究。

二、旅游业生态效率收敛假说

对于旅游业生态效率的收敛性，本书主要从微观、中观和宏观三个层面对其收敛机制进行解析。

首先，在微观层面上，分别从作为理性经济人的旅游企业和旅游者两个方面进行解析。一是旅游企业基于追逐更多经济利益的原始动力，在资源价格攀升、环境约束增强的情况下，会主动在技术创新、企业管理等方面采取积极措施，以求减少资源消耗和提高旅游产品附加值，进而提高自身的生态效率水平；二是随着人们收入水平的提高，旅游者环保意识日益增强，对环境问题也越来越关注，在选择旅游产品时，会更多地选择生态旅游和低碳旅游等环保型旅游产品，这些都能对旅游企业提供低碳环保旅游产品产生正向影响作用。

其次，在中观层面上，分别从产业结构和能源结构随时间演进的趋同变化上进行解析。一是产业结构的趋同化演进，目前普遍被接受的产业结构演化的最终形态是“三、二、一”的结构格局，由于第三产业多数为服务型行业，资源消耗相对较少，且提供的多以无形服务产品为主，对环境的污染较小，将会对地区旅游业生态效率水平产生明显的提升作用；二是能源消费结构的持续优化升级，在化石能源稀缺性和不可再生性的约束下，风能、水能、太阳能、地热能等可再生的清洁能源将会替代化石能源，旅游业生态效率水平也会得到提高。

最后，在宏观层面上，主要是从政府行为方面进行解析。一是盲目追求经济增长导致生态破坏和环境污染日益严重，基于社会、经济和环境协调发展的要求，政府将会采取更为严格的环境规制，通过制定和实施各类环境政策对旅游企业生产进行调控和规范；二是经济增长带来了更多环境污染治理和环境保护资金的投入，在政府的监管下，会取得更好的环境治理和保护效果，同时还可以通过政府财政资助、政府研发补贴和高新技术企业税收减免等激励政策来促进污染治理技术创新和新工艺、新能源研发，旅游企业可以从中获益，并可以从资源循环和集约高效利用、减少污染物排放两个方面来提升旅游业生态效率水平。

综上所述，从微观、中观和宏观收敛机制解析可知，伴随着我国经济实力的增强和经济发展水平的持续提高，旅游者环保意识的增强和环保型旅游产品消费的增加，地区产业结构的优化升级、科技发展和创新、清洁能源利用及环境规制的加强，旅游业生态效率理论上会出现收敛状态。基于以上机制解析，区域旅游业生态效率收敛假说成立。

第二节　传统收敛模型检验及分析

一、传统收敛检验模型

基于新古典经济学增长理论，根据其收敛假说，旅游业生态效率的收敛可以解释为初始旅游业生态效率水平较低的地区，其效率水平的提升速度高于初始旅游业生态效率水平较高的地区。目前，关于旅游业生态效率收敛的研究几乎没有，但是从其他领域应用的收敛分析方法来看，国内外学者主要采用 σ 收敛、绝对 β 收敛、条件 β 收敛和随机收敛四种模型方法，也被称为收敛分析方法的四个传统模型。

二、旅游业生态效率 σ 收敛检验

σ 收敛主要用来分析不同地区之间旅游业生态效率分布的离散程度。如果其离散程度随着时间演进而不断减小，那么说明地区旅游业生态效率差距在逐渐缩小，最终达到均衡状态，即存在 σ 收敛；反之，如果其离散程度随着时间的演进而逐渐增大，则说明地区旅游业生态效率差距在不断扩大，即不存 σ 收敛，而是存在 σ 发散。通常在实证研究中，一般采用标准差（S）、离散系数（CV）和泰尔指数（Theil Index）对 σ 收敛进行检验。本书 σ 收敛检验使用最常见的标准差 S 和离散系数 CV，其中标准差 S 计算公式如下：

$$S = \sqrt{\frac{1}{n}\sum_{i=1}^{n}(TEE_{i,t} - \overline{TEE_t})^2} \tag{5-1}$$

式中，$TEE_{i,t}$ 表示第 i 个地区第 t 年的旅游业生态效率值，$\overline{TEE_t}$ 表示各地区旅游业生态效率的均值，n 为评价地区的个数。S 代表旅游业生态效率的相对差异，如果值越大，则说明有更多省份的旅游业生态效率值与均值的差异越大，表明存在 σ 发散，即不存在 σ 收敛；反之，如果值越来越小，则表明存在 σ 收敛。

离散系数（CV）反映了旅游业生态效率的绝对差异，若离散系数值随着时间推移不断变大，则说明旅游业生态效率存在 σ 发散，即不存在 σ 收敛；反之，若离散系数值随着时间的推移逐渐变小，则说明存在 σ 收敛。离散系数 CV 公式如下：

$$CV = \frac{1}{\overline{TEE_t}}\sqrt{\frac{1}{n}\sum_{i=1}^{n}(TEE_{i,t} - \overline{TEE_t})^2} \tag{5-2}$$

根据式（5-1），计算得到中国及东中西部三大地区旅游业生态效率的标准差值（见表 5-2），并绘制成演变趋势图（见图 5-1）。

表 5-2　2000~2017 年中国及东中西部三大地区旅游业生态效率的标准差

年份	2000	2001	2002	2003	2004	2005	2006	2007	2008
全国	0.2835	0.2755	0.2851	0.3048	0.2961	0.2612	0.2714	0.2649	0.2859
东部地区	0.2258	0.2221	0.2054	0.2662	0.2506	0.2151	0.2460	0.2310	0.2542
中部地区	0.2434	0.2211	0.2026	0.2171	0.1670	0.1690	0.2018	0.2167	0.2379
西部地区	0.2981	0.2950	0.2602	0.2682	0.3025	0.2622	0.2810	0.2869	0.3140
年份	2009	2010	2011	2012	2013	2014	2015	2016	2017
全国	0.2757	0.2898	0.2845	0.2777	0.2991	0.2896	0.2971	0.2839	0.3232
东部地区	0.2598	0.2821	0.2766	0.2716	0.2887	0.2482	0.2339	0.2261	0.2835
中部地区	0.2196	0.2137	0.2035	0.1833	0.1851	0.1815	0.2201	0.1956	0.2544
西部地区	0.3020	0.2914	0.2959	0.3007	0.3363	0.3327	0.3365	0.3237	0.3460

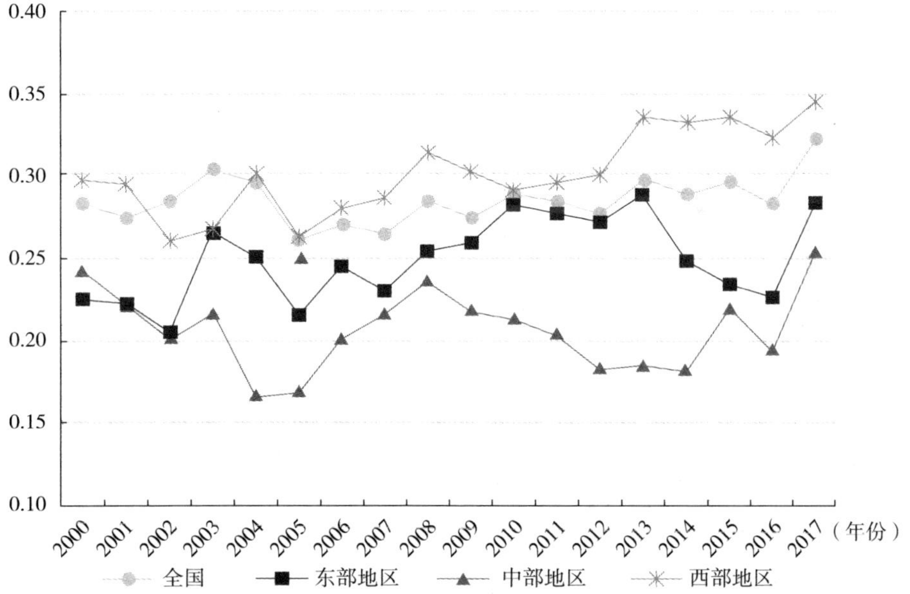

图 5-1　2000~2017 年中国及东中西部三大地区旅游业生态效率标准差变化趋势

由表 5-2 和图 5-1 可知，2000~2017 年中国旅游业生态效率差异呈现出先扩大后缩小，然后在波动中缓慢扩大的变化态势，这表明从整体上来看，中国旅游业生态效率差异在不断扩大，即不存在 σ 收敛。从区域旅游业生态效率差异变化情况来看，东部地区的差异变化基本上与中国旅游业生态效率差异变化相一致，也就是说，东部地区也不存在 σ 收敛；中西部地区的旅游业生态效率差异变化基本保持一致，呈现出两个连续的“W”形变化态势，总体上可以看成是扩大的态势，即中、西部地区也不存在 σ 收敛。另外，东中西部地区存在一定的内部差异，西部最大、东部次之、中部最小，这与第四章中区域差异部分的研究结论一致。其中，中部地区和西部地区的变化态势基本一致，但中部地区的差异变化波动幅度较大且明显小于西部地区和东部地区，说明中部地区内部差异程度相对更小。

根据式（5-2），计算得到中国及东中西部地区三大地区旅游业生态效率的离散系数值（见表 5-3），并绘制成演变趋势图（见图 5-2）。

表 5-3　2000~2017 年中国及东中西部三大地区旅游业生态效率的离散系数

年份	2000	2001	2002	2003	2004	2005	2006	2007	2008
全国	0.3387	0.3361	0.3546	0.3874	0.3497	0.3141	0.3364	0.3118	0.3494
东部地区	0.2316	0.2357	0.2114	0.2819	0.2473	0.2294	0.2639	0.2419	0.2804
中部地区	0.2936	0.2618	0.2303	0.2501	0.1900	0.1815	0.2493	0.2560	0.2842
西部地区	0.4226	0.4342	0.4476	0.4700	0.4604	0.4014	0.4133	0.3842	0.4385
年份	2009	2010	2011	2012	2013	2014	2015	2016	2017
全国	0.3286	0.3667	0.3647	0.3513	0.3850	0.3700	0.3749	0.3489	0.4340
东部地区	0.2823	0.3194	0.3186	0.3183	0.3513	0.2812	0.2563	0.2459	0.4009
中部地区	0.2608	0.2499	0.2435	0.2119	0.2116	0.2160	0.2645	0.2240	0.2754
西部地区	0.3996	0.4481	0.4541	0.4465	0.5092	0.5191	0.5227	0.4872	0.5535

由表 5-3 和图 5-2 可知，中国旅游业生态效率的离散系数值要明显大于其标准差值，但其变化趋势却与标准差的变化趋势基本一致，也验证了中国旅游业生态效率不存在 σ 收敛。从区域变化情况来看，东中西部地区的离散系数都要大于其标准差，且三大地区的离散系数变化态势基本上与其标准差的变化态势相一致，即也不存在 σ 收敛。另外，中部地区的离散系数明显要小于东西部地区，且其变化波动幅度相对于其标准差更为平缓。总之，无论是从标准差代表的相对差异来看，还是从离散系数代表的绝对差异来看，都验证了中国及东中西部三大地区旅游业生态效率不存在 σ 收敛。

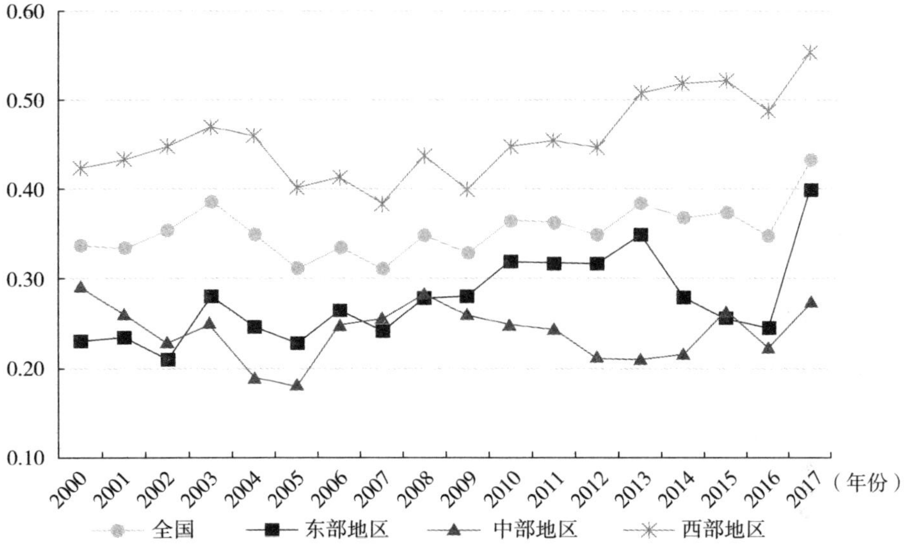

图 5-2　2000~2017 年中国及东中西部三大地区旅游业生态效率离散系数变化趋势

三、旅游业生态效率绝对 β 收敛检验

绝对 β 收敛具有一个严格的前提假设，即各个地区具有相似的经济发展水平、技术水平、产业结构等“区域基本特征”，但不同地区的旅游业生态效率水平有相同的稳态，且增长路径和均衡状态完全相同。绝对 β 收敛只是作为 σ 收敛的一个必要非充分条件，这意味着即使不存在 σ 收敛，也不能说明不存在绝对 β 收敛，需要继续进行绝对 β 收敛检验，以此来判断旅游业生态效率低值地区是否对高值地区存在“追赶效应”，也即各地区旅游业生态效率是否最终能够达到一个共同的稳态值，即存在绝对 β 收敛。根据 Sala - i - Martin（1996）的研究，本书构建的区域旅游业生态效率的绝对 β 收敛检验方程式如下：

$$\frac{1}{T}[\mathrm{Ln}(TEE_{i,t}) - \mathrm{Ln}(TEE_{i,0})] = \alpha + \beta\mathrm{Ln}(TEE_{i,0}) + \xi_{i,t} \tag{5-3}$$

式中，$TEE_{i,t}$ 和 $TEE_{i,0}$ 分别表示第 i 个地区在初始期和第 t 期的旅游业生态效率值，α 为常数项，$\xi_{i,t}$ 为随机扰动项。参数 β 表示初期旅游业生态效率的回归系数，如果 β 显著为负，则表明各地区旅游业生态效率的增长速度与其初始水平呈反向关系，存在绝对 β 收敛，即表示旅游业生态效率低值地区的增长速度要快于高值地区，存在“追赶效应”；反之，则不存在

绝对 β 收敛。

根据式（5-3）对中国及东中西部地区旅游业生态效率进行绝对 β 收敛检验，其回归系数 β 及其显著性检验结果，如表 5-4 所示。

表 5-4 中国旅游业生态效率水平绝对 β 收敛的检验结果

地区	旅游业生态效率（TEE）		
	β	α	Adj-R^2
东部地区	-0.0093***	-0.0061	0.0301
中部地区	-0.0467***	-0.0078	0.5026
西部地区	-0.0137***	-0.0108	0.0817
全国	-0.0154***	-0.0067	0.1070

注：*** 表示变量在 1%的统计水平上显著。

由表 5-4 可知，中国及东中西部地区旅游业生态效率绝对 β 收敛的回归系数全部为负，且在 1%的水平上显著，这说明中国及东中西部地区旅游业生态效率的增长速度与其初始水平呈现反向关系，旅游业生态效率低值地区增长速度要快于高值地区，存在“追赶效应”，最终收敛于同一稳态均衡值，即存在绝对 β 收敛。

通过 σ 收敛和绝对 β 收敛检验可知中国旅游业生态效率的收敛情况：一是不存在 σ 收敛，二是存在绝对 β 收敛。这两个检验结果似乎是矛盾的，因此需要进一步检验旅游业生态效率差异是否与初始条件有关？是否这个同一稳态均衡值是指不同初始条件地区各自的稳态值？以及是否初始条件不同地区可能存在俱乐部收敛？

四、旅游业生态效率条件 β 收敛检验

条件 β 收敛同样基于一个前提假设，与绝对 β 收敛的前提假设不同，它去除了绝对 β 收敛关于不同地区的“区域基本特征”完全相同的假定条件，充分考虑了不同地区旅游业存在的差异，表明不同地区的旅游业生态效率会达到各自的稳态水平，即不同地区旅游业生态效率会朝着各自的稳态收敛。

条件 β 收敛的状态取决于当前旅游业生态效率状态与稳态之间的距离，离稳态越近，收敛速度越慢；反之，离稳态越远，收敛速度越快。在条件 β 收敛的检验方法上，可以采用与绝对 β 收敛相同的检验方法，即根据回归系数是否

显著为负来判断是否存在条件 β 收敛，还可以通过面板数据固定效应估计模型来检验是否存在条件 β 收敛。

鉴于前文 σ 收敛和绝对 β 收敛的检验结果，本书认为还需要进行条件 β 收敛检验。借鉴 Miketa 和 Mulder（2005）的研究，本书采用面板数据双向固定效应方法进行条件 β 收敛性检验，该方法同时控制地区效应与时间效应，既考虑了各地区有不同的稳态水平，也考虑了地区稳态水平的时变效应。参考杨志江和文超祥（2017）的研究，区域旅游业生态效率的条件 β 收敛检验方程式可以表示如下：

$$\text{Ln}(TEE_{i,t}) - \text{Ln}(TEE_{i,t-1}) = \alpha + \beta \text{Ln}(TEE_{i,t-1}) + \xi_{i,t} \tag{5-4}$$

式中，$TEE_{i,t}$ 和 $TEE_{i,t-1}$ 分别表示第 i 个地区在第 t 期和第 $t-1$ 期的旅游业生态效率值，α 为常数项，$\xi_{i,t}$ 为随机扰动项。若 β 显著为负，则表明各地区旅游业生态效率收敛于各自的稳定状态，即存在条件 β 收敛；反之，则不存在条件 β 收敛。

根据式（5-4），基于 2000~2017 年中国旅游业生态效率数据进行面板数据双向固定效应回归，检验结果如表 5-5 所示。由表 5-5 可知，中国及东中西部地区旅游业生态效率条件 β 收敛回归系数全部为负且在 1%的水平上显著，说明中国及东中西部地区旅游业生态效率存在条件 β 收敛，即中国旅游业生态效率各地区向着各自的稳态水平进行收敛，但由于各地区在初始增长速度上存在差异，低值地区与高值地区的差距将持续存在。

表 5-5　中国旅游业生态效率水平条件 β 收敛的检验结果

地区	旅游业生态效率（TEE）		
	β	α	Adj-R^2
东部地区	-0.1269***	-0.0356	0.0513
中部地区	-0.2379***	-0.0376	0.0922
西部地区	-0.0806***	-0.0521	0.0632
全国	-0.0938***	-0.0362	0.0565

注：*** 表示变量在 1%的统计水平上显著。

综上，由条件 β 收敛检验结果可知，中国旅游业生态效率各地区向着各自的稳态水平进行收敛，恰好对应了 σ 收敛和绝对 β 收敛的检验结果，即不存在 σ 收敛，但存在绝对 β 收敛。其中，不存在 σ 收敛的原因在于，旅游业生态效率低值地区和高值地区存在的差异，导致最终不会收敛于同一稳态均衡值；而存在绝对 β 收敛的原因在于，旅游业生态效率低值地区对于高值地区存在的“追赶效应”，导致最终会收敛于同一稳态均衡值。

五、旅游业生态效率随机收敛检验

随机收敛可以检验在一个动态的、较长的时期内，一个变量对另外一个变量是否有持续的冲击效应，并以此来判断地区间是否存在收敛。目前，随机收敛检验，普遍采用 Carlino 和 Mills（1993，1996）、Evans 和 Karras（1996）提出的单位根检验方法。根据 Evans 和 Karras（1996）的检验方法，结合本书的研究，考虑有 N 个地区，当且仅当存在共同趋势 α_t 和有限个参数 μ_1，μ_2，…，μ_n 使式（5-5）成立，这说明中国旅游业生态效率是存在随机收敛的。其中，$n=1$，2，…，N，TEE_{nt} 是第 n 个地区在 t 时期的旅游业生态效率，α_t 为所有地区旅游业生态效率的共同发展趋势。

$$\lim_{i\to\infty}E_t(TEE_{n,\ t+i}-\alpha_{t+i})=\mu_n \tag{5-5}$$

$$\lim_{i\to\infty}E_t(\overline{TEE_{t+i}}-\alpha_{t+i})=\frac{1}{N}\sum_{n=1}^{N}\mu_n \tag{5-6}$$

$$\lim_{i\to\infty}E_t(\overline{TEE_{n,\ t+i}}-\overline{TEE_{t+i}})=\mu_n \tag{5-7}$$

因为 α_t 的不可观测性，为了确保估计结果可行，需要将 α_t 去除掉。可以将式（5-5）平均，得到式（5-6），其中 $\overline{TEE_t}\equiv\sum_{n=1}^{N}TEE_{nt}/N$。在式（5-6）中同样存在 α_t，因不能观测需要去掉，在此用式（5-5）减去式（5-6）得到式（5-7）。

根据式（5-7），对于每一个地区，当且仅当 $TEE_{nt}-\overline{TEE_t}$ 是平稳序列时（见式 5-8），这 N 个地区的旅游业生态效率存在随机收敛（刘华军和杜广杰，2017）。

$$\begin{aligned}\Delta(TEE_{nt}-\overline{TEE_t})=\delta_n+\rho_n(TEE_{n,\ t-1}-\overline{TEE_{t-1}})+\\ \sum_{i=1}^{p}\varphi_{ni}\Delta(TEE_{n,\ t-1}-\overline{TEE_{t-1}})+\mu_{nt}\end{aligned} \tag{5-8}$$

在式（5-8）中，如果 $\rho_n<0$，则各地区之间是收敛的；如果 $\rho_n=0$，则各地区之间是发散的。另外，δ_n 和 φ_{ni} 是参数，当 N 趋于无穷大时，式（5-8）中所有的 μ 在各地区间都不存在相关性。根据式（5-7）可以转变为检验 $TEE_{nt}-\overline{TEE_t}$

是否平稳来判断是否存在随机收敛，如果 $TEE_{nt} - \overline{TEE_t}$ 是平稳序列，那么外部冲击是暂时的，将随时间的演进而消失，说明各地区旅游业生态效率最终趋向于共同趋势，即存在随机收敛；反之，如果 $TEE_{nt} - \overline{TEE_t}$ 是非平稳的，那么外部冲击是持续的，说明各地区旅游业生态效率呈现出随机发散趋势，即不存在随机收敛。

现有的随机收敛研究中，常用的面板单位根检验方法有 ADF-Fisher 检验、PP-Fisher 检验、IPS 检验、LLC 检验、Hadri 检验等。其中，ADF-Fisher 检验、PP-Fisher 检验、IPS 检验、LLC 检验的原假设为所有序列都存在单位根，Hadri 检验的原假设为所有序列都平稳。相较于单变量的单位根检验，面板单位根检验存在对结果解读的不确定性，即 ADF-Fisher 检验、PP-Fisher 检验、IPS 检验、LLC 检验拒绝原假设，但不能确定所有序列是平稳的；Hadri 检验拒绝原假设，但不能确定所有序列都存在单位根。

参考 Choi（2004）的研究，本书采用 ADF-Fisher 检验、PP-Fisher 检验、IPS 检验、LLC 检验 4 种方法进行单位根检验，并采用 Hadri 检验进行序列平稳性检验作为单位根检验的补充，来判断是否存在随机收敛现象。

根据式（5-8），借助 StataSE15.0 软件，对中国及其东中西部地区旅游业生态效率进行随机收敛检验，检验结果如表 5-6 所示。从全国层面来看，ADF-Fisher、PP-Fisher、IPS、LLC 检验都显著拒绝存在单位根的原假设，而 Hadri 检验则显著接受了平稳性的原假设，表明各省份旅游业生态效率相对于全国均值呈收敛趋势，即存在随机收敛。

从地区层面来看，东部地区 ADF-Fisher、PP-Fisher、IPS、LLC 检验都显著拒绝存在单位根的原假设，而 Hadri 检验则显著接受了平稳性的原假设，表明各省份旅游业生态效率相对于东部地区均值呈收敛趋势，即存在随机收敛；中部地区 ADF-Fisher、PP-Fisher、IPS、LLC 检验都显著拒绝存在单位根的原假设，而 Hadri 检验则显著接受了平稳性的原假设，表明各省份旅游业生态效率相对于中部地区均值呈收敛趋势，即存在随机收敛；西部地区，ADF-Fisher、PP-Fisher、IPS 检验都显著拒绝存在单位根的原假设，而 LLC 检验未能显著拒绝原假设，但根据计量统计中的投票制原则，即少数服从多数原则，认定单位根检验拒绝原假设，同时 Hadri 检验则显著接受了平稳性的原假设，表明各省份旅游业生态效率相对于西部地区均值呈收敛趋势，即存在随机收敛。

表 5-6　中国旅游业生态效率随机收敛检验结果

地区	检验类型		结论
全国	LLC	IPS	结论：收敛
	Level	Level	
	-2. 3259	-2. 3259	
	0. 0100	0. 0100	
	Fisher-ADF	Fisher-PP	Hadri
	Level	Level	Level
	128. 9800	285. 2860	-1. 9649
	0. 0000	0. 0000	0. 9753
东部	LLC	IPS	结论：收敛
	Level	Level	
	-8. 8782	-7. 5920	
	0. 0000	0. 0000	
	Fisher-ADF	Fisher-PP	Hadri
	Level	Level	Level
	96. 3062	159. 6760	-0. 3075
	0. 0000	0. 0000	0. 6208
中部	LLC	IPS	结论：收敛
	Level	Level	
	-5. 1451	-6. 8355	
	0. 0000	0. 0000	
	Fisher-ADF	Fisher-PP	Hadri
	Level	Level	Level
	73. 8835	450. 6150	-0. 4498
	0. 0000	0. 0000	0. 6736
西部	LLC	IPS	结论：LLC 不收敛，IPS，Fisher-ADF 和 Fisher-PP 收敛 最终结论：收敛
	Level	Level	
	-1. 1928	-2. 2706	
	0. 1165	0. 0116	
	Fisher-ADF	Fisher-PP	Hadri
	Level	Level	Level
	35. 9072	46. 1092	-1. 3910
	0. 0311	0. 0019	0. 9179

综上，基于四种传统收敛检验模型对中国旅游业生态效率的收敛性研究，都得到了相关的检验结论。但值得注意的是，这些传统的收敛检验模型都暗含了基于同质性生产技术条件的假设，但是中国各省份在资源赋存、经济发展、产业结构和科技水平等方面都存在不同程度的差异，其旅游业生态效率的变化趋势也不尽相同。因此，采用基于同质性假设的传统收敛模型对中国旅游业生态效率的收敛性进行检验，是不合适的，且得到的检验结果可能会与实际情况存在一定的偏差。本书认为，应充分考虑检验样本的异质性生产技术条件的前提，采用更科学、合理的收敛检验方法，对中国旅游业生态效率的收敛性进行再检验，以期得到更符合实际的检验结果，并根据检验结果进行分析。

第三节 PS 收敛模型检验及分析

一、PS 收敛检验模型

为了解决传统收敛模型的同质性问题，Phillips 和 Sul（2007）最早提出了非线性时变因子模型，即 PS 收敛模型，该模型不但考虑了地区间的差异，还考虑了地区差异各自的时变特征，除了可以对面板数据各序列是否存在整体收敛进行检验，还可以对是否存在俱乐部收敛进行检验。PS 收敛模型最开始主要被用于西方国家经济发展水平差异的收敛性研究，随着研究的不断深入，国内外不少学者开始将 PS 收敛模型运用于其他领域的收敛研究。Panopoulou 和 Pantelidis（2009）以 128 个国家为研究样本，采用 PS 收敛模型对 128 个国家的人均碳排放进行收敛检验，发现存在两种收敛类型。Camarero 等（2014）评估了欧盟碳排放在生态效率方面的趋同性，并采用 PS 收敛模型进行收敛检验，发现至少有四个明确的国家集团存在俱乐部收敛，而且不同俱乐部的存在取决于所考虑的特定污染物。王艺明等（2014）基于 PS 收敛模型对中国 1995~2011 年碳排放强度进行收敛研究，发现我国碳排放强度整体上不存在收敛，但存在 3 种类型的俱乐部收敛。胡宗义等（2015）基于 PS 收敛模型对中国 30 个省份 1986~2010 年碳排放强度进行收敛研究，发现 30 个省份的碳排放强度在整体上不存在收敛，但存在 4 个收敛类型。牛秀敏（2016）基于全要素视角对中国2003~2013年30个省份地区的碳排放效率进行测算和比较，并利用PS收敛模型对碳排放效率的区域收敛性进行系统而全面的研究。赵桂梅等（2017）通过PS收敛方法对中国30个省份碳排放强度的时空分异类型进行分类研究，发现存在5种分异类型，并对不同类型区域间的相对转移路径进行分析。贺祥民和赖永剑（2017）基于PS收敛模型，对地区间可能存在的环境效率俱乐部收敛进行研究，发现地区间环境效率存在4个俱乐部收敛类型。

PS收敛模型与传统收敛模型不同，它可以更科学、准确地辨识异质性假设条件下的样本数据收敛特征，该模型的优点主要表现在以下几个方面：一是可以无视时间序列的平稳性，既可以对平稳序列的收敛性进行检验，也可以对非平稳序列的收敛性进行检验；二是可以很好地解决异质性问题，能够对不存在协整性的序列收敛性进行检验，即两个时间序列不存在协整，检验的结果仍然可能存在收敛；三是可以检验是否存在整体收敛，还可以在不存在整体收敛的情况下，进一步检验是否存在俱乐部收敛。基于以上原因，本书采用基于异质性假设的PS收敛检验模型对中国30个省份旅游业生态效率进行收敛性检验。

PS模型检验方法的核心是Logt检验，之后根据检验结果，判断是否需要继续进行俱乐部收敛检验，相关的检验步骤如下所述：

1. Logt检验

假设存在一个旅游业生态效率的面板数据$X_{i,t}$，$i=1,2,\cdots,N$，$t=1,2,\cdots,T$，N和T分别表示研究的地区个数和时间期限。$X_{i,t}$表示第i个地区第t年的旅游业生态效率值。其中，面板数据$X_{i,t}$可以继续分解如下：

$$X_{i,t}=g_{i,t}+a_{i,t} \tag{5-9}$$

式中，$g_{i,t}$表示系统因素，即各地区的共同特征，$a_{i,t}$表示个体因素，两者的形式不受任何限制，可以是线性或非线性，也可以是平稳或非平稳。式（5-9），可以进一步分解为如下：

$$X_{i,t}=\frac{g_{i,t}+a_{i,t}}{\mu_t}=\delta_{i,t}\mu_t \tag{5-10}$$

式中，μ_t表示共同因素，即各地区的共同特征，$\delta_{i,t}$表示时变特征因素，即异质性部分。由此，在检验各地区旅游业生态效率是否收敛时，可以将$X_{i,t}$收敛检验转变成检验$\delta_{i,t}$是否收敛于常数δ。为了检验$\delta_{i,t}$是否收敛，Phillips和

Sul（2007，2009）提出了一个相对过渡参数 $h_{i,t}$。

$$h_{i,t}=\frac{X_{i,t}}{\frac{1}{N}\sum_{i=1}^{N}X_{i,t}}=\frac{\delta_{i,t}}{\frac{1}{N}\sum_{i=1}^{N}\delta_{i,t}} \tag{5-11}$$

其中，$h_{i,t}$ 衡量了第 i 个地区第 t 年相对于面板均值的大小，它有两个性质：一是 $h_{i,t}$ 的横截面均值等于1，二是如果 $\delta_{i,t}$ 收敛于常数 δ，那么 $h_{i,t}$ 收敛于1。在此情形下，长期横截面的方差 H_t 会趋向于0，即当 $t\to\infty$ 时，方差 H_t 会趋向于0。

$$H_t=\frac{1}{N}\sum_{i=1}^{N}(h_{i,t}-1)^2\to 0 \tag{5-12}$$

为了构建PS收敛检验的原假设，Phillips 和 Sul（2007）进一步构建了关于 $\delta_{i,t}$ 的半参数模型。

$$\delta_{it}=\delta_i+\frac{\sigma_i\xi_{it}}{L(\mathrm{t})\,t^{\alpha}} \tag{5-13}$$

其中，δ_i 表示各地区的共同特征，σ_i 表示异质性参数，$\xi_{it}\sim iid\ (0,\ 1)$，参数 $L(t)$ 表示渐变函数，满足当 $t\to\infty$ 时，$L(t)\to\infty$。α 表示收敛速度，当 $\alpha\geqslant 0$ 时，δ_{it} 收敛于 δ_i。$L(t)$ 确保了收敛的存在，由此可以提出下面的检验假设。

原假设：H_0：$\delta_i=\delta$ 且 $\alpha\geqslant 0$；备择假设：H_1：对于所有 i，$\delta_i\neq\delta$ 或 $\alpha<0$。

原假设代表所有地区的旅游业生态效率都收敛，而备择假设则代表存在俱乐部收敛，即某些地区的旅游业生态效率发散。Phillips 和 Sul（2007，2009）证明了在存在收敛的前提下，当 $t\to\infty$ 时，H_t 的表达式如下：

$$H_t\sim\frac{A}{L(\mathrm{t})^2t^{2\alpha}} \tag{5-14}$$

式中，A 表示常数且大于0。原假设可以采用 Logt 检验，即通过对式（5-15）进行回归，检验是否成立。

$$\log\frac{H_1}{H_{\mathrm{t}}}-2\log L(t)=\hat{c}+\hat{b}\log t+\hat{\mu} \tag{5-15}$$

式中，H_1/H_t 表示横截面方差比，$t=[rT]$，$[rT]+1$，…，T，$r\in(0,1)$。本书对 r 取0.31，$L(t)=\log(t+1)$，对于回归系数有 $\hat{b}=2\hat{\alpha}$，$\hat{\alpha}$ 是原假设 H_0 中 α 的估计值。运用 b 和 HAC 标准化残差，在不等式原假设 $\alpha\geqslant 0$ 的情况下，进行自回归和异方差稳健的单边 t 检验。若 $t_{\hat{b}}<-1.65$（5%显著水平时的 t 值），则拒绝原假设。

2. 俱乐部收敛检验

根据 PS 收敛模型的检验原理和思路，如果检验的结果不存在整体收敛，那么可以继续检验是否存在俱乐部收敛。

基于 Phillips 和 Sul 的俱乐部收敛检验步骤，结合本书的研究，在假定中国旅游业生态效率不存在整体收敛的情况下进行俱乐部收敛检验，具体步骤如下所述：

首先，计算面板数据中所有地区历年旅游业生态效率均值，并按照均值的大小排序。

其次，选取面板数据中旅游业生态效率均值排名在前的 k 个地区（$2 \leqslant k < N$）组建第一个类型，进行 Logt 收敛检验，如果原假设没有被拒绝，则继续逐一添加剩余地区到该类型，并分别将各自对应的 t 值计算出来，把满足 $t > -1.65$的地区都选择出来，将 t 值最大的地区与之前组建第一个类型的两个地区合并。如果最早选择的两个地区的 t 值拒绝原假设，则把旅游业生态效率均值最大的地区去除掉，再把均值排第 2 和第 3 的地区组成新的原始类型，进行 Logt 收敛检验，直到原假设被接受为止。如果所有地区都拒绝原假设，那么就说明旅游业生态效率不存在俱乐部收敛。

再次，如果在第二个步骤中存在收敛类型，则把剩余地区逐一添加到该类型中，并分别将各自对应的 t 值计算出来，把满足 $t > c$ 且 $c \geqslant 0$（c 为临界值）的地区都选择出来，与原始类型组建成一个新类型，进行 Logt 收敛检验，如果原假设没有被拒绝，则这些地区将组建成一个新类型。

最后，把在第三步中没有被选中的地区组建成一个组，并进行 Logt 收敛检验。如果原假设没有被拒绝，则表明剩余的地区组成了另一个新的类型，那么总体上会有两个俱乐部收敛类型。如果原假设被拒绝，就把剩余地区按照上面的前三个步骤来筛选其他的收敛类型。

另外，在确定了各个俱乐部收敛类型后，还可以借助 Logt 收敛检验，继续对相邻收敛类型合并后的收敛性进行研究，即检验相邻的俱乐部是否可以继续进行合并。

本书根据 PS 收敛模型检验的原理和过程步骤，先对中国 30 个省份旅游业生态效率是否存在整体收敛进行检验。如果存在整体收敛，则说明中国各省份旅游业生态效率的差异在持续缩小；如果不存在整体收敛，则继续对是否存在俱乐部收敛进行检验。

二、基于 PS 收敛模型的旅游业生态效率整体收敛检验

为了进一步验证中国各省份旅游业生态效率的收敛情况，需要对中国 30 个省份旅游业生态效率的整体收敛情况进行检验。如果存在整体收敛，则表示中国 30 个省份的旅游业生态效率的差异在不断缩小；如果不存在整体收敛，则表明中国 30 个省份的旅游业生态效率存在一定的差异，需要进一步做俱乐部收敛检验，以明确不同类型省份的收敛情形。

对中国 30 个省份旅游业生态效率进行整体收敛检验之前，需要设定原假设和备择假设。

原假设 H_0：中国 30 个省份旅游业生态效率存在整体收敛，即 $b \geqslant 0$。

备择假设 H_1：中国 30 个省份旅游业生态效率不存在整体收敛，即 $b < 0$。

根据第四章中测算出的中国 30 个省份旅游业生态效率的数据，在整体面板数据收敛的原假设前提下，Logt 检验测算结果如下：

$$\log\frac{H_1}{H_t} - 2\log L(t) = \underset{(3.1350)}{0.6354} - \underset{(-12.5690)}{1.0597}\log t$$

式中，第二个括号中的数字是回归系数的 t 值，即 $t_{\hat{b}} = -12.57$，明显小于临界值，所以在 5%的显著水平下，原假设被拒绝，接受备择假设，得到的结论是，中国 30 个省份旅游业生态效率不存在整体收敛。这与前文传统收敛结论有所不同，原因是基于的前提假设有所不同。鉴于 PS 收敛模型检验的结果是中国旅游业生态效率不存在整体收敛，还需要继续对中国 30 个省份的旅游业生态效率进行俱乐部收敛检验。

三、基于 PS 收敛模型的旅游业生态效率俱乐部收敛检验

按照上述俱乐部收敛检验方法，对中国 30 个省份旅游业生态效率进行俱乐部收敛检验，最终将中国 30 个省份旅游业生态效率分成四个类型，具体检验过程如下所述：

第一步，对 30 个省份按照 2000~2017 年旅游业生态效率均值进行排序，如表 5-7 所示。

第二步，选取旅游业生态效率均值最大的两个省份天津和重庆组合成第一个类型，其所对应的 $t=2.447>1.65$，所以应该拒绝原假设，将重庆剔除出第一个类型。重新将排在第三的河北组合进第一个类型，其所对应的 $t=1.743>$

1.65，继续拒绝原假设，将河北剔除。将排在第四的河南组合进第一个类型，其所对应的 $t=0.218<1.65$，不能拒绝原假设，即天津和河南存在收敛情况，可以组合成为同一类型。

第三步，按均值排序将江苏组合进天津和河南构成的核心组继续进行检验，得到其所对应的 $t=1.827>1.65$，继续拒绝原假设，将江苏剔除。将排在第六的贵州组合进第一个类型，其所对应的 $t=1.022<1.65$，不能拒绝原假设，即天津、河南和贵州存在收敛情况，可以组合成同一类型。继续按照此规则分别将其他 24 个省份加入第一类型进行检验，并根据其所对应的 t 值进行剔除或组合。

第四步，得到天津、河南、贵州、上海、黑龙江、四川、北京、广东、江西、湖南、辽宁所对应的 $t=-1.597>-1.65$，不能拒绝原假设，即这些省份可以组合成同一类型。而添加浙江后，其对应的 $t=-2.583<-1.65$，拒绝原假设，即加入浙江后这一类型存在发散情况，故需要剔除。继续添加其他省份后，其所对应的 t 值均不满足收敛情况，故类型Ⅰ最终的组合为天津、河南、贵州、上海、黑龙江、四川、北京、广东、江西、湖南、辽宁。

第五步，将剩下的 19 个省份组合成第二个类型进行检验，其对应的 $t=-15.345<-1.65$，拒绝原假设，这些省份组合在一起存在发散情况，需进一步检验。

第六步，重复上述过程，得到类型Ⅱ最终的组合为重庆、河北、江苏、山西、福建，对应的 $t=-1.546>-1.65$，不能拒绝原假设，其中各个省份检验的具体 t 值如表 5-8 所示。再将剩下的 14 个省份组合成第三个类型进行检验，其对应的 $t=-4.421<-1.65$，拒绝原假设，这些省份组合在一起存在发散情况，要进一步检验。

第七步，继续重复上述过程，得到类型Ⅲ最终的组合为山东、广西、浙江、安徽、湖北、陕西、甘肃、吉林、云南、宁夏、内蒙古，对应的 $t=-1.026>-1.65$，不能拒绝原假设，其中各个省份检验的具体 t 值如表 5-9 所示。再将剩下的 3 个省份组合成第四个类型进行检验，其对应的 $t=-0.923<-1.65$，不能拒绝原假设，即青海、海南、新疆这些省份组合在一起存在收敛情况，可以组合成类型Ⅳ。

表 5-7 俱乐部收敛检验过程 1

排序	地区	t 值			
		第 1 阶段第 2 步	第 3 步	第 4 步	第 5 步
1	天津	基础	核心	天津	Ts1 = -1.597
2	重庆		核心	河南	
3	河北		核心	贵州	
4	河南	0.218	核心	上海	
5	江苏		核心	黑龙江	
6	贵州	1.022	核心	四川	
7	上海	0.819	核心	北京	
8	黑龙江	1.040	核心	广东	
9	四川	0.970	核心	江西	
10	北京	0.560	核心	湖南	
11	广东	-1.211	核心	辽宁	
12	山东		2.447	重庆	其余 19 省 t = -15.345
13	山西		1.743	河北	
14	福建		1.827	江苏	
15	江西	-0.886	-1.875	山东	
16	湖南	-1.603	-1.838	山西	
17	广西		-1.857	福建	
18	辽宁	-1.597	-2.523	广西	
19	浙江	-2.583	-2.583	浙江	
20	安徽		-2.098	安徽	
21	湖北		-1.907	湖北	
22	陕西		-2.013	陕西	
23	甘肃		-2.184	甘肃	
24	吉林		-3.043	吉林	
25	云南		-3.573	云南	
26	宁夏		-2.541	宁夏	
27	内蒙古		-3.203	内蒙古	
28	青海		-5.061	青海	
29	海南		-4.830	海南	
30	新疆		-3.792	新疆	

表 5-8 俱乐部收敛检验过程 2

第二阶段第 1 步	第 2 步	第 3 步	第 4 步
基础	核心	重庆	Ts2=-1.546
-0.637	核心	河北	
-0.767	核心	江苏	
-1.523	核心	山西	
-1.546	核心	福建	
-3.819	-3.520	山东	其余 14 省 $t=-4.421$
	-3.819	广西	
	-3.440	浙江	
	-3.816	安徽	
	-2.823	湖北	
	-2.286	陕西	
	-2.107	甘肃	
	-2.658	吉林	
	-3.066	云南	
	-5.423	宁夏	
	-3.321	内蒙古	
	-11.769	青海	
	-5.469	海南	
	-6.406	新疆	

表 5-9 俱乐部收敛检验过程 3

第三阶段第 1 步	第 2 步	第 3 步	第 4 步
基础	核心	山东	Ts3=-1.026
0.123	核心	广西	
-1.470	核心	浙江	
-0.688	核心	安徽	
0.971	核心	湖北	
1.416	核心	陕西	
0.461	核心	甘肃	

续表

第三阶段第 1 步	第 2 步	第 3 步	第 4 步
-0. 285	核心	吉林	
-0. 291	核心	云南	
-0. 910	核心	宁夏	
-1. 026	核心	内蒙古	
-3. 791	-3. 791	青海	其余 3 省 t=-0. 923
	-2. 046	海南	
	-1. 746	新疆	

四、旅游业生态效率初始收敛类型的俱乐部合并检验

通过俱乐部检验结果，可知中国 30 个省份旅游业生态效率分为四个初始收敛类型，为了继续检验各类型之间是否可以进一步合并，根据 Phillips 等提出的俱乐部初始收敛类型合并的检验法，对这四个初始类型进行检验。由于初始四个类型的 Logt 检验的变量系数的 t 值均不显著，尝试对它们进行合并检验，具体结果如表 5-10 所示。

表 5-10　旅游业生态效率俱乐部收敛及俱乐部合并检验

初始分类		合并检验			最终分类	
类型Ⅰ [11]	-0. 824 (-1. 597)	clubⅠ+Ⅱ -0. 787 (-2. 527)			类型Ⅰ [11]	-0. 824 (-1. 597)
类型Ⅱ [5]	-2. 183 (-1. 546)		clubⅡ+Ⅲ -0. 881 (-9. 710)		类型Ⅱ [5]	-2. 183 (-1. 546)
类型Ⅲ [11]	-0. 228 (-1. 026)			clubⅢ+Ⅳ -0. 697 (-4. 421)	类型Ⅲ [11]	-0. 228 (-1. 026)
类型Ⅳ [3]	-0. 621 (-0. 923)				类型Ⅳ [3]	-0. 621 (-0. 923)

根据表 5-10，可以发现类型Ⅰ和类型Ⅱ、类型Ⅱ和类型Ⅲ、类型Ⅲ和类

型Ⅳ合并检验后的系数 t 值均小于临界值，均不显著，故无法进行相互合并。因此，本书最终将中国 30 个省份旅游业生态效率俱乐部收敛分为四个类型，每个类型包含的具体省份如表 5-11 所示。

类型Ⅰ：包括天津、河南、贵州、上海、黑龙江、四川、北京、广东、江西、湖南、辽宁，共 11 个省份，其 2000~2017 年的年均旅游业生态效率基本上都排在全国前列，该类型成员基本上都位于东中部地区（贵州和四川除外），属于旅游资源大省或强省。这些省份的地区经济发展水平较高，旅游业发展起步较早，且在资金投入、技术实力和人力资源等方面都具有优势，资源利用水平较高，再加上政府层面的日益重视，近年来地区旅游业取得了较好的发展成效，进而使这些省份的旅游业生态效率呈现出收敛的特征。

类型Ⅱ：包括重庆、河北、江苏、山西、福建，共 5 个省份，其 2000~2017 年的年均旅游业生态效率也比较高，该类型成员同样都位于东中部地区（重庆除外）。这些省份的地区经济发展水平相对较高，同样在旅游业的资金投入、技术实力和人力资源等方面具有一定的优势，但这些省份都不同程度地存在游客超量接待的问题，从环境影响的角度来讲，不利于旅游业生态效率的提高，从而使这些省份的旅游业生态效率呈现出收敛特征。

类型Ⅲ：包括山东、广西、浙江、安徽、湖北、陕西、甘肃、吉林、云南、宁夏、内蒙古，共 11 个省份，其 2000~2017 年的年均旅游业生态效率处于中等水平，该类型成员基本上都位于中西部地区（山东和浙江除外），且以西部地区省份为主，旅游业在地区第三产业中的占比较低。这些省份的地区旅游业发展水平相似且较低，而且用于旅游业发展的各投入要素都存在一定程度的冗余，因而这些省份的旅游业生态效率呈现出收敛特征。

类型Ⅳ：包括青海、海南、新疆，共 3 个省份，其 2000~2017 年的年均旅游业生态效率处于较低水平，同样都是西部地区的省份（海南除外），与其他省份的旅游业生态效率差距很大，应重视旅游业发展，并努力提升管理水平和提高资源利用效率，进而促进旅游业生态效率的提高。

表 5-11 旅游业生态效率俱乐部收敛包含省份一览表

类型种类	类型数量（个）	地区
类型Ⅰ	11	天津、河南、贵州、上海、黑龙江、四川、北京、广东、江西、湖南、辽宁

续表

类型种类	类型数量（个）	地区
类型Ⅱ	5	重庆、河北、江苏、山西、福建
类型Ⅲ	11	广西、浙江、山东、安徽、湖北、陕西、甘肃、吉林、云南、宁夏、内蒙古
类型Ⅳ	3	青海、海南、新疆

五、旅游业生态效率俱乐部类型间的相对转移路径分析

根据前面内容分析可知，中国旅游业生态效率一共有四个俱乐部收敛类型，那么这四个收敛类型之间是否具有相同或相似的变化特征呢？其变化趋势及发展路径分别是什么样的？

为了进一步进行研究，在此利用式（5-11）测算这四个类型旅游业生态效率的相对转移路径 h_{it} ，结果如图 5-3 所示。相对转移路径 h_{it} 主要是反映不同类型旅游业生态效率对于其均值而言的变化趋势、幅度及发展路径。由式（5-11）可知，若相对转移路径波动幅度较小，则表明此类型相对比较稳定；反之，则比较多变。

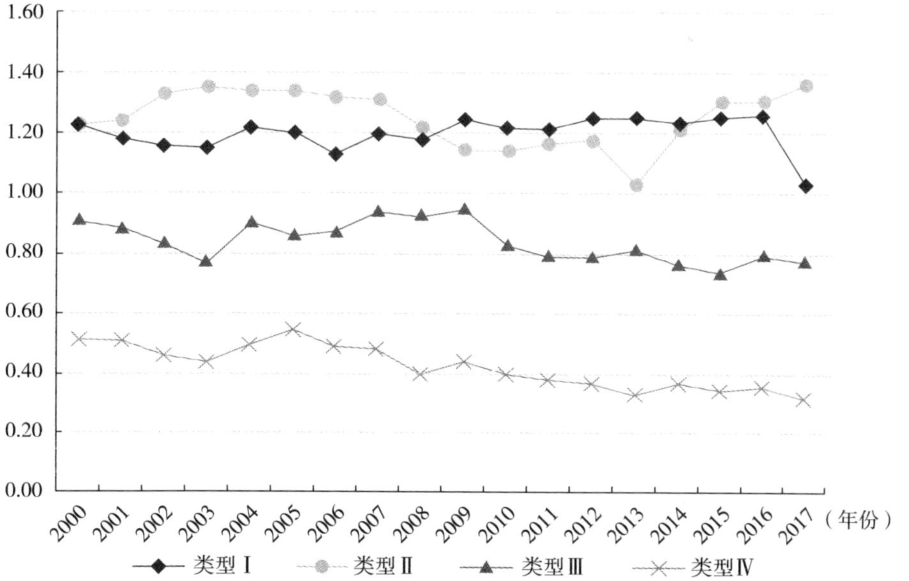

图 5-3　俱乐部收敛类型间的相对转移路径分析

由图5-3可以发现，这四种类型的相对转移路径存在一定的差异。类型Ⅰ较为稳定，与全国均值相比，其旅游业生态效率处于较高水平，相对转移路径值总体在1.20以上，也是四种类型中波动最小的类型；类型Ⅱ与全国均值相比，旅游业生态效率水平略低于类型Ⅰ，相对转移路径值总体上在1.00和1.40之间，且从2013年开始呈现出增长态势；而类型Ⅲ和类型Ⅳ的变化幅度处于类型Ⅰ和类型Ⅱ之间，其相对转移路径值均小于1.00，这两种类型地区的旅游业生态效率均低于全国平均水平，所包含的省份数量有14个，占总数的46.70%。由此，可以得出以下结论，类型Ⅰ和类型Ⅱ的旅游业生态效率受各种扰动要素影响较小，而类型Ⅲ和类型Ⅳ的旅游业生态效率则受影响较大，说明我国旅游业生态效率的变化主要受类型Ⅲ和类型Ⅳ的省份影响，使全国旅游业生态效率水平在研究期内处于较低水平，且在总体上呈现出下降的态势。这也从侧面反映了类型Ⅰ和类型Ⅱ中省份的旅游业投入产出效率较高且组织管理水平、技术水平更为先进，而类型Ⅲ和类型Ⅳ中所有省份的旅游业更多地依靠旅游资源的原生性，组织管理水平较为薄弱，需要向类型Ⅰ和类型Ⅱ中的省份学习交流，结合本地区的旅游资源禀赋，提高旅游业组织管理水平和技术水平，促进本地区旅游业快速和可持续发展。

第四节　旅游业生态效率的增长动态分析

前文利用传统收敛模型和PS收敛模型等方法，分析了中国旅游业生态效率水平的收敛性，但无法对中国旅游业生态效率收敛的长期性和动态性演变规律进行分析研究，不能充分揭示其收敛性问题。因此，本书尝试采用核密度函数估计方法，进一步探讨中国旅游业生态效率收敛的区间、聚集的程度，并揭示其生态效率增长的动态演变规律。

一、核密度函数估计方法

核密度函数估计方法（Kernel Density Distribution）作为一种重要的非参数检验方法，是研究增长动态分布最常用的分析方法之一。本书将该方法用于旅游业生态效率的动态演变研究，即将旅游业生态效率序列作为连续状态处理，通过核密度估计量来刻画旅游业生态效率整体分布形态以及演变趋势。

核密度估计方法一般用于随机变量密度函数的估计，设随机向量 X 的密度函数为 $f(x)=f(x_1, x_2, \cdots, x_i, \cdots, x_n)$ ，X_1，X_2，…，X_i，…，X_n 为一组独立同分布的样本，则这组样本核密度估计的函数表达式如下：

$$f(x)=\frac{1}{nh}\sum_{i=1}^{n}K\left(\frac{x-X_i}{h}\right) \tag{5-16}$$

式中，n 是样本观测值的数目，$K\left(\frac{x-X_i}{h}\right)$ 表示核密度函数，h 是带宽。

核密度函数形式有很多种，本书选择最常用的 Epanechnikov 核函数方法进行估计，即 $K(u)=0.75(1-u^2)I(|u|\leqslant 1)$。通常将带宽设定为 $h=0.9SN^{-0.8}$（其中，N 为样本数，S 为样本标准差）。

若核密度曲线呈现“单峰”形态，则表明各省份旅游业生态效率增长有唯一的均衡点，并不存在多重均衡；若核密度曲线呈现出“双峰”或者“多峰”形态，则表明各省份旅游业生态效率表现为向两点或多点收敛，那么可以认为旅游业生态效率的省份之间的差异具有“两极化”或者“多极化”的变化趋势；另外，核密度曲线波峰的高度、宽度、峰度，会随着其形态的变化使区域间旅游业生态效率的差异呈现不同的对应关系，具体如表5-12所示。

表 5-12　密度函数分布形式与差距水平的对应变化关系

类别	差距变小	差距变大
波峰数量	减少	增加
波峰高度	上升	下降
波峰宽度	变窄	变宽
波峰偏度	右偏	左偏

二、核密度函数估计结果

为直观反映出中国旅游业生态效率增长动态分布演变特征，本书选取 2000 年、2005 年、2010 年、2015 年和 2017 年为观察截面，同时运用 StataSE15.0 软件根据式（5-16）估算了这 5 个年份中国 30 个省份核密度函数分布图（见图 5-4a 和图 5-4b），横坐标表示旅游业生态效率值，纵坐标表示核密度大小。

由图 5-4a 和图 5-4b 可以看出，2000~2017 年中国旅游业生态效率核密度曲线呈现出较为显著的“双峰”分布态势，第一波峰位于曲线左侧的 0.5 附近，说明一部分省份处于旅游业生态效率低水平区间，第二波峰则位于右侧的 1.0 附近，说明另一部分省份处于旅游业生态效率高水平区间，这表明中国旅游业生态效率具有两极分化的趋势。另外，2000~2017 年中国旅游业生态效率的密度曲线分别整体呈现出“向右—向左—向右”往复移动的变化趋势，说明中国旅游业生态效率整体呈现出“下降—上升—下降”波动变化趋势，与前文对时间演变特征的分析一致。两个波峰高度均呈现出先上升后降低的趋势，右峰的高度逐渐下降并低于左峰，而且波峰的跨度呈现出逐渐变宽的态势，都说明了中国旅游业生态效率的差距在不断扩大。

综上，在研究期内中国旅游业生态效率“双峰”分布的整体形态基本保持不变，表明中国旅游业生态效率呈现出两极分化的趋势，具有俱乐部收敛特征。但两个波峰宽度呈现出变宽的变化趋势，表明中国旅游业生态效率差距具有扩大的趋势，这与前文分析的不存在 σ 收敛以及整体上不存在收敛的结论相一致。

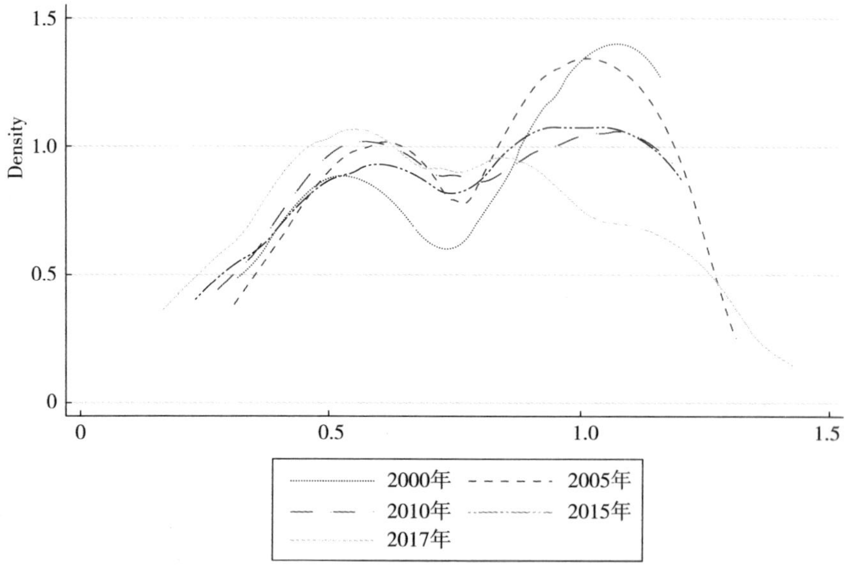

图 5-4a　代表性年份中国旅游业生态效率核密度综合情况分布

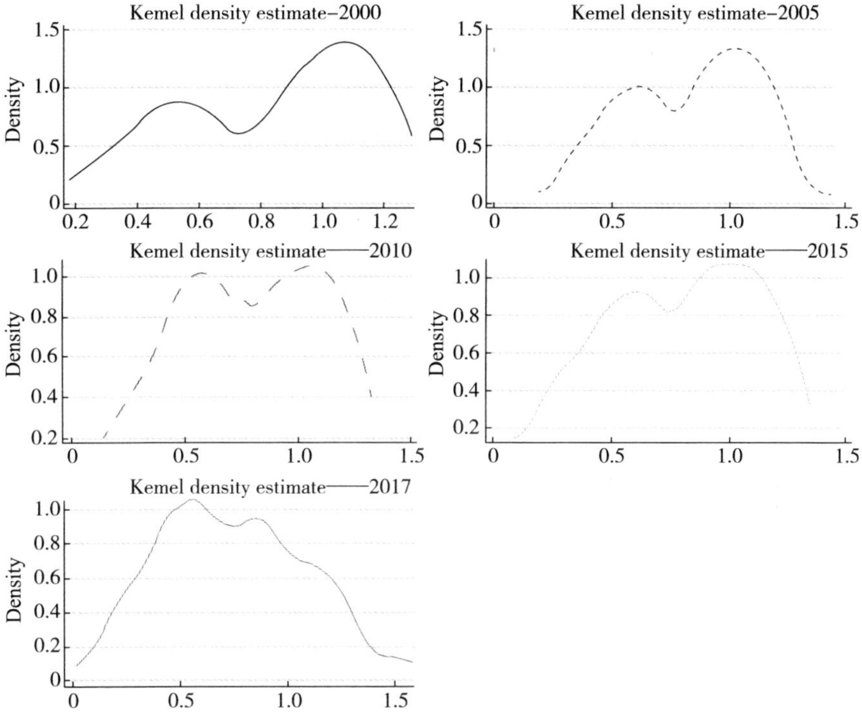

图 5-4b　代表性年份中国旅游业生态效率核密度分布

第五节　本章小结

旅游业生态效率区域差异的收敛特征分析，不仅可以更客观、更深入地探析区域间旅游业生态效率差异的动态演变特征和演变趋势，还可以避免旅游业生态效率地区间两极分化的情况出现，以便能够采取相应的措施和手段进行调控。本章在梳理目前学术界收敛研究相关文献的基础上，借鉴相关领域生态效率的收敛研究，从宏观、中观和微观三个层面，对旅游业生态效率收敛的理论假说进行了阐述。然后，分别运用传统收敛模型和 PS 收敛模型，对旅游业生态效率的收敛性进行研究，在对这两类收敛模型的检验结果进行对比的基础上，重点对 PS 收敛模型的检验结果进行分析。

（1）基于同质性假设的传统收敛模型检验结果。中国及东中西部地区旅游业生态效率不存在 σ 收敛，但是存在绝对 β 收敛、条件 β 收敛和随机收敛。

由于传统的收敛模型都暗含各地区具有相同生产技术水平的假设，忽略了地区间生产技术水平上的差异，检验结果可能会与实际情况存在一定的偏差，使用传统收敛模型是不合适的。

（2）基于异质性假设的 PS 收敛模型检验结果。整体收敛检验结果表明，中国 30 个省份旅游业生态效率不存在整体收敛，与传统收敛模型的检验结果不同，原因是基于的前提假设不同。

俱乐部收敛检验结果表明，存在四个初始收敛类型，初始类型合并检验结果表明无法进行相互合并，即存在四个俱乐部收敛类型。在这四个类型中，类型Ⅰ包括天津、河南、贵州、上海、黑龙江、四川、北京、广东、江西、湖南、辽宁 11 个省份；类型Ⅱ包括重庆、河北、江苏、山西、福建 5 个省份；类型Ⅲ包括山东、广西、浙江、安徽、湖北、陕西、甘肃、吉林、云南、宁夏、内蒙古 11 个省份；类型Ⅳ包括青海、海南、新疆 3 个省份。另外，计算出的相对转移路径表明，四种类型的旅游业生态效率相对转移路径存在一定的差异。

（3）核密度函数分析结果表明，中国旅游业生态效率的核密度曲线呈现出较为明显的“双峰”分布态势，中国旅游业生态效率具有“两极分化”趋势，且波峰随时间的演进逐渐降低，而波峰的跨度逐渐变宽，这些都说明中国旅游业生态效率差距在扩大，并未呈现出收敛性特征。

第六章　中国旅游业生态效率影响因素的空间计量研究

根据前文对2000~2017年中国30个省份及三大地区旅游业生态效率的测算结果，结合时空演变、区域差异和收敛分析等方面的情况，发现三大地区及30个省份旅游业生态效率是不均衡的，而且这种不均衡并没有随时间演进逐步缩小。那么，哪些因素会对旅游业生态效率产生影响？这些影响因素对旅游业生态效率的影响机理是什么？影响的程度如何？要明确这些问题，需要对旅游业生态效率的影响因素进行识别和实证研究。鉴于旅游业市场体系的日益完善和区域旅游一体化程度的不断增强，旅游业各生产要素的空间流动性越来越大，空间效应也已经成为影响旅游业生态效率不可忽视的因素，地区间旅游线路联合开发、劳动力的流动都将导致地区间旅游业生态效率在空间上的依赖性。因此，本书在对相关研究进行梳理和总结的基础上，在充分考虑旅游业生态效率空间效应的前提下，尝试采用空间计量经济模型对旅游业生态效率的影响因素进行实证研究。

第一节　空间计量模型与方法

传统经济学在对变量进行假定时，没有考虑空间差异，认为所有变量是随机分布的，普遍使用忽视空间效应的最小二乘法（OLS）进行模型估计，导致在模型的设定方面存在偏差，在得出的结果和推论上缺乏完整性和科学性，也缺乏应有的解释力。20世纪70年代，空间计量经济学开始兴起并引起学术界的广泛关注，而且随着区域经济研究的不断深入，空间效应对区域经济的影响越来越明显，空间计量方法应运而生。到了20世纪80年代，大量的空间计量模型被学者提出并改进，逐渐延伸到参数估计与检验、空间因素的实证研究中。由于空间计量模型基于空间相关性和异质性的假定，通过建立空间加权矩阵来反映空间因素，并纳入分析模型中，使计量模型更加科学合理。

一、空间相关性检验

目前，常用的空间相关性检验方法是探索性空间数据分析（ESDA）法，它属于空间经济计量的范畴，是一种基于"数据驱动"的，主要用于空间分析的方法。该方法主要是利用全局自相关和局部自相关两个统计指标，揭示研究对象在空间上的空间关联或空间集聚现象。

1. 全局空间自相关

全局空间自相关主要反映整个研究区域内的空间特征和空间相关性的整体趋势，结合 Global Moran's I 散点图可以进一步观察空间分布情况。一般采用 Global Moran's I 进行度量，表达式如下：

$$I = \frac{\sum_{i=1}^{n}\sum_{j\neq 1}^{n} w_{ij}(X_i - \bar{X})(X_j - \bar{X})}{S^2 \sum_{i=1}^{n}\sum_{j\neq 1}^{n} w_{ij}} \tag{6-1}$$

$$\bar{X} = \frac{1}{n}\sum_{i=1}^{n} X_i$$

$$S^2 = \frac{1}{n}\sum_{i=1}^{n}(X_i - \bar{X})^2$$

式中，w_{ij}表示空间权重矩阵（本文采用空间距离权重矩阵），n 表示空间样本个数，X_i与 X_j分别代表第 i 个和第 j 个空间单元的观测值，S^2为观测值方差，$\bar{X}$ 是观测值平均值。通常，Moran's I 取值在［-1，1］，通过计算 Global Moran's I 可以测度旅游业生态效率在全局空间上的关联程度。在显著水平一定时，若 Global Moran's I>0 且显著，则说明旅游业生态效率为正空间自相关，在空间上呈现出集聚态势（即高值与高值相邻，低值与低值相邻），且值越大，空间集聚态势越明显；若 Global Moran's I<0 且显著，则为负空间自相关，在空间上呈现出分异态势（即高值与低值相邻，低值与高值相邻），且值越小，空间分异态势越明显；若 Global Moran's I=0，则说明旅游业生态效率不存在空间相关性，在空间上呈现出随机分布态势，相互独立。另外，Global Moran's I 值越趋近于 1，空间集聚程度越强，且空间差异越小；Global Moran'sI 值越趋近于-1，空间集聚程度越弱，且空间差异越大。

为了保证结论的有效性，另需对 Global Moran's I 值进行计量检验。在数据正态分布条件下，采用 Z 值进行计量检验，表达式如下：

$$Z(I)=\frac{I-E(I)}{\sqrt{VAR(I)}} \tag{6-2}$$

式中，$Z(I)$ 为标准化统计量，若 Z 值为正且显著，则正空间自相关成立；若 Z 值为负且显著，则负空间自相关成立；若 Z 值为 0，则空间上呈随机分布。

2. 局部空间自相关

局部空间自相关分析主要反映局部地区是否存在集聚现象，它可以具体测度各空间单元与其邻近空间单元之间在局部空间的集聚和离散程度。同时，结合 Lisa 图，能可视化局部差异的空间结构，以此来研究其空间分布规律。本书采用 Local Moran's I 统计量来衡量局部空间自相关性，揭示空间单元是属于高值集聚还是低值集聚，表达式如下：

$$Lisa_i=\frac{(x_i-\bar{x})}{S^2}\sum_{j=1,\ j\neq i}^{n}w_{ij}(x_j-\bar{x})=Z_i\sum_{j=1,\ j\neq i}^{n}w_{ij}Z_j \tag{6-3}$$

式中，Z_i 和 Z_j 各自表示空间单元 i 和 j 上观测值的标准化，$Z_i=(x_i-\bar{x})/S$，$\sum_{j=1,\ j\neq i}^{n}w_{ij}Z_j$ 是空间滞后向量，同样采取 Z 值检验。

当 Local Moran's I>0 时，说明空间单元 i 与相邻空间单元之间呈现出相似的空间集聚性，即一个高值被相邻的另一个高值所包围（“高—高”集聚）或者是一个低值被相邻的另一个低值所包围（“低—低”集聚）；当 Local Moran's I<0 时，说明空间单元 i 与相邻空间单元之间呈现出不同的空间集聚性，即一个高值被相邻的一个低值所包围（“高—低”集聚）或者是一个低值被相邻的一个高值所包围（“低—高”集聚）。

二、空间面板计量模型

1. 空间面板模型简介

目前，采用空间计量模型研究的空间效应主要包括空间相关性和空间差异性，相对应的空间计量面板数据模型也主要有两种：空间滞后模型（Spatial Lag Model，SLM）和空间误差模型（Spatial Error Model，SEM），下面对这两种模型进行简单介绍。

（1）空间滞后模型（SLM）。空间滞后模型又称为空间自回归模型（Spatial Autoregression Model，SAR），它主要通过在模型中设置空间滞后因变量，并分析各变量是否在空间上存在溢出效应或者扩散效应。空间滞后模型（SAR）的表达式如下：

$$\begin{aligned} &Y = \rho WY + \beta X + \varepsilon \\ &\varepsilon \sim N(0,\ \sigma^2 I_n) \end{aligned} \tag{6-4}$$

式中，Y 为 $n\times1$ 阶的被解释变量矩阵，即因变量；X 为 $n \times k$ 阶的外生解释变量矩阵，即影响因素指标；ρ 为空间自回归系数，W 为 $n \times n$ 阶的空间权重矩阵，参数 β 为解释变量对被解释变量的影响系数，WY 为空间滞后因变量，ε 为随机误差项向量。

（2）空间误差模型（SEM）。空间误差模型相较于空间滞后模型，有一个明显的不同之处，其假设空间效应存在于随机误差项中，即空间误差模型的空间依赖作用于随机误差项，反映了邻接地区因变量的误差冲击对本地区观测值的影响程度。空间误差模型（SEM）的表达式如下：

$$\begin{aligned} &Y = \beta X + \mu \\ &\mu = \lambda W\mu + \varepsilon \\ &\varepsilon \sim N(0,\ \sigma^2 I_n) \end{aligned} \tag{6-5}$$

式中，μ 为随机误差项向量，λ 为 $n\times1$ 阶的被解释变量的空间误差系数，ε 为服从正态分布的随机误差向量。参数 λ 反映了地区观测值中的空间相关程度，即邻接区域的观测值 Y 对本区域观测值 Y 的影响程度，其他符号代表的含义与空间滞后模型中的相一致。

2. 空间计量模型的估计

由于空间计量模型是以空间相关性和异质性为假定条件的，如果依旧采用传统的普通最小二乘法（OLS），系数估计结果会出现偏差或者无效的情况。因此，需要采用工具变量法（IV）、极大似然法（ML）和广义最小二乘法（GLS）等方法进行估计。本书采用 Anselin（1988）提出的极大似然估计法（ML）进行空间计量模型回归。

（1）对空间滞后模型（SLM）的极大似然值估计。在构建包含空间相关系数的对数似然函数的前提下，求解最优的空间相关系数，并结合最小二乘法矩阵的参数估计过程，对参数和随机误差项的方差进行估计。通过等价变形，将 SLM 模型中需要优化的多参数转变为单参数，使要分析的问题简化，具体过程如下：

第一，令 $Z = [t_n, X]$，$\delta = [\alpha, \beta]^T$，将 SLM 模型一般化为 $Y = \rho WY + Z\delta + \varepsilon$。

第二，参照 OLS 参数估计过程，将得到的 SLM 一般化模型进行单元优化转化，假定 $\rho = \rho^*$，解释变量参数矩阵的估计值和随机误差项方差估计值分别转化如下：

$$\begin{cases} \hat{\delta} = (Z^TZ)^{-1}Z^T(Y - \rho^* WY) = (Z^TZ)^{-1}Z^T(I_n - \rho^* W)Y \\ \hat{\delta}^2 = n^{-1}e(\rho^*)^T e(\rho^*)\text{，其中，} e(\rho^*) = Y - \rho^* WY - Z\theta \end{cases}$$

通过以上两步，得到空间滞后模型的对数似然函数表达式如下：

$$\ln L = -(n/2)\ln(\pi\sigma^2) + \ln|I_n - \rho W| - \frac{e^Te}{2\sigma^2} \tag{6-6}$$

式中，$e = Y - \rho WY - Z\delta$，$\rho \in (\text{Min}(w)^{-1}, \text{Max}(w)^{-1})$，$W$ 是 W 矩阵的 $n \times 1$ 阶特征值向量。可以认为空间滞后模型（SLM）的单元优化过程，就是对五个参数 α，β，θ，ρ，σ^2 的优化求解过程，也即对假定的空间相关系数 $\rho = \rho^*$ 的优化求解，同时对其他参数求解。还可以对式（6-6）进一步简化（Pace and Barry，1997），表达式如下：

$$\ln L(\rho) = \kappa + \ln|I_n - \rho W| - (n/2)\ln[S(\rho)] \tag{6-7}$$

式中，κ 是与 ρ 不相关的常数；$S(\rho) = e(\rho)^T e(\rho) = e_0{}^T e_0 - 2\rho e_0 e_d + e_d{}^T e_d$；$e_0 = Y - Z\delta_0$，$e_d = WY - Z\delta_d$，$\delta_0 = (Z^TZ)^{-1}Z^TY$，$\delta_d = (Z^TZ)^{-1}Z^TWY$。空间滞后模型的极大似然估计过程简单介绍如下：

根据上面 Pace 和 Barry（1997）的简化式（6-7），可以得到如下表达式：

$$\begin{Bmatrix} \ln L(\rho_1) \\ \ln L(\rho_2) \\ \vdots \\ \ln L(\rho_q) \end{Bmatrix} = \kappa + \begin{Bmatrix} \ln|I_n - \rho_1 W| \\ \ln|I_n - \rho_2 W| \\ \vdots \\ \ln|I_n - \rho_q W| \end{Bmatrix} - (n/2)\begin{Bmatrix} \ln[S(\rho_1)] \\ \ln[S(\rho_2)] \\ \vdots \\ \ln[S(\rho_q)] \end{Bmatrix} \tag{6-8}$$

根据式（6-8），可以计算出空间相关系数的最优值 ρ^*，并作为空间相关系数的估计值 $\hat{\rho}$，即 $\hat{\rho} = \rho^*$，然后可以得到待估参数矩阵及随机误差项的方差估计值和方差—协方差矩阵估计值：

$$\begin{cases}\hat{\delta} = \delta_0 - \hat{\rho}\delta_d = (Z^TZ)^{-1}Z^T(I_n - \hat{\rho}W)Y \\ \hat{\sigma} = \dfrac{1}{n}S(\hat{\rho}) \\ \Omega = \hat{\sigma}^2 [(I_n - \hat{\rho}W)^T(I_n - \hat{\rho}W)]^{-1}\end{cases}$$

（2）对空间误差模型（SEM）的极大似然值估计。通过等价变形，将SEM模型中需优化的多参数转变为单参数，使要分析的问题简化，具体过程如下：

第一，令 $\mu = (I_n - \lambda W)^{-1}\varepsilon$，将SLM模型一般化：

$$(I_n - \lambda W)Y = (I_n - \lambda W)\beta X + \varepsilon$$

第二，令 $\beta(\lambda) = \beta$，$Y(\lambda) = (I_n - \lambda W)Y$，$X(\lambda) = (I_n - \lambda W)X$，参照OLS参数估计过程，则解释变量的参数估计、随机误差项的方差估计和随机误差项的计算可以分别表示为：

$$\begin{cases}\hat{\beta}(\lambda) = [X(\lambda)^TX(\lambda)]^{-1}X(\lambda)^TY(\lambda) \\ \hat{\sigma}^2 = n^{-1}e(\lambda)^Te(\lambda) \\ e(\lambda) = Y(\lambda) - \beta(\lambda)X(\lambda)\end{cases}$$

通过以上两步，可以得到空间误差模型的对数似然函数，表达式如下：

$$\ln L = -(n/2)\ln(\pi\sigma^2) + \ln|I_n - \lambda W| - \frac{e^Te}{2\sigma^2} \tag{6-9}$$

式中，$e = (I_n - \lambda W)(Y - \beta X)$，式（6-9）可以进一步简化为：

$$\ln L = \kappa + \ln|I_n - \lambda W| - (n/2)\ln[S(\lambda)] \tag{6-10}$$

式中，κ 是与 ρ 不相关的常数；$S(\lambda) = e(\lambda)^Te(\lambda)$，根据SEM模型的极大似然估计结果，可以估算出 $\hat{\lambda}$ 的最优值，同时得到解释变量的参数估计值、随机误差项的方差估计值和方差—协方差矩阵估计值：

$$\begin{cases}\hat{\beta} = \beta(\hat{\lambda}) \\ \hat{\sigma}^2 = n^{-1}S(\hat{\lambda}) \\ \Omega = \hat{\sigma}^2 [(I_n - \hat{\lambda}W)^T(I_n - \hat{\lambda}W)^T]^{-1}\end{cases}$$

三、空间计量模型选择方法

由前文分析可知，在基于面板数据的空间计量经济模型中，常用的空间计量模型有空间滞后模型（SLM）和空间误差模型（SEM）两种，而面板数据模型又包括固定效应模型与随机效应模型，固定效应模型又包括个体固定效应、时间固定效应及个体和时间双固定效应等类型。

本书采用2000~2017年中国30个省份组成的面板数据，运用空间计量模型对旅游业生态效率的影响因素进行实证分析。因此，在建立计量回归模型之前，要先通过相关检验来选择合适的回归模型。

首先，在不考虑空间相关性的情况下，利用经典最小二乘法（OLS）进行回归，再做空间相关性检验（LM检验），即LM-Lag与LM-error的显著性检验。LM检验主要是借助Moran's I、LM-lag（LM test no spatial lag）、R- LM-lag（Robust LM test no spatial lag）、LM-err（LM test no spatial error）、R- LM-err（Robust LM test no spatial error）五个统计值，观察LM-Lag与LM-error的显著性。如果两者都不显著，则采用OLS模型；当两者中只有一个显著时，若LM-Lag显著则采用空间滞后模型（SAR），若LM-error显著则采用空间误差模型（SEM）；当两者均显著时，需要根据R-t LM-Lag与R-LM-error的显著性的程度来判断，若R-LM-Lag比Robust LM-error更显著，则采用空间滞后模型（SAR），若R-LM-error比R-LM-Lag更显著，则采用空间误差模型（SEM）。

其次，在判断是选用固定效应模型（FEM）还是选用随机效应模型（REM）时，通过Hausman检验。

最后，综合LM检验和Hausman检验的检验结果，确定最终选择的具体空间计量模型。

四、空间权重矩阵选择

空间权重矩阵表示空间单元之间的互相依赖和关联程度，其选择和设定是空间计量经济学最核心的问题。不同的空间权重矩阵，会对空间计量模型的估计结果造成一定程度的影响。因此，如何选择和设定恰当的空间权重矩阵是空间计量分析的关键环节。目前的实证研究中，通常采用相邻性指标或距离指标来表示空间权重矩阵。考虑到基于两种指标构建的空间权重矩阵的适用性和与客观事实的符合程度，本书采用基于距离指标的空间权重矩阵。

距离指标是通过两个空间单元之间的距离大小，反映两者在空间上的相关程度。距离越大，表示空间相关程度越小；反之，距离越小，则表示空间相关程度越大。常见的空间距离权重矩阵的表达式如下：

$$W_{ij}=\begin{cases}1/d_{ij} & 若\ i\neq j\\ 0 & 若\ i=j\end{cases} \tag{6-11}$$

式中，d_{ij} 表示 i 和 j 两个地区的中心位置之间的距离，本文使用各省份行政中心所在的经纬度坐标来表示。

第二节　变量选择与数据检验

一、影响因素选择研究

国内外学者普遍认为区域生态效率受到经济、社会、资源和环境等多方面因素的影响，如经济发展水平、科技水平、产业结构、人口数量、资源利用、环境保护与治理等都会影响区域生态效率水平。旅游业生态效率作为某一具体的产业生态效率，同样也会受到以上诸多因素的影响。

本书在选择旅游业生态效率的影响因素时，首先，充分参考和借鉴现有学者对生态效率影响因素的研究成果（表 6-1 中列出了部分研究成果，其他详见附录 C）和旅游领域生态效率的研究成果；其次，对照旅游业生态效率的概念和内涵，结合旅游业的产业特征，对旅游业生态效率的影响因素进行筛选。

表 6-1　生态效率影响因素选取及计量模型使用情况（部分文献）

作者	研究对象	影响因素指标选取	计量模型
陈傲（2008）	2000~2006 年省级（29 个）	环保资金投入（环境污染治理投资总额）、环境政策（排污费征收情况）、产业结构（第三产业占经济总量比例）	固定效应模型
梁星和卓得波（2017）	2006~2015 年省级（30 个）	经济发展水平（人均 GDP）、产业结构（第二、第三产业产值占 GDP 比重）、外资利用（外商直接投资占 GDP 比重）、环境政策（环境污染治理投资占 GDP 比重）、技术创新（技术市场成交额占 GDP 比重）、城镇化（城镇人口占比）、平均受教育水平	空间滞后模型
李在军等（2016）	2004~2012 年省级（30 个）	环保验收项目数、排污收费总额、人均 GDP、城市化率（城市常住人口占地区总人口比重）、第二、第三产业产值占 GDP 比重	空间滞后模型

续表

作者	研究对象	影响因素指标选取	计量模型
潘兴侠等（2013）	2010年省级（30个）	环境污染治理投资（环境污染治理投资总额）、排污收费制度（排污费征收）、产业结构（第三产业产值占GDP比重）、人力资源（人均受教育年限）、利用外资（外商投资总额）	空间误差模型
易杏花和刘锦钿（2020）	2011~2016年西部11省份	第二产业产值占GDP比重、人均GDP、城市常住人口占总人口比重、地区总能耗与万元GDP之比重、R&D经费支出占GDP比重、进出口贸易总额占GDP比重、环境治理投资占GDP比重、排污费征收总额、人口密度	Tobit模型
屈小娥（2018）	2004~2014年中国30个省	人均GDP、实际执行“三同时”项目环保投资额占地区GDP比重、排污费征收总额占地区GDP比重、第三产业产值占GDP比重、地区固定资产净值与从业人员数之比重、国有及国有控股企业工业产值占工业总产值比重、外商直接投资占GDP比重、出口贸易总额占GDP比重、非农人口占各地区总人口的比重	空间滞后模型
任梅等（2019）	2004~2017年中国30个省	人均GDP、工业增加值占地区GDP比重、地区R&D经费内部支出占GDP比重、城镇人口占常住人口比重、出口贸易额占GDP比重、环境污染治理投资率	固定效应模型

注：考虑到文章篇幅结构，在此只列出部分研究文献，其他详见附录C。

从表6-1可以看出，相关文献在对区域生态效率影响因素进行研究时，主要是从地区经济发展、产业结构、人力资本、科技水平、环境保护和外资利用水平6个方面进行指标选取，但又在具体的代表指标上有所不同，比如经济发展水平的具体代表指标有GDP、人均GDP、城市化率等。另外，在计量经济模型的使用上，只有少数研究采用了空间计量模型，多数仍然使用常规的计量经济模型。本书同样考虑以上6个方面的影响因素，并以此作为选择旅游业生态效率影响因素的基础和前提，在计量模型上选择使用空间计量模型。

另外，通过文献梳理发现，目前国内外关于旅游领域生态效率影响因素的研究成果较少。王淑新等（2016）认为，景区游客接待量、能源利用结构（汽油、柴油能源消耗占总能源消耗比重）和景区管理水平（专科学历以上员工占总员工比重），会对旅游服务过程中的生态效率产出影响。刘佳和陆菊（2016）认为，国内生产总值（GDP）、旅游产业结构（旅游总收入占第三产业比重）、建成区绿化覆盖率、旅游高等院校学生数和旅游产业环境治理投资等因素，会对区域旅游产业生态效率产生不同的影响。彭红松等（2017）认为，旅游发展水平（人均旅游收入）、产业结构（酒店业收入占风景区旅游总收入比重）、技术水平（万元旅游收入能耗）、投资水平（万元旅游收入新增固定资产投资）和环保规制（污水达标排放率）5个因素会对旅游地的生态效率产生影响，并以黄山风景区为例进行研究。王兆峰和霍菲菲（2018）认为，应该从区域的单位旅游收入、能源消耗量、旅游专门化程度、经济规模、人口规模等方面来考察旅游产业生态效率的影响因素，并选取了技术效应（万元GDP能耗即能源强度）、结构效应（用旅游总收入占GDP比重、星级饭店个数与住宿餐饮业法人企业数比重、住宿餐饮业从业人数占总从业人数比重三个区位熵指标的算数平均值）、规模效应（每位国内游客带来的旅游收入）。另外，还有学者认为，旅游生态效率受到旅游消费结构、平均旅游消费水平、平均出行距离、平均停留时间、旅游交通模式等诸多因素的影响（姚治国和陈田，2015；彭征和殷开明，2018），但却都没有说明涉及影响因素的指标数据来源或计算方法，也没有进行实证研究，也就无从得知是否会对旅游业生态效率产生影响以及影响程度如何。

二、各因素影响机理分析

在现有研究中，专门系统论述生态效率影响因素的文献不多。本书结合现有生态效率影响因素实证研究的相关文献，基于本书界定的旅游业生态效率概念，认为对旅游业生态效率影响因素的研究，应该在经济—资源—环境这一复合系统内，主要从资源投入和环境影响两个方面来考虑。本书认为：可能对旅游业生态效率产生影响的因素有经济发展水平、产业结构、环境治理、技术进步、旅游业人力资源和旅游业能源消费结构等几个方面，各个变量对旅游业生态效率的影响机理如下：

1. 经济发展水平

经济发展水平代表着一个国家或地区经济发展的能力和速度，其对旅游业生态效率的影响主要表现在以下三个方面：一是地区经济增长和经济实力的增强，导致会有更多的资金、资源和人力投入到旅游业发展中，从而为地区旅游业发展提供强大的经济支持，而旅游业规模的扩大则意味着更多的能源消耗和产生更多的污染物和废弃物，导致旅游环境质量下降，进而影响旅游业生态效率；二是经济的持续发展，使人们的生活水平得到提高，居民的出游能力和出游动机得到增强，且旅游者的消费观念和环保理念都会有所改变和提高，对旅游产品、旅游环境质量的要求会更高，从而更倾向于购买低碳、环保型旅游产品，进而倒逼旅游产业结构升级和旅游企业生产改造，有利于旅游业生态效率的提高；三是经济的持续增长，意味着会有更多的资金投入新技术、新设备的研发和引进，地区技术水平得以提高，旅游业也可以从中获益，利用新技术来提高资源利用率、降低能耗和较少污染物排放，进而提升旅游业生态效率。综上，可以认为经济发展通过规模效应、结构效应和技术效应影响旅游业资源、能源消耗和旅游环境质量，进而影响旅游业生态效率水平。

2. 产业结构

产业结构，一般是指一个国家或地区的第一、第二、第三大产业在国民经济中所占的比重。目前，国际上通常比较认可的合理的产业结构是“三二一”，而相对应的能源消费需求量、能源消费强度和污染排放强度是“一三二”，产业结构的日趋合理可以在很大程度上降低能源消费量、降低能源消费强度和污染排放强度。产业结构调整和优化升级，意味着第三产业在国民经济中所占的比重不断增大，其“低消耗、低排放、高产值”的特点，可以显著减少地区经济发展对能源的需求量，并且能够提高地区生态环境质量。旅游业作为我国大多数地区第三产业的重要组成部分，也是知识密集型产业，属于低投入高产出类型，且具有对资源和能源的依赖程度较低以及对生态环境破坏程度小等行业特征，旅游业的产业优势使其成为国家战略性支柱产业和众多地区的支柱产业。随着产业结构的调整和优化升级，第三产业的规模将日益扩大，旅游业的发展规模和发展速度也会大大提升，而其在资源消耗少、环境污染小等方面的优势将更加显现，低投入、低排放和高产出的产业特点，将会使旅游业自身的生态效率水平得到进一步提升。

3. 环境治理

环境治理是环境政策在具体手段上的体现，主要通过环境规制、环境污染治理投资和社会监督等措施来限制地区资源利用方式和制定污染排放标准，可以有效地改善地区生态环境质量，而且对节能减排的效果更加显著。一个地区环境规制的执行能力、环境污染治理投资额度和社会监督体系，反映了地区政府和公众对环境保护的态度。而严格的环境规制、更多的污染治理投资和完善的社会监督，也势必带来更好的生态环境质量。从可量化和数据的可获得性考虑，一般用环境污染治理投资来反映地区环境治理水平。旅游业作为地区经济生产的组成单元，是环境规制和社会监督的对象，同时也是环境污染治理投资的受益者，所以地区环境治理水平的高低，也即环境污染治理投资的多少，将在一定程度上对旅游业生态效率产生影响。但值得注意的一个问题是，当环境污染治理投资达到某一水平后，继续加大投资可能会因投资大于收益而导致生态效率的下降，对于旅游业生态效率来讲，此理通用。另外，环境规制可以倒逼旅游企业通过技术创新来降低能耗、减少污染和降低成本，从长远来看，企业的生态效率可以得到提升。同时，环境政策还可以促进公众的环保意识提升，引导正确的环保行为，从而影响旅游业生态效率。

4. 技术进步

众所周知，科技是第一生产力，科技的重要性毋庸置疑。当今世界，科技已经渗透社会和经济的方方面面，对于生态效率而言，其水平的提高主要依靠技术进步对生产环节和污染治理环节的支持。具体来说，技术进步一方面在生产环节可以提高资源和能源的利用率，获得更高的投入产出比；另一方面在污染治理环节可以对污染治理设备进行改造，以减少污染物排放和实现污染物的循环再利用，有利于生态环境质量的提高。对于旅游业而言，技术进步同样是促进地区旅游业生态效率提高的重要动力。一般认为，技术进步对地区旅游业生态效率的影响主要表现在两个方面：一是技术进步对旅游业的“食、住、行、游、娱、购”等行业和部门在生产环节的技术支持，新技术、新设备、新工艺等的引进和使用，可以有效减少资源和能源消耗，提高利用效率；二是技术进步对旅游业各生产部门在污染治理环节的技术支持，先进的污染处理技术和处理设备，可以有效减少污染物的排放，提高污染物的循环利用效率，从而提高旅游业生态效率。另外，旅游业从业人员的素质和管理水平的提高，又有利于技术的推广和使用，进一步促进了旅游业生态效率的提高。

5. 旅游业人力资源

人力资源作为被经济学家所认可的经济发展第一资源和第一要素，是经济增长不可或缺的重要驱动力，对其他所有资源利用效率的提高具有积极的促进作用。而从人力资源的积累和储备来讲，不仅要有数量上的保障，还要有质量上的提高。旅游业作为劳动密集型和知识密集型产业，其发展需要足够多高素质的人力资源支持。虽然旅游业各行业的进入门槛较低，但是就目前来讲，旅游业存在管理人才缺失严重的问题，特别是高素质人才的稀缺，进而在经营理念、管理方式和经营手段等方面制约了旅游业的健康和可持续发展。旅游业人力资源的受教育水平、技术创新能力和环保意识，都会对旅游业经营管理、旅游产品创新升级、旅游资源和环境保护产生重大影响。近年来，各地区积极实施旅游人才战略，在保证旅游业人力资源数量的基础上，积极培育和引进高质量、高素质的从业人员和管理人员。旅游高等院校学生作为旅游业发展的人才储备力量，其投身到旅游业发展，将会对地区旅游业的经营管理、技术创新和环境保护等方面产生积极促进作用，进而可以在很大程度上提高旅游业生态效率。

6. 旅游业能源消费结构

通常所说的能源结构，是指一个国家或地区内不同类型能源消耗量在总消耗量中的占比情况。就目前来看，我国社会经济发展中各部门生产所使用的能源大多来自化石能源，即现阶段能源消费结构仍是以煤炭和各类油品为主，且其在能源消费结构中占据绝对的主导地位。旅游业同样是以煤炭和各类油品消费为主，特别是旅游交通部门，但其他部门主要以热力和电力消费为主。能源消费结构对旅游业生态效率的影响主要在于，不同类型能源的利用效率及其排放的污染物数量存在差异，煤炭、各类油品和天然气的热效率值低，利用过程中产生的污染物最多，对旅游业生态效率的影响最大；热力和电力的热效率值相对较高，且利用过程中产生的污染物相对较少，对旅游业生态效率的影响较小。一般认为，煤炭、各类油品和天然气的消费比重与旅游业生态效率呈负相关关系，而热力、电力的消费比重与旅游业生态效率呈正相关关系，其消费比重的加大则有利于旅游业生态效率的提高。因此，为了提高旅游业生态效率，应调整能源消费结构，增加热力和电力等清洁能源的使用，逐步摆脱对煤炭等化石能源的依赖。

三、影响因素选定与数据来源

1. 影响因素选定

基于以上生态效率及旅游业生态效率影响因素的相关研究成果，同时考虑到旅游业相关统计数据的可获性，本书主要选取以下影响因素：

（1）地区经济发展。考虑到人口规模对经济增长的影响，本书选取人均

GDP 来表示地区经济发展水平，并对当年价格计算的人均 GDP 以 2000 年为不变价进行去除通货膨胀处理。同时，为了消除其与旅游业生态效率水平在量纲上的差异，对其做取对数处理，即地区经济发展水平用人均 GDP（2000 年不变价）取对数表示，记作 X1，表征经济发展对旅游业生态效率的影响。另外，为验证旅游业生态效率是否与地区经济发展水平之间存在“U”形或者倒“U”形二次关系，在此也将人均 GDP 对数的平方项纳入回归方程。

（2）地区技术进步（TD）。选取 R&D 研发经费支出总额来表示，为了避免 R&D 研发经费支出绝对数可能与人均 GDP 产生共线性，改用 R&D 投入强度（R&D 研发经费支出占地区 GDP 的比重）来表示，记作 X2，表征技术进步对旅游业生态效率的影响。

（3）地区环境治理（ER）。选取环境污染治理投资总额来表示，同样为了避免环境污染治理投资总额绝对数可能与人均 GDP 产生共线性，改用环境污染治理投资总额占 GDP 的比重，即环境污染治理强度来表示，记作 X3，表征环境治理对旅游业生态效率水平的影响。

（4）地区产业结构（IS）。考虑到旅游业的特性，是以提供无形的服务产品为主的行业，是第三产业的重要组成部分，与第一、第二产业相比，其与第三产业的联系更为紧密，故选取第三产业产值占地区 GDP 的比重表示，记作 X4，表征产业结构水平对旅游业生态效率水平的影响。

（5）旅游业人力资源（THR）。基于旅游业生态效率影响因素中“人”的考虑，选取旅游高等院校学生数来表示，为了消除其与旅游业生态效率水平在量纲上的差异，对其做取对数处理，记作 X5，表征旅游业人力资本对旅游业生态效率水平的影响。

（6）旅游业能源消费结构（TEUS），选取旅游业电力和热力总消费量来表示，同样为了避免电力和热力消费量绝对数可能与人均 GDP 产生共线性，改用旅游业电力和热力的消费量占旅游业能源消费总量的比重来表示，记作 X6，表征旅游业能源消费结构对旅游业生态效率水平的影响。

本书最终选择人均 GDP（PGDP）、技术进步（TD）、环境治理（ER）、产业结构（IS）、旅游业人力资源（THR）和旅游业能源消费结构（TEUS）为解释变量，作为旅游业生态效率的影响因素，以各省旅游业生态效率（TEE）为被解释变量。

2. 数据来源

这部分的研究以 2000~2017 年为研究期限，选取除西藏和中国港澳台地区以外的30个省份的相关数据为研究样本，建立空间计量面板模型，数据主要来源于《中国统计年鉴》(2001—2018年)、《中国旅游统计年鉴》(2001—2018年)、《中国环境统计年鉴》(2001—2018年)、《中国科技统计年鉴(2001—2018年)》等，并对相关数据进行了处理，具体处理方法见第三章相关内容。根据前文的影响机理分析，本书选取的中国旅游业生态效率影响因素指标、变量说明及预期方向如表6-2所示。另外，中国旅游业生态效率影响因素的描述性统计基本情况如表6-3所示。

表6-2 中国旅游业生态效率影响因素选取及说明

名称	符号	说明	预期方向
人均GDP	PGDP	不变价格的人均GDP	"U"形/倒"U"形
技术进步	TD	R&D研发经费支出占地区GDP比重	+
环境治理	ER	环境污染治理投资总额占地区GDP比重	+/-
产业结构	IS	第三产业产值占地区GDP比重	+
旅游业人力资源	THR	旅游高等院校学生数	+
旅游业能源消费结构	TEUS	旅游业电力和热力的消费量占旅游业能源消费总量的比重	+

表6-3 中国旅游业生态效率影响因素变量的描述性统计情况

地区	变量名称	样本数	最大值	最小值	平均值	标准差
全国	人均GDP（元）	540	71014	2759	20840	14083
	技术进步（%）	540	7.00	0.15	1.31	1.10
	环境治理（%）	540	4.24	0.30	1.30	0.68
	产业结构（%）	540	80.56	28.62	42.34	8.32
	旅游业人力资源（人）	540	160804	342	24244	24241
	旅游业能源消费结构（%）	540	32.37	0.43	10.93	5.06
东部地区	人均GDP（元）	198	71014	6798	31294	15981
	技术进步（%）	198	7.00	0.15	1.94	1.49
	环境治理（%）	198	3.08	0.30	1.19	0.49
	产业结构（%）	198	80.56	31.59	46.44	11.31
	旅游业人力资源（人）	198	134740	3152	30408	22811
	旅游业能源消费结构（%）	198	32.37	4.55	12.63	5.34

续表

地区	变量名称	样本数	最大值	最小值	平均值	标准差
中部地区	人均 GDP（元）	144	33141	4851	15248	7238
	技术进步（%）	144	2.09	0.36	1.02	0.37
	环境治理（%）	144	4.03	0.39	1.12	0.58
	产业结构（%）	144	55.30	28.62	38.83	4.93
	旅游业人力资源（人）	144	91513	1401	23226	16840
	旅游业能源消费结构（%）	144	24.02	2.92	10.23	4.02
西部地区	人均 GDP（元）	198	41300	2759	14453	8691
	技术进步（%）	198	2.98	0.20	0.90	0.59
	环境治理（%）	198	4.24	0.39	1.54	0.83
	产业结构（%）	198	52.77	32.34	40.78	3.96
	旅游业人力资源（人）	198	160804	342	18819	28514
	旅游业能源消费结构（%）	198	27.51	0.43	9.72	4.99

四、数据平稳性与协整性检验

1. 平稳性检验

考虑到在现实经济运行中，存在无直接相关的非平稳时间序列数据，但却呈现出相同变化趋势，这些数据的非平稳性会导致伪回归情况的发生。因此，需要对时间序列数据进行甄别，以确保统计结果的科学性和准确性。而面板数据因具有时间序列数据的特征，也会导致伪回归情况的出现。因此，为了避免面板数据出现伪回归的情况，需要对面板数据进行平稳性检验。

在现有的研究中，单位根检验是最常用的平稳性检验方法。目前，主要有两类检验方法：一种是基于异质面板单位根假设的 Fisher-ADF（ADF-Fisher Chi-square）检验；另一种是基于同质面板单位根假设的 LLC（Levin，Lin & Chu t*）检验。根据检验结果，如果没有通过显著性检验，则表示原假设被拒绝，说明原始数据是平稳的；如果通过显著性检验，则表示接受原假设，说明原始数据是非平稳的，不能用于回归模型。本书借助 Eviews10.0 软件对旅游业生态效率及其影响因素的单位根进行检验，结果如表 6-4 所示。

由表 6-4 可知，通过比较同质单位根 LLC 检验和异质单位根 Fisher-ADF 检验的水平值结果，发现地区经济发展水平、地区环境治理水平、地区产业结构水平、地区技术进步水平、旅游业人力资源水平和旅游业能源消费结构均拒绝“具有相同单位根”的原假设，即所有变量的原始数据都是平稳的，可以用于后面的回归分析。

表 6-4　面板数据平稳性（单位根）检验结果

变量	同质面板单位根：LLC 检验（Level）		异质面板单位根：Fisher-ADF 检验（Level）	
	统计量	P 值	统计量	P 值
地区经济发展水平（PGDP）	-5.7801	0.0000	134.793	0.0000
地区环境治理水平（ER）	-3.1457	0.0008	99.468	0.0010
地区产业结构水平（IS）	-5.3337	0.0000	174.010	0.0000
地区技术进步水平（TD）	-7.4773	0.0000	193.020	0.0000
旅游业人力资源水平（THR）	-3.9151	0.0000	125.104	0.0000
旅游业能源消费结构（TEUS）	-2.1755	0.0148	102.395	0.0005

2. 协整性检验

前文通过单位根检验发现，地区经济发展水平、地区环境治理水平、地区产业结构水平、地区技术进步水平、旅游业人力资源水平和旅游业能源消费结构的原始数据都是平稳的，即所有变量都是同阶单整的，还需要进一步判断变量之间是否具有协整关系，以确保可以进行回归分析。在此，本书采用 Kao 检验来对变量进行协整检验，检验结果如表 6-5 所示。

由表 6-5 可知，ADF 统计量在 1%的水平上显著，拒绝了不存在协整方程的原假设，即旅游业生态效率与地区经济发展水平、地区环境治理水平、地区产业结构水平、地区技术进步水平、旅游业人力资源水平和旅游业能源消费结构等因素存在协整关系，也可以认为存在长期的稳定关系，因而可以继续进行面板数据的回归分析。

表 6-5　旅游业生态效率及其影响因素协整性检验（Kao 检验）结果

ADF	t-Statistic	Prob.
	-5.179981	0.0000
Residual variance	0.111114	—
HAC variance	0.055288	—

第三节　旅游业生态效率空间相关性判断

一、全局空间自相关结果分析

利用式（6-1），借助 GeoDa1.6 软件，建立空间距离权重矩阵，对 Global Moran's I 进行计算，同时计算得到 Z 值及相应的 P 值（见表 6-6）。由表 6-6 可知，2000~2017 年中国旅游业生态效率的 Global Moran's I 值在 0.1051~0.3810，各年 Global Moran's I 值均为正，除了 2001 年没有通过了 10%的显著性检验外，其余年份均通过了 10%的显著性检验，且效果显著，说明中国旅游业生态效率存在显著的正空间相关性，在空间上呈现出较高的集聚趋势，为非随机分布，各省份旅游业生态效率受相邻省份的影响，且生态效率水平相似省份在地理空间分布上呈现出集聚态势。

从图 6-1 可以看出，2000~2017 年中国旅游业生态效率的 Global Moran's I 值总体上呈现出不同时期的不同变化态势。具体变化情况为：2000~2013 年 Global Moran's I 值以 2004 年为中点呈现出两个"W"形变化态势，反映了中国旅游业生态效率的空间集聚程度在 2000~2004 年和 2004~2013 年两个时间段内都呈现出"减弱—增强"的波动变化态势；2013~2017 年 Global Moran's I 值整体上呈现出持续减小的态势，说明从 2013 年开始中国旅游业生态效率的空间集聚程度在持续减弱，空间差异表现出不断扩大的态势。

表 6-6　2000~2017 年中国旅游业生态效率的 Global Moran's I 统计值

年份	Moran's I	P 值	Z 值
2000	0.1845	0.0340	2.0577
2001	0.1051	0.1000	1.3778
2002	0.3346	0.0020	3.7202
2003	0.1683	0.0340	1.9551
2004	0.2934	0.0050	3.1832

续表

年份	Moran's I	P 值	Z 值
2005	0. 1915	0. 0330	2. 1536
2006	0. 2187	0. 0140	2. 4613
2007	0. 1604	0. 0430	1. 8490
2008	0. 1454	0. 0570	1. 6892
2009	0. 1819	0. 0220	2. 2111
2010	0. 3512	0. 0020	3. 6937
2011	0. 3329	0. 0030	3. 5869
2012	0. 2253	0. 0160	2. 4834
2013	0. 3810	0. 0010	4. 0554
2014	0. 3405	0. 0010	3. 5044
2015	0. 2974	0. 0050	3. 3735
2016	0. 2920	0. 0040	3. 2062
2017	0. 2577	0. 0090	2. 8015

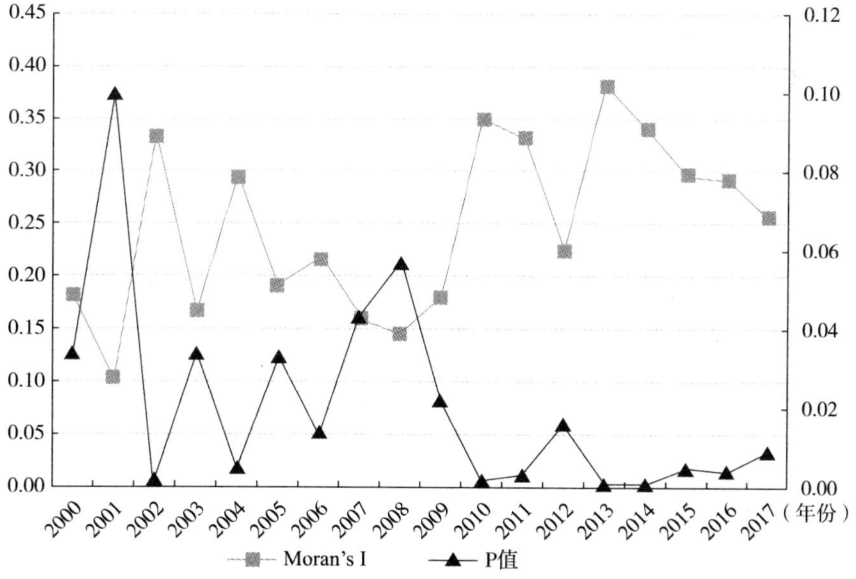

图 6-1　2000~2017 年中国旅游业生态效率 Global Moran's I 指数及显著性变化

为了更为直观地观察中国旅游业生态效率的空间相关类型和空间分布情况，选取并输出了2000年、2005年、2010年、2015年和2017年5个年份的Global Moran's I散点图（见图6-2）。Global Moran's I散点图可以分为四个象限：第Ⅰ象限为高—高型（H-H型），表示高值空间单元被高值邻近空间单元包围，即旅游业生态效率高的省份被同样效率高的省份包围；第Ⅱ象限为低—高型（L-H型），表示低值空间单元被高值邻近空间单元包围，即旅游业生态效率低的省份被效率高的省份包围；第Ⅲ象限为低—低型（L-L型），表示低值空间单元被低值邻近空间单元包围，即旅游业生态效率低的省份被同样效率低的省份包围；第Ⅳ象限为高—低型（H-L型），表示高值空间单元被低值邻近空间单元包围，即旅游业生态效率高的省份被效率低的省份包围。其中，高—高型和低—低型代表空间正相关，说明区域旅游业生态效率差异较小；高—低型和低—高型则代表空间负相关，说明区域旅游业生态效率差异较大。

由Global Moran's I散点图可知，中国30个省份旅游业生态效率主要围绕坐标轴中心集中分布，其中2000年、2005年、2010年、2015年和2017年的Global Moran's I值分别为0.1845、0.1915、0.3512、0.2974和0.2577，都大于0，且都在10%的水平上显著，表明中国30个省份旅游业生态效率具有空间正相关性，旅游业生态效率高的地区趋于相邻，旅游业生态效率低的地区也趋于相邻。从图6-2可以发现，存在两个正向的空间集聚：①处于第Ⅰ象限为高—高型（H-H型），即本地区旅游业生态效率高，周边相邻地区旅游业生态效率也高，该类型的地区数量较多；②处于第Ⅲ象限为低—低型（L-L型），即本地区旅游业生态效率低，周边相邻的地区旅游业生态效率也低，该类型的地区数量较少。这也表明某个地区的旅游业生态效率在受到自身发展水平影响的情况下，还会在很大程度上被周边相邻地区所影响，诸如经济实力、产业结构、环境政策、科学技术、人口素质等因素，都将进一步强化地区之间的空间相关性。

另外，如图6-2所示，具体情况如下：2000年有13个地区在第Ⅰ象限，5个地区在第Ⅲ象限，合计占地区总数的60%；2005年有11个地区在第Ⅰ象限，7个地区在第Ⅲ象限，合计不变，占比仍是60%；2010年分别有14个地区和10个地区在第Ⅰ象限和第Ⅲ象限，合计占总数的80%；2015年分别有15个地区和8个地区在第Ⅰ象限和第Ⅲ象限，合计占总数的77%；2017年分别有12个地区和8个地区在第Ⅰ象限和第Ⅲ象限，合计占总数的67%。另外，从两个负向空间集聚情况来看，在代表性年份处于第Ⅱ象限和第Ⅳ象限的地区数量都较少，具体来看：2000 年分别有 9 个地区和 3 个地区在第Ⅱ象限和第Ⅳ象限，合计占总数的 40%；2005 年分别有 8 个地区和 4 个地区在第Ⅱ象限和第Ⅳ象限，合计不变，仍占总数的 40%；2010 年分别有 5 个地区和 1 个地区在第Ⅱ象限和第Ⅳ象限，合计占总数的 20%；2015 年分别有 5 个地区和 2 个地区在第Ⅱ象限和第Ⅳ象限，合计占总数的 23%；2017 年分别有 7 个地区和 3 个地区在第Ⅱ象限和第Ⅳ象限，合计占总数的 33%。

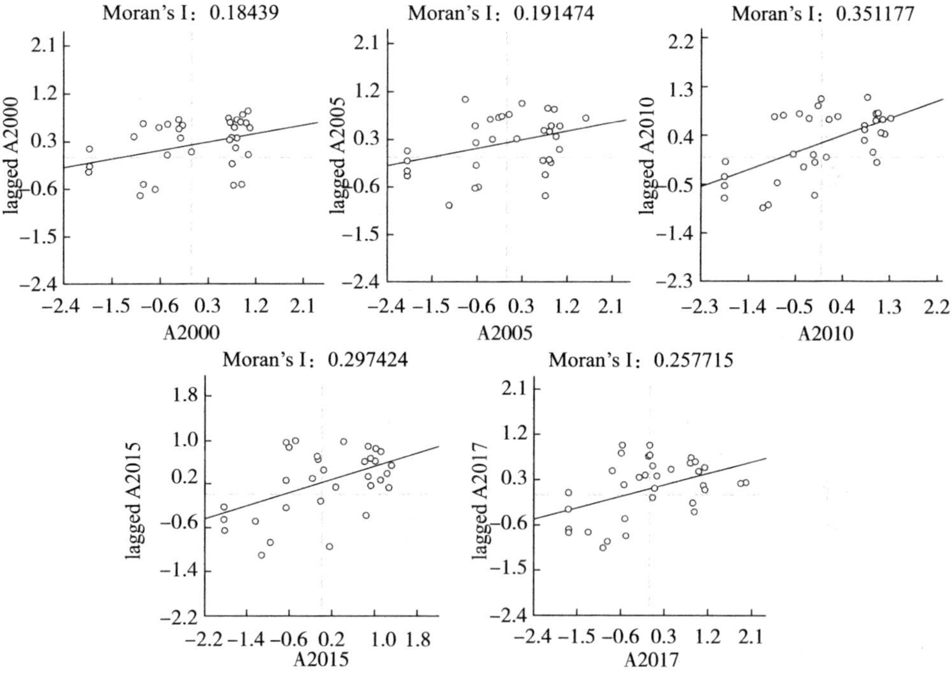

图 6-2　代表性年份中国 30 个省份旅游业生态效率 Global Moran's I 散点图

由于全局自相关是从整体上反映中国旅游业生态效率的空间分布特征和相关性，它不能具体地反映局部旅游业生态效率在空间上的集聚和离散情况。另外，Global Moran's I 指数也存在一定的局限性，因为很可能会出现某个空间单元正相关与另一个空间单元负相关抵消后的剩余值。如有些省份旅游业生态效率是正相关，而有些则是负相关，那么就会出现两者相抵消的情况，则 Global Moran's I 表现出来的结果就是不存在空间相关性。因此，还需要运用 Local Moran's I 对旅游业生态效率的局部空间分布状况进行更加客观的描述。

二、局部空间自相关结果分析

为了进一步探析中国旅游业生态效率在局部空间上的集聚和异质情况，选取 2000 年、2005 年、2010 年、2015 年和 2017 年 5 个时间截面点，利用 GeoDa1.6 软件输出旅游业生态效率的 LISA 集聚图（图略）。根据 5 个代表性年份的集聚图，对结果进行整理（见表 6-7）。根据旅游业生态效率与空间滞后值的关系，旅游业生态效率同样可分为四种类型的空间相关性：高—高集聚型（H-H 型）；低—高集聚型（L-H 型）；低—低集聚型（L-L 型）；高—低集聚型（H-L型）。其中，高—高集聚型和低—低集聚型代表空间正相关，说明区域旅游业生态效率差异较小；高—低集聚型和低—高集聚型则代表空间负相关，说明区域旅游业生态效率差异较大。

表 6-7　代表性年份中国旅游业生态效率局部空间相关性聚类分布

类型	2000 年	2005 年	2010 年	2015 年	2017 年
高—高集聚	山东、湖北、湖南	山西、山东、浙江、天津、河北、北京	山东、江苏、安徽、浙江、贵州、辽宁、重庆、上海	山西、山东、辽宁、天津、北京、河北	—
低—低集聚	—	新疆	新疆、海南	新疆	新疆、海南、青海、广东
低—高集聚	—	湖北、贵州、吉林、内蒙古	山西、湖北、云南	安徽、湖南、云南、吉林、内蒙古	湖南、云南、内蒙古、北京
高—低集聚	—	—	—	广东	—

由表 6-7 可知，在 2000 年，属于高—高集聚的省份有 3 个，属于低—低集聚的省份有 0 个，即具有空间正相关的省份占比为 10.0%；属于低—高集聚和高—低集聚的省份都是 0 个，即具有空间负相关的省份占比为 0.0%。在 2005 年，属于高—高集聚的省份有 6 个，属于低—低集聚的省份有 1 个，即具有空间正相关的省份占比为 23.3%；属于低—高集聚的省份有 4 个，属于高—低集聚的省份有 0 个，即具有空间负相关的省份占比为 13.3%。在 2010 年，属于高—高集聚的省份有 8 个，属于低—低集聚的省份有 2 个，即具有空

间正相关的省份占比为 33.3%；属于低—高集聚的省份有 3 个，属于高—低集聚的省份有 0 个，即具有空间负相关的省份占比为 10.0%。在 2015 年，属于高—高集聚的省份有 6 个，属于低—低集聚的省份有 1 个，即具有空间正相关的省份占比为 23.3%；属于低—高集聚的省份有 5 个，属于高—低集聚的省份有 1 个，即具有空间负相关的省份占比为 20.0%。在 2017 年，属于高—高集聚的省份有 0 个，属于低—低集聚的省份有 4 个，即具有空间正相关的省份占比为 13.3%；属于低—高集聚的省份有 4 个，属于高—低集聚的省份有 0 个，即具有空间负相关的省份占比为 13.3%。从各集聚类型省份数量占比的变化来看，空间正相关类型的占比由 2000 年的 10.0%上升到 2005 年的 23.3%，又上升到 2010 年的 33.3%，再下降到 2015 年的 23.3%，又下降到 2017 年的 13.3%；空间负相关类型的占比由 2000 年的 0.0%，上升到 2005 年的 13.3%，再下降到 2010 年的 10.0%，又上升到 2015 年的 20%，又再下降到 2017 年的 13.3%。

以上代表性年份的变化情况表明，2000～2017 年中国 30 个省份旅游业生态效率的空间集聚性，总体上呈现出先增强后减弱的态势，即旅游业生态效率相似的省份在空间上呈集聚格局分布的趋势表现为先增强后减弱，反映在区域差异上是先缩小后扩大。同时，空间异质性总体上呈现出逐渐增强的态势，旅游业生态效率的区域差异在不断扩大。

综上所述，在代表性年份中国大多数省份（不显著省份除外）的旅游业生态效率总体上呈现出明显的正向空间相关性（以高—高集聚和低—低集聚为主），在 2000 年、2005 年、2010 年和 2015 年，大多数省份（不显著省份除外）的旅游业生态效率的空间集聚性明显强于异质性，到 2017 年则出现了空间集聚和异质持平的状态，表明空间差异在扩大，同时还反映出中国旅游业生态效率具有较为明显的空间溢出效应。

另外，在代表性年份，中国 30 个省份有显著性关系的省份数量先增加后减少。具体来看：①高—高集聚类型，在研究年份，该类型的省份先增加后减少，但是这些省份基本上位于东部地区，经济基础雄厚且发展水平较高、产业结构更加合理、环境规制更为严格、科技水平更高，这些因素都可以在很大程度上促进旅游业生态效率的提高，而且会对周边省份产生较强的正向带动作用；②低—低集聚类型，该类型省份总体上是增加的，这些省份以新疆为代表，主要位于西部地区，经济基础差与粗放式发展、科技水平落后、交通不便等因素，制约了旅游业生态效率的提高，而且受地理区位所限，无法得到生态效率高水平地区的辐射和带动；③低—高集聚类型，在研究年份，该类型的省份数量基本上保持不变，以湖北、云南和内蒙古为代表，这些省份所在区域邻近中东部生态效率高的省份，如湖北和安徽相邻、内蒙古和辽宁相邻，在地理区位上具有“被扩散”的优势，该类型省份的旅游业生态效率提高速度较快，且具有较大的提升空间；④高—低集聚类型，在研究年份，该类型省份数量最少，以广东省为代表，虽然其旅游业生态效率较高，但是由于不能与周边旅游业生态效率低的海南、广西、湖南等省份建立良好的跨区域旅游发展合作机制，很难对相邻的低值省份产生明显的辐射带动作用。

综合以上分析可以发现，旅游业生态效率在中国区域空间分布上基本形成了两个不同的集聚区：一个是东部沿海省份与周边的京津冀、中三角地区省份形成的高水平旅游业生态效率的空间集群区域；另一个是新疆、青海、内蒙古等中西部省份形成的低水平旅游业生态效率空间集群区域。

第四节　空间计量实证分析

一、模型的检验和选择

根据前文关于空间面板模型设定的检验步骤，进行模型的检验和选择。首先，运用 Moran's I 检验、LM 检验和 LR 检验来选择合适的空间计量模型（SAR 或 SEM），检验结果如表 6-8 所示。由表 6-8 可知，中国旅游业生态效率影响因素面板数据的 Moran's I 检验值为 64.866，通过了 1%的显著性水平检验，拒绝了“不存在空间效应”的原假设，这说明变量之间存在显著的空间相关性，有必要运用空间计量模型进行回归分析。旅游业生态效率影响因素面板数据的 LM-error 检验和 LM-lag 检验的统计值分别为 3.502、21.150，前者通过了 10%的显著性水平检验，后者通过了 1%的显著性水平检验，且后者大于前者。而 Robust LM-error 检验和 Robust LM-lag 检验的统计值分别为 17.489 和 35.137，都通过了 1%的显著性水平检验，但后者大于前者，即 LM-lag、Robust LM-lag 均大于 LM-error 和 Robust LM-error，且更显著，说明空间滞后模型比空间误差模型更适合进行回归分析。

表 6-8　面板数据空间计量模型的空间相关性检验（LM 检验）

	检验类型	Statistic	p-value
LM 检验	Spatial error		
	Moran's I	64.866	0.000
	Lagrange multiplier	3.502	0.061
	Robust Lagrange multiplier	17.489	0.000
	Spatial lag		
	Lagrange multiplier	21.150	0.000
	Robust Lagrange multiplier	35.137	0.000

其次，进行 Hausman 检验来判断是选用固定效应模型（FEM）还是选用随机效应模型（REM），Hausman 检验结果如表 6-9 所示。中国旅游业生态效率影响因素面板数据回归模型的 Huasman 检验统计值为 123.39，且通过 1%的显著性水平检验，拒绝了"采用随机效应模型"的原假设。因此，应该选择固定效应模型进行回归分析。

表 6-9　中国旅游业生态效率影响因素面板数据回归模型的 Huasman 检验结果

TestSumary	Statistic	Prob.
Cross-secton random	123.3900	0.0000

通过两步检验可知，应选择空间滞后固定效应模型对中国旅游业生态效率的影响因素进行回归分析。另外，固定效应模型又包括个体固定效应、时间固定效应和个体时间双固定效应，所以具体选择哪种空间滞后固定效应模型，还需要进一步的验证。

根据 LM 检验结果和 Huasman 检验结果，本书借助 StataSE15.0 软件，分别运用模型Ⅰ（无固定效应）、模型Ⅱ（个体固定效应）、模型Ⅲ（时间固定效应）和模型Ⅳ（个体时间双固定效应）对中国旅游业生态效率影响因素进行回归，结果如表 6-10 所示。

表 6-10　中国旅游业生态效率影响因素的空间滞后固定效应模型估计

变量	模型Ⅰ		模型Ⅱ		模型Ⅲ		模型Ⅳ	
	无固定效应		个体固定效应		时间固定效应		个体时间双固定效应	
	系数	T 值	系数	Z 值	系数	Z 值	系数	Z 值
lnPGDP	-0.5224	-1.09	1.5081***	4.44	-0.6549	-1.53	1.3554***	3.96
$lnPGDP^2$	0.0254	1.02	-0.0790***	-4.42	0.0394*	1.78	-0.0628***	-3.44
ER	-0.0669***	-3.79	-0.0422***	-2.77	-0.0441***	-2.84	-0.0333**	-2.15
IS	-0.0918	-0.97	0.2582***	3.10	-0.1027	-1.16	0.4951***	4.45
TD	0.0375**	2.28	-0.0887***	-3.36	-0.0057	-0.38	-0.0759***	-2.74
lnTHR	0.1023***	8.90	0.0127	0.90	0.1182***	11.81	0.0090	0.63
TEUS	0.0114***	5.13	0.0044**	2.19	0.0123***	6.26	0.0062***	3.08
R^2	0.2839		0.1046		0.1652		0.0285	
σ^2	—		0.0221		0.0440		0.0207	
Log-L	—		263.443		17.793		278.501	

注：①*、**、***分别表示变量在10%、5%、1%水平下显著；②表中结果基于距离权重计算得到。

在确定选择空间滞后模型的前提下，考虑到具体固定效应模型的选择会造成计量结果的差异，所以还需要进一步对模型做LR检验，以此来确定选择哪种空间滞后固定效应模型更适合本书的研究。如表6-11所示，个体固定效应和时间固定效应的LR检验都在1%的水平上显著，表明应拒绝接受无个体固定效应和无时间固定效应的原假设，适合建立个体时间双固定效应模型。

综合来看，本书最终选择具有双固定效应的空间滞后模型，对旅游业生态效率及影响因素进行空间面板回归分析。

表 6-11　空间滞后固定效应模型的 LR 检验结果

LR 检验	Statistic	Chi2	Prob.
个体固定效应 LR 检验	28.87	10	0.0013
时间固定效应 LR 检验	518.94	10	0.0000

二、空间计量结果分析

本书借助 StataSE15.0 软件，运用双固定效应的空间滞后模型，对旅游业生态效率及影响因素进行空间面板回归分析，结果如表 6-12 所示。

表 6-12　中国旅游业生态效率个体时间双固定效应的空间滞后模型回归结果

影响因素	Coef.	Z	P
lnPGDP	1.3554***	3.96	0.000
$lnPGDP^2$	-0.0628***	-3.44	0.001
IS	0.4951***	4.45	0.000
TD	-0.0759***	-2.74	0.006
ER	-0.0333**	-2.15	0.031
lnTHR	0.0090	0.63	0.530
TEUS	0.0062***	3.08	0.002
ρ	0.2426***	5.15	0.000
σ^2	0.0205***	16.25	0.000
R^2	0.0285		
Log-L	278.501		

注：**、*** 分别表示变量在 5%、1%水平下显著。

1. 空间滞后项系数估计结果分析

由表 6-12 可知，个体时间双固定效应的空间滞后模型的空间滞后项系数为正，且在 1%的水平上显著，说明空间地理因素对旅游业生态效率具有显著的正影响，也说明中国旅游业生态效率在空间分布上存在着显著的正相关关系，即旅游业生态效率的空间集聚以高—高集聚和低—低集聚两种类型为主，而且存在着俱乐部收敛的趋势，这与前文对旅游业生态效率空间自相关分析和收敛性分析的结论相一致。简单来讲，一个地区旅游业生态效率水平的高低，不仅受所在地区经济发展水平、技术进步水平、产业结构、旅游基础和服务设施以及宏观环境等因素的影响，还在一定程度上受相邻地区旅游业生态效率的影响，具体表现在旅游资源的联合开发、旅游客源市场的互通、旅游人才的流动、技术信息的共享等方面。随着地区旅游联盟数量的不断增多、区域旅游业一体化程度的加深，各省份之间旅游业的联系将会更加密切，也必将导致各省份之间旅游业生态效率影响的增强。因此，各省份应努力加强区域层面的旅游合作，积极构建无障碍旅游区，加快推进区域旅游业一体化发展，实现区域旅游发展的共赢，促进地区旅游业生态效率的提高。

2. 各影响因素估计结果分析

（1）地区经济发展水平。表 6-12 中估计结果显示，人均 GDP 及其平方项系数的估计值分别是 1.3554 和-0.0628，且都在 1%的水平上显著，表明中国旅游业生态效率与地区经济发展水平之间存在显著的倒“U”形关系，符合“库兹涅茨曲线”假说，这也与陈作成和龚新蜀（2013）、张虎平等（2017）在对区域生态效率影响因素研究中得到的结论相一致。

通过对中国旅游业生态效率倒“U”形曲线的拐点（临界点）的进一步分析，在不考虑其他变量影响的情况下，计算得出中国旅游业生态效率倒“U”形曲线的临界值为 48601 元/人。如表 6-13 所示，2000~2017 年，绝大多数省份的人均 GDP（基于 2000 年不变价）都远低于旅游业生态效率倒“U”形曲线的临界值，表明在研究期限内，我国经济发展水平对旅游业生态效率的提高呈现出明显的促进作用。

另外，如表 6-14 所示，2000~2017 年中国 30 个省份人均 GDP 超过临界值的省份数量总体上呈现出逐渐缓慢增加的态势，说明随着我国地区经济的快速发展，其对旅游业生态效率的抑制作用开始显现出来。其原因在于粗放型的经济发展方式，随着经济的快速增长，资源高消耗和环境高污染的“存量”开始导致旅游业生态效率呈现出倒“U”形变化趋势，反映在旅游业上，即片面追求旅游经济增长导致了资源的大量消耗和环境污染的不断加剧，阻碍了旅游业生态效率的提高。

通过对表 6-13 和表 6-14 的分析可知，从客观上来看，在研究期限内，模型的估计结果支持旅游业生态效率与地区经济发展水平之间存在倒“U”形曲线关系。但是从实际情况来看，绝大多数省份的经济发展水平仍处在倒“U”形曲线的左半边，即短期内经济增长对旅游业生态效率的提高仍然起促进作用。

表 6-13 基于 2000 年不变价的 2000~2017 年中国人均 GDP 单位：元

年份	2000	2001	2002	2003	2004	2005	2006	2007	2008
人均 GDP	7942	7942	8541	9259	10126	11083	12274	13758	15634

续表

年份	2009	2010	2011	2012	2013	2014	2015	2016	2017
人均 GDP	17055	18566	20442	22285	23918	25647	27380	29121	30910

表 6-14 基于 2000 年不变价的 2000~2017 年中国人均 GDP 高于临界值的省份

2000	2001	2002	2003	2004	2005
—	—	—	—	—	—
2006	**2007**	**2008**	**2009**	**2010**	**2011**
—	—	—	上海 (49755)	上海 (51661) 北京 (50034)	天津 (52126) 上海 (514145) 北京 (51145)
2012	**2013**	**2014**	**2015**	**2016**	**2017**
天津 (55704) 北京 (53674) 上海 (51995) 广东 (51292)	天津 (58547) 北京 (56835) 广东 (55625) 上海 (54305)	天津 (61038) 北京 (59668) 广东 (59265) 上海 (57678)	北京 (63515) 天津 (62563) 上海 61433 江苏 (50993)	北京 (67739) 上海 (66813) 天津 (65936) 江苏 (55526) 浙江 (48665)	北京 (71014) 上海 (69715) 天津 (65481) 江苏 (58988) 浙江 (50679)

（2）地区产业结构水平。表 6-12 中估计结果显示，地区产业结构水平的估计系数为正，且在 1%的水平上显著，说明地区产业结构水平促进了地区旅游业生态效率水平的提高，也说明了旅游业生态效率的提高依赖于产业结构调整和优化升级，这与陈武新和吕秀娟（2009）、陈雯（2017）、邢贞成等（2018）对生态效率影响因素研究中的结论相一致。

从表 6-15 可以看出，2000~2017 年第三产业占比总体上呈上升趋势，特别是从 2013 年开始第三产业占比反超第二产业，产业结构水平逐步提高。这意味着旅游业在发展规模和发展速度上会随之提升，得益于低投入、低排放和高产出的产业特点，旅游业自身的生态效率水平会得到进一步提升。同时，研究期内旅游相关行业（交通运输、仓储和邮政业、餐饮和住宿业）占第三产业的比重却呈现出持续下降的趋势，从能源消费和碳排放的角度来讲，这意味着旅游业能源消费总量的减少和旅游业碳排放的减少，也有利于旅游业生态效率的提高。

表 6-15 2000~2017 年中国三次产业及旅游相关行业占比 单位：%

年份	一产占比	二产占比	三产占比	旅游相关行业占第三产业比重
2000	14.7	45.5	39.8	41.3
2001	14.0	44.8	41.2	40.2
2002	13.3	44.5	42.2	39.3
2003	12.3	45.6	42.0	38.5
2004	12.9	45.9	41.2	38.1
2005	11.6	47.0	41.3	37.2
2006	10.6	47.6	41.8	36.5
2007	10.3	46.9	42.9	35.5
2008	10.3	46.9	42.8	35.9
2009	9.8	45.9	44.3	33.9
2010	9.5	46.4	44.1	34.3
2011	9.4	46.4	44.2	34.3
2012	9.4	45.3	45.3	34.0
2013	9.3	44.0	46.7	33.3
2014	9.1	43.1	47.8	33.1
2015	8.8	40.9	50.2	31.4
2016	8.6	39.9	51.6	30.7
2017	7.9	40.5	51.6	30.2

（3）地区技术进步水平。表 6-12 中估计结果显示，地区技术进步水平的估计系数为负，且在 1%的水平上显著，说明地区技术进步水平并没有提高地区旅游业生态效率水平，反而起到了负向抑制作用，这与王兆峰和刘庆芳（2019）对旅游业生态效率影响因素研究中的结论相一致。一般正常情况下，地区技术进步水平应该是可以在一定程度上促进旅游业生态效率提高的，出现相反的情况的原因有以下几个方面：

第一，旅游业属于劳动密集型产业，对生产技术和设施设备的要求较低，而且旅游业属于服务行业，对旅游从业者的技术要求也不高，所以旅游业对地区技术进步水平的依赖性不高。因此，地区技术进步水平的高低也几乎影响不到旅游业的发展，进而也很难对旅游业生态效率产生影响。

第二，从 R&D 经费投入情况来看，虽然中国的 R&D 经费投入在逐年增加，但是却主要集中在第二产业的制造业和加工业等行业（见表 6-16）。近三年 R&D 经费投入排名前 20 的行业都基本上与旅游产业无关，这就意味着无论是在旅游业各部门的生产环节还是污染治理环节都没有科研资金投入，从而无法进行技术引进和技术创新，也就无法提高资源和能源利用效率，而且也无法有效减少污染物的排放和循环利用，反而会因为技术和大型设备的使用，对资源和环境造成破坏，比如旅游景区索道交通的使用对生态环境的破坏，又如垃圾焚烧技术不成熟带来的更严重的污染物排放，进而在很大程度上阻碍了旅游业生态效率的提高。

表 6-16　2015 年、2016 年和 2017 年中国各行业产业的 R&D 投入情况

排名	行业名称	R&D 投入（亿元）		
		2015 年	2016 年	2017 年
1	计算机、通信和其他电子设备制造业	1661.7	1811.0	2002.8
2	电气机械和器材制造业	1012.7	1102.4	1242.4
3	汽车制造业	904.2	1048.7	1164.6
4	化学原料和化学制品制造业	794.5	840.7	912.5
5	通用设备制造业	632.6	665.7	696.8
6	黑色金属冶炼和压延加工业	561.2	537.7	638.7
7	专用设备制造业	567.1	577.1	636.9
8	医药制造业	441.5	488.5	534.2
9	有色金属冶炼和压延加工业	371.5	406.8	461.6
10	铁路、船舶、航空航天和其他运输设备制造业	435.9	459.6	428.8
11	非金属矿物制品业	277.6	323.1	362.8
12	金属制品业	282.7	326.3	343.2
13	橡胶和塑料制品业	242.6	278.8	307.2
14	农副食品加工业	216.0	249.7	274.6
15	纺织业	207.7	219.9	233.2
16	仪器仪表制造业	180.9	185.7	210.2

续表

排名	行业名称	R&D 投入（亿元）		
		2015 年	2016 年	2017 年
17	煤炭开采和洗选业	143.3	132.1	148.9
18	食品制造业	135.4	152.8	148.1
19	石油加工、炼焦和核燃料加工业	100.8	119.6	146.6
20	造纸和纸制品业	107.6	122.8	144.6
21	纺织服装、服饰业	90.1	107.0	110.5
22	酒、饮料和精制品茶制造业	90.0	100.6	99.8

综上所述，由于目前我国技术水平整体较低，且技术不够成熟，而旅游业作为资源密集型产业，对资源和环境的依赖程度较强。因此，某些先进技术和大型设备的使用在提高旅游业生产效率的同时，带来了更多的资源消耗和更严重的生态环境破坏，这些都严重阻碍了旅游业生态效率的提高。

（4）地区环境治理水平。表 6-12 中估计结果显示，地区环境治理水平的估计系数为负，且在 5%的水平上显著，说明地区环境治理并没有提高地区旅游业生态效率水平，反而起到了负向抑制作用，这与潘兴侠等（2013）、张虎平等（2017）以及梁星和卓得波（2017）对生态效率影响因素研究中的结论一致。一般情况下，地区环境污染治理可在一定程度上促进旅游业生态效率的提高，出现相反的情况，主要有以下几个原因：

第一，从环境污染治理投资占地区 GDP 的比重来看，研究期限内除北京、天津、河北、山西、内蒙古、辽宁、安徽、重庆、甘肃、宁夏和新疆超过全国平均水平，其余省份都低于 1.35%这一全国平均水平，占到样本总数的近2/3。特别是吉林、上海、福建、河南、湖北、湖南、广东等省份的环境污染治理投资占地区 GDP 的比重不足 1.0%，而且吉林、上海、湖南、福建和广东的占比在总体上还呈现出下降的趋势。相较于持续快速增长的 GDP，虽然环境污染治理投资也在增加，但是用于环境污染治理投资的资金绝对数额严重不足，难以解决经济的粗放式增长所带来的历史环境污染遗留问题和新增问题。以 2017 年为例，全国 GDP 总额为 827121.7 亿元，比 2016 年增长 11.23%，而环境污染治理投资额只有 9539.0 亿元，增长速度仅为 3.46%，且只占 GDP 总额的 1.15%。具体以广东为例，2017 年其地区 GDP 排全国第一、经济增长速度为 8.50%（全国第一），而其环境治理投资仅仅占其地区 GDP 的 0.41%，环境污染治理投资的严重不足导致了近似于无的治理效果。

第二，从环境污染治理投资结构来看（见表6-17），研究期限内用于城镇环境基础设施建设投资年均占环境污染治理投资总额的58.47%，而用于工业污染治理的资金年均只占到环境污染治理投资总额的11.70%，且总体上呈现出持续下降的变化态势。用于非工业污染治理的资金，包括涉及旅游业污染治理的资金就更少，而且还没有专门用于旅游业环境污染治理的资金。

第三，缺乏强有力的环境保护和治理监督机制以及严格的惩罚机制，以笔者所在城市为例，虽然有相关法律法规的明令禁止和中央环保巡视组不定时督查，但是仍然大量存在偷排、夜排和排放不达标等问题。

总之，对于旅游业来讲，目前还没有专门针对旅游领域的环境污染治理，而且在旅游环境污染治理的资金投入、制度政策、监管和惩罚机制等方面基本上都是空白。但随着旅游业的持续发展，其所带来的环境污染和生态破坏是客观存在的，并且日益严重，这导致旅游业环境污染的历史问题和新增问题都无法解决，不仅不利于旅游业环境污染治理，反而在很大程度上抑制了旅游业环境污染治理，进而阻碍了旅游业生态效率的提高。

表6-17　2000~2017年中国环境污染治理投资及占GDP比与分项投资占比情况

年份	环境污染治理投资		城镇环境基础设施建设投资		工业污染源治理投资	
	投资总额（亿元）	占比（%）	投资额（亿元）	占比（%）	投资额（亿元）	占比（%）
2000	1010.3	1.02	515.5	51.02	234.8	23.24
2001	1166.7	1.05	655.8	56.21	174.5	14.96
2002	1456.5	1.20	878.4	60.31	188.4	12.94
2003	1750.1	1.27	1194.8	68.27	221.8	12.67
2004	2057.5	1.27	1288.9	62.64	308.1	14.97
2005	2565.2	1.37	1466.9	57.18	458.2	17.86
2006	2779.5	1.27	1528.4	54.99	483.9	17.41
2007	3668.8	1.36	1749.0	47.67	552.4	15.06
2008	4937.0	1.55	2247.7	45.53	542.6	10.99
2009	5258.4	1.51	3245.1	61.71	442.6	8.42
2010	7612.2	1.84	5182.2	68.08	397.0	5.22

续表

年份	环境污染治理投资		城镇环境基础设施建设投资		工业污染源治理投资	
	投资总额（亿元）	占比（%）	投资额（亿元）	占比（%）	投资额（亿元）	占比（%）
2011	7114.0	1.45	4557.2	64.06	444.4	6.25
2012	8253.5	1.53	5062.7	61.34	500.5	6.06
2013	9037.2	1.52	5223.0	57.79	849.7	9.4
2014	9575.5	1.49	5463.9	57.06	997.7	10.42
2015	8806.4	1.28	4946.8	56.17	773.7	8.79
2016	9219.8	1.24	5412.0	58.70	819.0	8.88
2017	9539.0	1.15	6085.7	63.80	681.5	7.14

（5）旅游业人力资源水平。表6-12中估计结果显示，旅游业人力资源水平的估计系数为正，说明旅游业人力资源水平对地区旅游业生态效率存在正向促进作用，但对旅游业生态效率的正向影响不显著，没有通过10%的显著性检验，这与初善冰和黄安平（2012）、潘兴侠和何宜庆（2014）对生态效率影响因素研究中的结论一致。其原因可能在于：旅游高等院校虽然培养了大量的旅游专业人才，但毕业后只有一部分毕业生进入旅游企业或旅游相关行业工作，而大多数毕业生选择了从事其他行业，从而不能全部转化为旅游业的实际生产力；同时，旅游高等院校的学生毕业后，受地区的薪资水平或行业的就业前景等影响，没有选择进入当地行业或部门工作，更多地选择去经济发展水平更高、就业机会更多和更有利于自身事业发展的省份和城市，如北京、上海、杭州、广州和深圳等大中城市，产生跨地区的旅游人才流动。以上两个原因的存在，导致旅游高等院校的毕业生实际上真正从事旅游行业的人数较少，进而不能显著地促进旅游业生态效率水平的提高。

由图6-3可知，研究期限内，旅游高等院校学生数的年增长率（除了2013~2016年）总体上要高于旅游业从业人员数量的增长率，这进一步证明了旅游高等院校学生只有一部分转化为旅游业从业人员，在数量优势上的损失，减弱了旅游业人力资源对旅游业生态效率的促进程度。

（6）旅游业能源消费结构。表6-12中估计结果显示，旅游业能源消费结构的估计系数为正，且在1%的水平上显著，说明地区旅游业能源消费结构促进了旅游业生态效率水平的提高，也说明了旅游业生态效率的提高有赖于能源

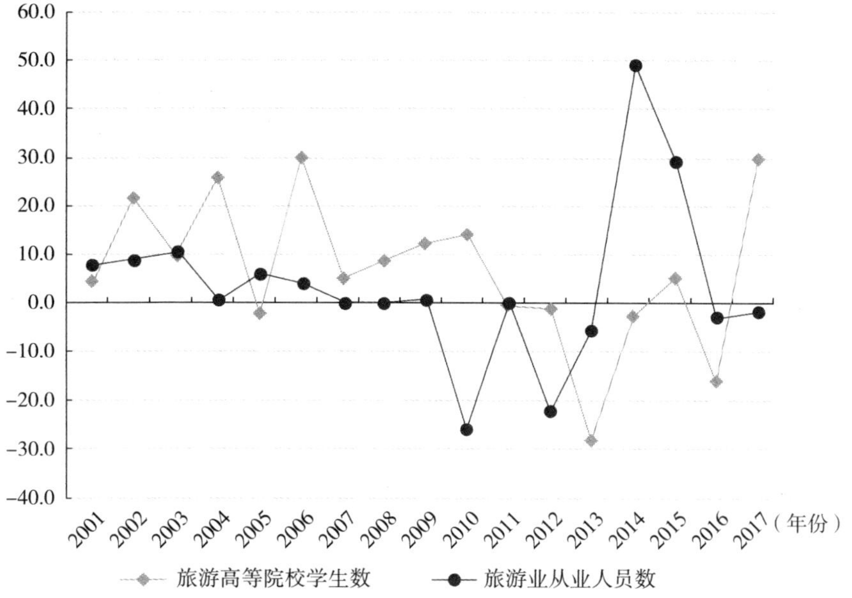

图 6-3 旅游高等院校学生数和旅游业从业人员数的年增长率变化趋势

消费结构的优化调整，这与吴琦和武春友（2010）在对能源效率影响因素研究中的结论相类似。在其他多数学者对生态效率的研究中，如王越（2018）等，一般是以煤炭消费量占比表示能源消费结构来研究对生态效率的影响，得到的结论是两者表现出显著的负相关关系。而本书则选择旅游业电力和热力消费量占旅游业能源消费总量的比重来表示旅游业能源消费结构，这是一个正向指标，即能源消费结构水平越高，越有利于旅游业生态效率的提高。基于国际原油价格和我国的能源赋存情况，目前我国的能源消费仍然是以热效率值低、碳排放系数高的能源为主，且主要是集中在工业各部门使用。第三产业多为服务性行业和部门，以电力和热力等清洁能源消费为主，而旅游业同样是以电力和热力等清洁能源消费为主，这些能源具有热效率值高、碳排放系数低、环境污染小等特点，增加清洁能源的使用，意味着旅游业能源消费总量和碳排放总量的减少，从而有利于促进旅游业生态效率的提高。

第五节 本章小结

旅游业生态效率影响因素的实证研究，可以为地方政府和相关部门的决策提供理论依据，有利于实现旅游业高质、高效和可持续发展，有助于旅游业生态效率的提高。本章通过对相关文献的梳理，从经济发展、产业结构、环境治理、技术进步、旅游业人力资源和旅游业能源消费结构六个方面，分析了各因素对旅游业生态效率的影响机理，并从中选取了六个具体的影响因素指标作为解释变量，以 2000~2017 年中国 30 个省份旅游业生态效率作为被解释变量，在充分考虑旅游业生态效率空间效应的基础上，通过空间相关性检验（LM 检验）与 Hausman 检验，选择合适的空间计量面板数据模型对中国旅游业生态效率的影响因素进行研究，主要得到以下几点结论：

（1）中国旅游业生态效率存在显著的正空间相关性，在空间上呈现出较高的集聚趋势，并不是无规律的随机分布。各省份旅游业生态效率受相邻省份的影响，且生态效率水平相似的省份在地理空间分布上呈现出集聚态势，但空间集聚程度呈现出持续减弱的变化态势。同时，大多数省份的旅游业生态效率总体上呈现出明显的正向空间相关性，旅游业生态效率相似的省份在空间上呈集聚格局分布，以高—高集聚和低—低集聚为主，但旅游业生态效率的区域差异在不断扩大。

（2）空间地理因素对旅游业生态效率具有显著影响。旅游业生态效率空间计量模型的估计结果显示，空间滞后项系数为正，且在 1%的水平上显著，说明空间地理因素是中国旅游业生态效率的重要影响因素。随着地区旅游联盟数量的增多、区域旅游业一体化程度的加深，各省份之间旅游业的联系将更加密切，也必将导致各省份之间旅游业生态效率相互影响作用的增强。

（3）地区经济发展水平与中国旅游业生态效率之间存在显著的倒“U”形曲线关系，符合“库兹涅茨曲线”假说。在不考虑其他变量影响的情况下，中国旅游业生态效率倒“U”形曲线的临界值为 48601 元/人。2000~2017 年绝大多数省份的人均 GDP（基于 2000 年不变价）都远低于旅游业生态效率倒“U”形曲线的临界值，说明在研究期限内我国经济发展水平对旅游业生态效率的提高呈现出明显的促进作用。

（4）地区产业结构中第三产业比重的增加、旅游业生产过程中清洁能源使用的增加会提高旅游业生态效率水平，而地区 R&D 研发经费支出的增加和环境污染治理投资的增加则会降低旅游业生态效率水平，旅游业人力资源水平对旅游业生态效率的提升具有正向影响，但影响程度有限。

第七章　研究结论与对策建议

在“高效率、低成本、可持续”成为产业发展主线的背景下，使用生态效率这一衡量经济与资源环境可持续发展水平的有效工具，对高速增长的中国旅游业开展研究，通过旅游业生态效率测算、时空演变、区域差异、收敛特征及影响因素分析，实现对我国旅游产业可持续发展水平的客观研判，用以支撑产业发展战略的制定和调整，是旅游产业发展的时代需要。

第一节　研究结论

本书立足于我国旅游产业发展的现实需要，以旅游生态效率作为产业可持续发展水平的测量工具，采用含非期望产出的超效率 SBM 模型，从考虑非期望产出和不考虑非期望产出两个角度，测算了 2000~2017 年中国 30 个省份的旅游业生态效率。在此基础上，分析了中国旅游业生态效率的时空演变、区域差异及收敛特征，借助空间计量模型和方法，对旅游业生态效率的影响因素进行了识别和实证研究，进而基于研究中的发现提出促进旅游业可持续发展的对策建议。本书的研究内容和结论主要有以下几个方面：

一、对非期望产出不同处置的中国旅游业生态效率评价

在考虑环境影响的条件下，将旅游业碳排放作为非期望产出纳入传统的旅游业生态效率分析框架，对考虑非期望产出和不考虑非期望产出的 2000~2017 年中国旅游业生态效率水平进行测算和比较，并对在时空演变、区域差异等方面的变化特征和规律进行探析，主要有以下几点结论：

第一，是否考虑旅游业碳排放这一非期望产出对中国旅游业生态效率测算结果有较为显著的影响，不考虑非期望产出的评价结果高估了旅游业生态效率

的实际水平，而考虑了非期望产出的评价结果则更为准确，也更加符合实际情况。①在研究期限内，无论是否考虑非期望产出，全国和东、中、西部三大地区的旅游业生态效率都没有达到生产前沿面，属于相对无效状态，但是在研究期内有少数几个省份的旅游业生态效率处于相对有效状态。②在不考虑非期望产出（旅游业碳排放）的影响下，2000~2017年中国旅游业生态效率均值为0.831，在考虑了非期望产出（旅游业碳排放）的影响后，中国旅游业生态效率均值为0.806，非期望产出造成了0.025的效率损失，损失幅度为3.01%。③不考虑非期望产出和考虑非期望产出对三大地区的旅游业生态效率也产生了影响，在考虑非期望产出的影响后，三大地区的旅游业生态效率都产生了一定幅度的效率损失，且在受影响程度上的差异较为明显，中部地区旅游业生态效率受非期望产出的影响最大（损失幅度为4.50%），西部地区次之（损失幅度为4.18%），东部地区最小（损失幅度为1.73%）。④不考虑非期望产出和考虑非期望产出对各省份旅游业生态效率同样产生了影响，且对各省份的影响程度不同，在考虑了非期望产出的影响后，旅游业生态效率相对有效的省份由7个减少到5个，且其旅游业生态效率都有一定程度的损失。

第二，从时空演变特征来看，①从时间变化情况来看，在不考虑非期望产出和考虑非期望产出的两种情形下，2000~2017年全国、东西部地区的旅游业生态效率都呈现出波动变化中下降的态势，东部地区和全国的变化情况基本一致，西部地区的具体变化情况又与全国和东部地区不同，而中部地区的旅游业生态效率总体上呈现出波动变化中上升的态势。②从空间变化情况来看，在不考虑非期望产出和考虑非期望产出的两种情形下，2000~2017年中国旅游业生态效率整体上都呈现出较为明显的空间梯级变化趋势，表现出较为显著的“东部高、中部次之、西部低”逐级递减的空间集聚分布特征，不同之处在于考虑非期望产出后空间等级类型数量上的变化。而在考虑非期望产出的情况下，各省份旅游业生态效率的等级类型在空间分布变化上的差异较大。

第三，从区域差异情况来看，①中国旅游业生态效率的总体差异、区域内差异和区域间差异整体上都呈现出波动变化中持续扩大的态势，区域内差异是导致总体差异的主要原因，但其对总体差异的影响程度在逐渐减弱，而区域间差异对总体差异的影响程度则在缓慢增强。②西部地区内省份间旅游业生态效率差异最大，且大于全国省份间差异，是造成区域内差异的主要原因；东部地区内省份间旅游业生态效率差异次之；而与东西部地区相比，中部最小。

第四，从考虑非期望产出的旅游业生态效率分解来看，①从国家层面来看，现阶段中国旅游业发展过程中存在劳动力、资金和能源等要素投入冗余和资源利用效率较低等问题，导致旅游业产出不足和环境污染排放过多，进而导致旅游业生态效率水平较低，需要从资源利用效率、从业人员素质和管理技术水平等方面进行提升和改善。②从区域层面来看，东部地区旅游业能源消费量和旅游业碳排放增长过快，且存在固定资产投资、从业人员数、床位数等冗余率过高的问题；中部地区基本不存在投入要素冗余的问题，但是资源利用率较低；西部地区旅游业生态效率低下的主要原因在于投入要素不足，且资源利用率较低。另外，从纯技术效率大小来看，总体上是东部>西部>全国>中部，而从规模效率大小来看，总体上是中部>东部>全国>西部。

二、基于两类收敛模型的中国旅游业生态效率收敛分析

借助经济领域收敛的相关理论和方法，对我国各省份旅游业生态效率差异水平及其动态演变趋势进行分析。由于传统的四类收敛模型都暗含各地区具有相同生产技术水平的假设，忽略了地区间生产技术水平上的差异，检验结果可能会与实际情况之间存在一定的偏差，使用传统收敛模型是不合适的。因此，需要采用基于异质性假设的 PS 收敛模型对旅游业生态效率的收敛特征进行检验分析，并进一步借助核密度函数估计，分析中国旅游业生态效率的动态演变趋势，主要有以下几点结论：

第一，基于同质性假设的传统四类收敛模型的检验结果显示，中国及东、中、西部地区旅游业生态效率不存在 σ 收敛，但是存在绝对 β 收敛、条件 β 收敛和随机收敛。

第二，基于异质性假设的 PS 收敛模型检验结果显示，中国 30 个省份旅游业生态效率不存在整体收敛，但存在四个初始收敛类型，而且初始类型合并检验结果表明无法进行相互合并，即存在四个俱乐部收敛类型。这四种类型的旅游业生态效率相对转移路径存在一定的差异，类型Ⅰ和类型Ⅱ旅游业生态效率处于较高水平，且都较为稳定；而类型Ⅲ和类型Ⅳ与全国均值相比，旅游业生态效率均低于全国平均水平，其相对转移路径值均小于 1.0，使全国旅游业生态效率水平在研究期内处于较低水平，且在总体上呈现出下降的变化态势。

第三，核密度函数估计的长期动态分布结果显示，中国旅游业生态效率的核密度曲线呈现出较为明显的“双峰”分布态势，具有“两极分化”趋势，且波峰随时间的演进逐渐降低，而波峰的跨度逐渐变宽，这些都说明中国旅游

业生态效率差距在扩大，并未呈现出收敛性特征。

三、中国旅游业生态效率影响因素的空间计量实证研究

在现实中每个省份都不是独立存在的，都会与其他省份发生经济与社会各方面的交流、竞争与合作。旅游业是资源、环境依托型产业，相邻省份在旅游资源类型及旅游业生产技术等方面存在相似性。随着地区旅游联盟的不断出现和区域旅游一体化的发展，相邻省份间旅游业的联系会更加密切，而相应地，的空间溢出效应也会更加明显。基于此，本书尝试采用空间计量模型，并充分考虑旅游业生态效率的空间效应，对中国旅游业生态效率的空间相关性及影响因素进行了分析，主要有以下几点结论：

第一，中国旅游业生态效率存在显著的正空间相关性，在空间上不是无规律的随机分布，各省份旅游业生态效率受相邻省份的影响，且生态效率水平相似省份在地理空间分布上呈现出集聚态势，但其空间集聚程度呈现出持续减弱的变化态势；同时，旅游业生态效率相似的省份在空间上呈集聚格局分布，以高—高集聚和低—低集聚为主，但是旅游业生态效率的区域差异在不断扩大。

第二，中国旅游业生态效率在空间分布上存在着显著的正相关关系，说明空间地理因素对旅游业生态效率具有显著的正向影响。而且随着地区旅游联盟数量的增多、区域旅游业一体化程度的加深，各省份之间旅游业的联系将会更加密切，也必将导致各省份之间的旅游业生态效率相互影响、相互依赖的增强。

第三，地区经济发展水平与中国旅游业生态效率之间存在显著的倒“U”形曲线关系，符合“库兹涅茨曲线”假说。中国旅游业生态效率倒“U”形曲线的临界值为48601元/人，2000~2017年绝大多数省份的人均GDP都远低于倒“U”形曲线的临界值，在不考虑其他变量影响的情况下，研究期限内我国经济发展水平对旅游业生态效率的提高呈现出明显的促进作用。

第四，地区产业结构中第三产业所占比重的增加、旅游业生产过程中清洁能源使用的增加会提高旅游业生态效率水平，而地区R&D研发经费支出的增加和环境污染治理投资的增加则会降低旅游业生态效率水平，旅游业人力资源水平对旅游业生态效率的提升具有正向影响，但影响程度有限。

第二节　对策建议

根据本书对中国30个省份旅游业生态效率的评价结果和影响因素的计量回归结果，从经济发展、产业结构、技术进步、环境治理、旅游人力资本和旅游业能源消费结构等角度，探索我国旅游业生态效率提升的对策建议。

一、促进经济转型，实现旅游经济的高质量发展

当前，中国旅游业生态效率与经济发展水平之间存在显著的倒“U”形曲线关系（见第六章第四节影响因素估计结果分析的相关内容）。现阶段，经济增长对旅游生态效率的促进作用显著，但随着我国经济的持续增长，其对旅游业生态效率的抑制作用开始显现出来。长期来看，经济发展水平阻碍了旅游业生态效率的提高。究其原因，一方面是我国经济发展一直处于粗放型发展阶段，带来的严重资源损耗和环境破坏同样对旅游业造成了负面影响；另一方面是旅游业自身发展过程中同样存在片面追求旅游GDP增长的现实，以优质景观资源、资金和化石能源等各项投入要素的大量消耗为代价的“粗放式”，乃至“掠夺式”发展，造成了旅游地资源的破坏和生态环境质量的下降，进而导致旅游业生态效率水平较低。因此，一方面必须加快经济转型，追求经济的高质量发展；另一方面要树立科学的旅游发展观，实施旅游业绿色发展模式，实现旅游业的可持续发展。

从国家层面来讲，促进经济转型，在可持续发展理念指导下，努力提高资源利用效率，大力发展循环经济，建立国民经济“绿色GDP”核算体系。在生态文明建设方针指导下，重视资源损耗和环境破坏等问题，强化生态环境保护和治理力度，建立“源头严控为主、末端重治为辅”的环境治理模式。坚持走“高效率、低成本、高质量、可持续”的经济发展方式，实现经济发展和资源环境的协调、共赢发展，最终走上绿色生产和绿色治理相结合的生态经济发展之路。

从旅游业自身发展来讲，在当今发展生态经济和建设生态文明理念成为时代主流的形势下，同样必须要转变传统的旅游发展方式，探索和选择符合生态

文明建设要求的新型旅游发展方式，实现旅游经济的高质量发展。

（1）宏观层面的旅游业发展战略顶层设计。在国家层面牢固树立科学的旅游发展观，以可持续发展作为旅游业的发展理念和发展方向，并将可持续旅游发展上升到国家战略高度。大力倡导“绿色旅游 GDP”，并将其纳入各级地方政府及旅游相关部门的工作考核。

（2）中观层面的旅游产业融合和集群发展。以文化和旅游融合发展为契机，加快推进“旅游+”和“+旅游”发展，依托旅游业关联性、带动性强的产业特点，促进与相关产业和行业的融合发展。着力打造旅游产业集群，重点加快各种类型的旅游产业园区建设，实现旅游资源和投入要素的合理流动和优化配置。通过对旅游“六要素”的有机整合，提高旅游资源利用效率，全面提升旅游经济的发展水平和发展质量。

（3）微观层面的旅游利益相关者的环保宣教。作为旅游活动的直接参与者，当地社区居民和旅游者的低碳环保意识、知识和行为直接关系到旅游资源和生态环境保护效果的好坏。因此，应加强宣传教育，强调生态环境保护的重要性，提高旅游者的关注度，倡导绿色消费、低碳出行，积极引导和培育旅游者的友好环境行为，降低旅游者对旅游地的环境压力。①构建全社会旅游低碳环保主流消费意识和价值观。从国家层面，以官方的形式，向全社会宣讲低碳旅游和旅游生态环境保护的重要性，并呼吁和倡导社会公众积极参与到旅游生态环境保护中，还要积极向旅游者倡导低碳旅游消费方式，尽快在全社会形成低碳旅游和生态环境保护的主流社会消费意识和主流价值观倾向。②开展各种形式的旅游环保宣传教育活动。旅游管理部门及相关组织，应积极开展官方和非官方的环保活动，如举办旅游环境保护知识竞赛、演讲比赛等活动，向旅游者进行相应的低碳环保教育。还可以开展多渠道、多形式的宣传教育活动：一是借助政府及旅游相关部门官网、微信公众号、智慧旅游平台、知名旅游网站、国内知名媒体平台、电视广播平台、知名旅游杂志和知名社会公众人物微博等渠道，向旅游者和社会大众传播低碳旅游和环保知识；二是邀请和组织大中小学校学生、新闻媒体、社区居民等来旅游景区，通过亲身体验低碳旅游，在旅游活动实践中接受低碳环保教育；三是在旅游景区内通过告示牌、介绍牌、宣传册、现场讲解等形式，对旅游者进行低碳环保和生态教育。

二、调整三产结构，加快旅游产业结构转型升级

由第六章影响因素的影响机理和实证分析结果可知，产业结构对中国旅游

业生态效率具有显著的正向促进作用，是旅游业生态效率提高的重要助力。因此，应加快产业结构调整和优化升级，特别是着力发展第三产业，对旅游业生态效率水平的提高至关重要。从研究期内第三产业占比来看，总体上呈现出上升的趋势，特别是从2013年开始反超第二产业占比，但是与发达国家相比，第三产业占比仍然较低，产业结构有待进一步调整和优化。因此，一方面要加快产业结构调整，着力加快第三产业发展，提高旅游业在第三产业中的比重；另一方面要对旅游产业结构进行调整，减少旅游相关行业在第三产中的占比，从而减少旅游业能源消耗和碳排放，进而提高旅游业生态效率水平。

从国家层面来讲，加快产业结构调整和优化升级，要大力发展第三产业，继续增加第三产业占比。积极发展资源节约型和环境友好型产业，如重点加大对金融保险、旅游、科教文卫等服务性产业的扶持和发展力度。

从旅游业自身发展来讲，现阶段中国旅游产业结构仍然是传统的旅游六部门结构，仍然是以旅游交通、酒店部门占比为主，旅游购物和娱乐只占很小的比重，与发达国家相比差距较大。因此，要加快旅游产业结构的调整和优化升级，重点增加旅游购物、休闲娱乐部分的占比，可以通过旅游产品结构、旅游消费结构的调整以及新型旅游业态培育等方面进行。

（1）从旅游产品结构调整上。尽快实现从观光旅游产品向休闲度假旅游产品的转变，改变以大众观光旅游产品为主的旅游产品结构，实施“旅游+”战略，借助其他产业的人力资源和技术来提升旅游业服务能力；依托旅游多产业融合，依托其他产业资源来扩大旅游资源的内涵和外延，积极开发体育、商务、温泉、疗养、度假、科普、会展、研学、徒步旅行等环境友好型旅游产品。

（2）从旅游消费结构升级上。通过采取多种措施来延长旅游者在一地的停留时间，进而减少在旅游交通上的花费，也就意味着减少了因多次和长距离交通往返所需的能源和造成的碳排放，虽然单位旅游交通的经济收益减少了，但是提高了旅游业生态效率水平。增加旅游者的购物、休闲娱乐的消费比重，因为旅游业中商品销售部门和休闲娱乐部门相比旅游交通部门，其能源消耗和碳排放微乎其微。

要增加旅游购物的消费，主要可以从旅游商品着手：一是要巩固发展传统的旅游商品，如农副土特产品，注重提高档次、质量和地方特色；二是要加大对旅游商品的研发投入，积极开发科技、文化含量高的旅游新型商品，丰富旅游商品类型；三是要深入挖掘旅游地文化内涵，坚持差异化开发，避免旅游商品的仿制和雷同，多在增加其收藏和艺术价值上做文章。

（3）从新型旅游业态培育上。基于产业融合发展，通过与第一、第二、第三产业的融合，并借助低碳技术的使用，积极培育低碳旅游新业态，主要涉及旅游设施制造、绿色交通工具制造、绿色饭店建设等方面。

三、加大科研投入，有针对性地向旅游领域倾斜

由第六章影响因素实证分析结果可知，地区技术进步水平对中国旅游业生态效率有显著的负向抑制作用。究其原因，一方面是由于我国整体的技术水平较低，低碳环保技术不够成熟；另一方面是尚无对旅游领域的研发经费投入，且某些技术和设备的使用，对旅游生态环境造成了较为严重的破坏。因此，必须要采取有针对性的措施，使地区技术进步对旅游业生态效率产生正向促进作用。

从国家层面来讲，继续增加对研发经费的投入，加大对技术引进和技术创新的支持力度，并引导研发经费重点投向节能环保、新能源开发和清洁生产等项目；同时，加强对研发投入经费的监管，确保投入经费能真正用于技术研究。

从旅游业层面来讲，应尽快改变目前旅游领域在研发经费投入、新技术、新设备引进和利用等方面严重缺失的现状，研发和引进适合旅游业生产特征的技术和设备，发挥技术和设备在生产环节和污染治理环节的积极作用，让技术真正服务于旅游业，从而促进旅游业生态效率的提高。

（1）加大旅游领域技术进步的各项投入。从国家和地方来讲，应考虑研发经费投入向旅游领域倾斜，有条件的地区可以建立旅游业技术研发的专项基金，不断增加对旅游业和旅游相关行业的研发投入，逐步增强旅游领域的技术实力，并加快旅游领域技术向现实生产力的转化。

（2）加快传统旅游领域的低碳技术改造。有针对性地加大适合旅游业的技术和设备研发、引进与创新，避免某些不成熟技术和某些对生态环境造成破坏的大型设备用于旅游领域。在新技术、新设备和新材料引进和使用方面，积极引入并推广低碳环保、清洁生产等技术对旅游饭店、旅游交通等行业的技术提升与改造，大力推行绿色交通、绿色酒店建设。加快对各类旅游基础和服务设施的低碳环保技术或低碳环保材料的改造，如低碳环保交通设施，包括电瓶车、新能源汽车等；低碳环保住宿设施，包括低碳酒店、房车营地等。另外，旅游领域的新能源和环保新材料的使用，可以有效减少旅游生产活动中对环境

的污染和破坏。

（3）深化信息技术在旅游领域的推广应用。在大数据时代，旅游个性化发展，也越来越依赖于信息技术的发展和应用。依托信息技术搭建智慧旅游平台，可以有效减少旅游景区管理的人、财、物等的消耗，提高服务水平和服务质量，进而提高旅游者的旅游体验。借助信息技术可以实现区域旅游信息共享，有利于资源的合理流动和有效配置，可以促进区域旅游业的协调发展，提高旅游业发展水平。

四、强化环境治理，完善旅游生态环境保护机制

由第六章影响因素实证分析结果可知，环境治理并没有提高地区旅游业生态效率水平，反而起到了负向抑制作用。究其原因，一方面是真正用于环境污染治理的资金严重不足，治理效果不尽如人意，且尚无资金投入用于旅游生态环境的污染治理；另一方面是在旅游业发展过程中，因片面追求经济效益、相关法律缺失、旅游项目环评不严等问题导致的环境污染日益严峻。因此，必须要采取有针对性的措施，使环境治理对旅游业生态效率产生正向促进作用。

从国家层面来讲，要不断增加环境污染治理投资数额，确保有充足的资金真正用于污染治理，划拨专项治理资金用于旅游生态环境的污染治理，努力提高环境污染治理投资效率，并加强环境治理的监管和惩罚力度。

从旅游业层面来讲，应尽快改变旅游生态环境污染治理在立法、资金投入、项目环评、环境监测等方面的欠缺和不足，尽量减少和避免旅游业发展过程中对环境造成的负面影响，以保护旅游业赖以生存和发展的资源和生态环境，进而提高旅游业生态效率水平和确保旅游业的可持续发展。

（1）加强旅游生态环境保护的法律体系建设。认真对接目前与旅游相关的各项法律法规，如《环境保护法》《文物保护法》《水污染防治法》等。尽快建立以国家层面的《旅游环境保护法》为主体的法律法规体系，各地方政府据此来制定符合本地区旅游业发展实际情况的地方旅游环境保护法，做到旅游生态环境保护有法可依、执法必严和违法必究。

（2）加大旅游资源环境保护的资金投入。在有旅游环境污染治理资金投入的前提下，确保专款专用，有条件的还可以建立旅游环境污染治理专项基金，重点用于水体、森林、山地等旅游自然环境的污染治理和生态保护。同时，也要加强对地区社会人文环境的保护，避免过度商业化和对当地社区居民生活环境的侵扰。

（3）执行严格的旅游项目环境影响评价。地方政府和环保部门要努力做到从源头把控，要求所有的旅游开发项目必须严格执行可行性研究和环境测评制度，项目评审要有政府和环保部门的参加，并引进公众参与制度，坚决制止有损资源和环境的旅游项目开工建设。地方旅游主管部门和环保部门应积极推广旅游景区环境管理体系认证，打造标准化环境管理景区，争取通过ISO14000环境质量认可，营造良好的旅游环境。

（4）完善旅游环境监测与危机管理机制。完善国家、地方和旅游景区三级旅游环境监测指标系统，重点针对在旅游开发和经营过程中的地表水、大气、噪声等环境，严格按照相关国家标准中的指标数据进行监测，努力做到防患于未然。同时，建立基于旅游环境指标监测数据的旅游环境危机管理机制，针对水面污染、大气污染、生态环境遭到破坏、公共饮食卫生事件、森林火灾、自然灾害等各类环境危机状况。加强危机的预警机制建设，制定各类危机应急预案，并进行必要的各类危机处理演习或演练，提高处理旅游环境危机事件的应急能力。

五、重视旅游业人力资源建设，打造高素质旅游人才队伍

旅游业属于劳动密集型产业，人力资源是旅游业绿色、低碳和可持续发展的关键资源。由第六章影响因素实证分析结果可知，旅游业人力资源水平对地区旅游业生态效率存在正向促进作用，但是对旅游业生态效率的正向影响不显著，其原因主要在于真正从事旅游行业工作的旅游人力资本数量不足。因此，应在保证旅游人力资源储备充足的前提下，吸引更多的旅游人才进入旅游各行业工作，真正发挥旅游人力资源在提高管理水平、传播低碳环保理念、使用新技术和新设备等方面的积极作用，进而促进旅游业生态效率的提高。

（1）制定旅游行业人才战略规划，确保旅游业人力资源储备充足。国家及地方各级旅游主管部门，应全面了解当前我国和各地区旅游行业的人才需求和人才储备情况，并有效评估未来的人才需求与供需状况，制定旅游行业的人才战略规划。建立区域旅游人才流动配置和资源共享机制，加快调整和优化旅游人才的行业和空间结构，最大限度地发挥旅游业人力资源水平对旅游业经济发展和生态效率提升的促进作用。

（2）建立科学的旅游人才管理机制，确保人力资本向现实生产力转化。各级旅游主管部门应尽快建立一整套的旅游人才培养、引进、管理、激励的长效机制：一是建立和完善有利于优秀人才健康成长和脱颖而出的人才管理机

制；二是建立完善人尽其才、才尽其用的人才激励机制；三是建立校企“产学研用”一体化的人才培养机制；四是建立和完善就业扶持和就业优待的人才引进机制，使旅游人才可以进入旅游工作岗位就业，真正服务于旅游各行业，为旅游业高质、高效和可持续发展提供人才保障和智力支持。

（3）多措施培养各类旅游人才，加快旅游高素质人才队伍建设。加强各级旅游部门及相关部门分管领导和工作人员等高层次管理者的培养以及新兴业态经营者和职业经理人的培养；积极推进校企合作，重视对熟悉旅游行业发展的综合性和复合型人才的培养，推行“订单制”旅游人才培养方式，重点加强旅游运营管理、创意策划、产品设计、经营服务和行业监管等旅游人才的培养，加强课程理论和实训相结合，努力提高旅游人才的业务技能和综合素质水平；举办国家、省级范围内的旅游管理人员和从业人员研修班、培训班，并组织优秀人才跨地区参加业务培训、交流、学习考察，提升一线管理人员、从业人员素质，努力打造一支高素质、专业化、职业化的旅游一线人才队伍；另外，还要和知名高等院校、科研机构、旅游企业联系，吸纳著名专家、教授和企业精英组建国家及地方旅游人才专家库，全面发挥专家、学者对中国及各省份旅游发展的智力支持和示范引领作用；同时，要加大对本土传统文化继承人的发掘和培养，特别是非物质文化遗产项目传承人，鼓励和引导广大群众参与旅游业发展。

六、优化旅游业能源消费结构，增加清洁能源的消费比重

旅游业作为资源和环境依托型产业，虽然具有低消耗、低排放、高产值的特点，但在生产过程中仍然需要消耗大量的能源。由第六章影响因素的影响机理和实证结果分析可知，旅游业能源消费结构对旅游业生态效率具有显著的促进作用，有利于旅游业生态效率的提高。因此，应加快旅游业能源效率结构调整，特别是加大对清洁能源的推广和使用，不但可以减少能源消费总量，还可以减少旅游业碳排放，对旅游业生态效率水平的提高至关重要。

为了提高旅游业生态效率，促进低碳旅游和旅游业的可持续发展，一方面必须加快旅游业能源消费结构调整和优化，降低对煤、石油等高碳能源的依赖，增加清洁能源的使用，减轻旅游环境污染问题；另一方面要支持和引导能源的循环使用，引进和创新能源循环利用技术，提高能源的利用效率，从而达到减少碳排放、提高旅游业生态效率的目的。旅游业能源消费结构的调整和优化，还需要旅游者、旅游企业和旅游社区的配合和支持。

（1）对于旅游者来讲，应选择低碳环保的旅游消费方式，如选择徒步、自行车和公共交通工具等低碳的旅游交通方式，选择带有环保标签的绿色旅游酒店等，尽可能减少能源消耗和对环境的不利影响。

（2）对于旅游企业来讲，在生产方式和经营方式上应尽可能地坚持生态化和低碳化，通过技术引进、技术创新和清洁能源的使用等多种措施，实现节能减排和能源的集约、高效利用。

（3）对于旅游地社区来讲，可以通过减少薪柴、煤炭等燃料的使用，多使用清洁能源，不使用一次性餐饮工具等方式，减轻对旅游环境的压力，助力可持续旅游发展。

第三节　研究不足与展望

一、不足之处

旅游生态效率研究整体而言，是一个较新的研究主题。在选题和写作过程中，笔者阅读了大量生态效率和旅游领域生态效率的文献，基于这些研究基础，对我国旅游业生态效率进行了评价，并对时空演变、区域差异、收敛特征和影响因素进行了分析。尽管笔者在研究过程中竭智而为，力图拓展旅游生态效率研究的深度，丰富其研究内容和方法，但客观来说，本书仍然存在不少遗憾之处，期望能在后续的研究中得以改善。本书研究的不足之处，主要包括以下几点：

（1）在评价指标选取上，本书基于投入产出视角来构建旅游业生态效率的评价指标体系，从旅游业生态效率的内涵出发，结合旅游业的产业特征，选取了5个投入指标和3个产出指标，受研究现状和笔者研究水平所限，在投入和产出指标选取的代表性和全面性上可能存在欠缺。另外，由于目前没有针对旅游业“三废”数据的专门统计，同时学术界现有的旅游业“三废”数据获取方法也不甚科学和完善，本书只选取了旅游业碳排放作为非期望产出指标，并借鉴了目前学术界较为认可的“旅游消费剥离系数法”来获取数据，同样可能在非期望产出指标选取的代表性和全面性上存在欠缺。

（2）在影响因素研究上，由于目前学术界还没有形成对旅游业生态效率影响因素研究的完整体系，而且关于旅游领域生态效率影响因素研究的现有成果也很少。本书主要通过借鉴现有关于生态效率影响因素的研究成果，结合旅游业生态效率的内涵及评价指标，选择了6个旅游业生态效率的影响因素。但是旅游业具有关联性、带动性强的产业特征，使旅游业生态效率在宏观、中观和微观层面上的影响因素有很多，所以很难涵盖所有影响因素，而且对于一些无法量化的指标，如产业政策、游客满意度等，也没有将其纳入本书研究。

（3）在提出的对策建议上，本书主要从国家层面提出了促进旅游业生态效率提高的对策建议，属于比较宏观的对策建议，并没有针对区域和各个省份提出具体的政策建议，而且提出的对策建议受到笔者自身能力和视野限制，可能在实操性上有所欠缺。

二、研究展望

基于本书的研究结论和存在的不足，在今后的研究中可以从以下几个方面进行补充和完善：

（1）在旅游业生态效率的评价方法上，目前基于DEA模型的评价方法是主流方法，应尝试使用单一比值法和不同的模型法（SFA）对中国30个省份及东中西三大地区旅游业生态效率进行测算，并与本书的测算结果进行比较分析。

（2）在旅游业生态效率的研究尺度上，由于目前旅游业统计数据的可获性和获取方法的科学性存在不足，旅游领域的生态效率研究多集中在省域空间尺度，未来可以尝试将研究向中观、微观层面深入，对经济区（带、圈）或地级市以上城市，甚至是各种类型的旅游景区开展研究，如将集中国东中西部地区旅游业最为发达省份的长江经济带作为研究对象，或者以中部六省82个地级以上城市为研究对象，或是将资源地理环境不同的自然、人文旅游景区纳入研究，对其旅游业生态效率进行研究，将会获得更为科学和丰富的研究成果。

（3）在旅游业生态效率的研究内容上，本书是从产业的角度，将旅游业作为研究对象，下一步可以考虑继续对旅游业三大支柱行业，即交通、酒店和旅行社的生态效率进行研究，通过评价分析三大行业的生态效率差异情况，有助于厘清各行业对旅游业生态效率的影响程度，可以为旅游产业结构调整和优化升级提供方向更明确的数据参考。

参考文献

[1] Abbott A, Vita G D, Altinay L. Revisiting the convergence hypothesis for tourism markets: Evidence from Turkey using the pairwise approach [J]. Tourism management, 2012, 33 (3): 537-544.

[2] Aigner D, Lovell C A K, Schmidt P. Formulation and estimation of stochastic frontier production function models [J]. Journal of Econometrics, 1977, 6 (1): 21-37.

[3] Alfonso Aranda Usón, Capilla A V, Ignacio ZabalzaBribián, et al. Energy efficiency in transport and mobility from an eco-efficiency viewpoint [J]. Energy, 2011, 36 (4): 1916-1923.

[4] Andersen P, Petersen N C. Aprocedure for ranking units in data envelopment analysis [J]. Management Science, 1993, 39 (10): 1261-1264.

[5] Anselin L. Spatial econometrics: Methods and models [J]. Journal of the American Statistical Association, 1990, 85 (411): 160.

[6] Arabi B, Munisamy S, Emrouznejad A, et al. Eco-efficiency considering the issue of heterogeneity among power plants [J]. Energy, 2016, 111 (15): 722-735.

[7] Assaf A G, Josiassen A. Identifying and ranking the determinants of tourism performance: A global investigation [J]. Journal of Travel Research, 2012, 51 (4): 388-399.

[8] Aymond C, Aaron B, Bertha L. Eco-efficiency and SMEs in Nova Scotia, Canada [J]. Journal of Cleaner Production, 2006, 14 (6-7): 542-550.

[9] Banker R D, Charnes A, Cooper W W. Some models for estimating technical and scale inefficiencies in data envelopment analysis [J]. Management Science, 1984, 30 (9): 1078-1092.

[10] Barros C P. Analysing the rate of technical change in the portuguese hotel industry [J]. Tourism Economics, 2006, 12 (3): 325-346.

[11] Basset-Mens C, Ledgard S, Boyes M. Eco-efficiency of intensification scenarios for the milk production in the New Zealand [J]. Ecological Economics, 2009, 68 (6): 1615-1625.

[12] Baunol W. Productivity growth, convergence and welfare: What the long-run date show [J]. American Economic Review, 1986, 76 (5): 1872-1881.

[13] BCSD. Eco-efficiency: Creating more value with less impact [R]. Geneva: WBCSD, 2000.

[14] Becken S, Simmons D G, Frampton C. Energy use associated with different travel choices [J]. Tourism Management, 2003, 24 (3): 267-277.

[15] Botti L, Peypoch N, Robinot E, et al. Tourism destination competitiveness: The French regions case [J]. European Journal of Tourism Research, 2009, 2 (1): 5-24.

[16] Braungart M, Mcdonough W, Bollinger A. Cradle-to-cradle design: Creating healthy emissions-a strategy for eco-effective product and system design [J]. Journal of Cleaner Production, 2007, 15 (13-14): 1337-1348.

[17] Bruijn D K, Dirven R, Eijgelaar E, et al. Travelling large in 2011. The carbon footprint of Dutch holidaymakers in 2011 and the development since 2002 [J]. Inorganic Chemistry, 2013, 38 (11): 2809-2811.

[18] Camarero M, Castillo-Gimenez J, Picazo-Tadeo A J, et al. Is eco-efficiency in greenhouse gas emissions converging amongthe European Union countries? [J]. Empirical Economics, 2014, 47 (1): 143-168.

[19] Camarero M, Castillo J, Andrés J. Picazo-Tadeo, et al. Eco-efficiency and convergence in the OECD countries [J]. Environmental and Resource Economics, 2013, 55 (1): 87-106.

[20] Carlino G, Mills L. Are US regional incomesconverging? A time series analysis [J]. Journal of Monetary Economics, 1993, 32 (2): 335-346.

[21] Carlino G, Mills L. Convergence and the US states: A time series analysis [J]. Journal of Regional Science, 1996, 36 (4): 597-616.

[22] Charnes A, Cooper W W, Rhodes E. Measuring the efficiency of decision-making units [J]. European Journal of Operational Research, 1978, 2 (6): 429-444.

[23] Choi C Y. Searching for evidence of long-run PPP from a post-Bretton Woods panel: Separating the wheat from the chaff [J]. Journal of International Money and Finance, 2004, 23 (7-8): 1159-1186.

[24] De Marco, Luisa, Franco G, Magrini A. Guidelines foreco-efficiency in the UNESCO site of Cinque Terre: An example of good practice [M]. Built Heritage: Monitoring Conservation Management, 2015.

[25] Dyckhoff H, Allen K. Measuring ecological efficiency with data envelopment analysis [J]. European Journal of Operational Research, 2001, 132 (2): 312-325.

[26] Dymond J R. Tourism and ecosystem services in New Zealand [M]. New Zealand: Manaaki Whenua Press, 2014.

[27] Egilmez G, Park Y S. Transportation related carbon, energy and water footprint analysis of U. S. manufacturing: An eco-efficiency assessment [J]. Transportation Research Part D: Transport and Environment, 2014, 32 (7): 143-159.

[28] Evans P, Karras G. Convergence revisited [J]. Journal of Monetary Economics, 1996, 37 (2): 249-265.

[29] Fuchs M. Strategy development in tourism destination: A DEA approach [J]. Poznan University Economics Review, 2004, 4 (1): 52-73.

[30] George A, Alexander J. Identifying and ranking thedeterminantsof tourism performance [J]. Journal of Travel Research, 2012, 51 (4): 388-399.

[31] Goessling S, Peeters P, Ceron J P, et al. The eco-efficiency of tourism [J]. Ecological Economics, 2005, 54 (4): 417-434.

[32] Gssling S. Global environmental consequences of tourism [J]. Global Environmental Change, 2002, 12 (4): 283-302.

[33] Halenur Soysal Kurt. Measuring tourism efficiency of European Countries by using data envelopment analysis [J]. European Scientific Journal, 2017, 13 (10): 31-49.

[34] Holm S O, Englund G. Increased ecoefficiency and gross rebound effect: Evidence from USA and six European countries 1960-2002 [J]. Ecological Economics, 2009, 68 (3): 879-887.

[35] Huppes G, Ishikawa M. A framework for quantified eco-efficiency analysis [J]. Journal of Industrial Ecology, 2005, 9 (4): 25-41.

[36] Islam Nazrul. What have we learnt from the convergence debate? [J]. Journal of Economic Surveys, 2003, 17 (3): 309-362.

[37] José A. Gómez - Limón, Andrés J. Picazo - Tadeo, Ernest Reig - Martínez. Eco-efficiency assessment of olive farms in Andalusia [J]. Land Use Policy, 2012, 29 (2): 395-406.

[38] Kelly J, Haider W, Williams P W, et al. Stated preferences of tourists for eco-efficient destination planning options [J]. Tourism Management, 2007, 28 (2): 377-390.

[39] Kelly J, Haider W, Williams P W, et al. Stated preferences of tourists for eco-efficient destination planning options [J]. Tourism Management, 2007, 28 (2): 377-390.

[40] Kelly J, Williams P. Tourism destination water management strategies: An eco-efficiency modelling approach [J]. Leisure/Loisir, 2007, 31 (2): 427-452.

[41] Kielenniva N, Antikainen R, Sorvari J. Measuring eco-efficiency of contaminated soil management at the regional level [J]. Journal of Environmental Management, 2012, 109 (10): 179-188.

[42] Kuo N W, Lin C Y, Chen P H, et al. An inventory of the energy use and carbon dioxide emissions from island tourism based on a life cycle assessment approach [J]. Environmental Progress & Sustainable Energy, 2012, 31 (3): 1324-1330.

[43] Kuosmanen T, Kortelainen M. Measuring eco - efficiency ofproduction with data envelopment analysis [J]. Journal of Industrial Ecology, 2005, 9 (4): 59-72.

[44] Kytzia S, Walz A, Wegmann M. How can tourism use land more efficiently? A model-based approach to land-use efficiency for tourist destinations [J]. Tourism Management, 2011, 32 (3): 629-640.

[45] Laurent B, Nicolas P, Robinot N, et al. Tourism destinationcompetitiveness: The French regions case [J]. European Journalof Tourism Research, 2009, 2 (1): 5-24.

[46] Lean H H, Smyth R. Are Malaysia's tourism markets converging? Evidence from univariate and panel unit root tests with structural breaks [J]. Tourism E-

conomics, 2008, 14 (1): 97-112.

[47] Li D Z, Hui E C M, Leung B Y P, et al. A methodology for eco-efficiency evaluation of residential development at city level [J]. Building and Environment, 2010, 45 (3): 566-573.

[48] Long X, Zhao X, Cheng F. The comparison analysis of total factor productivity and eco-efficiency in China's cement manufactures [J]. Energy Policy, 2015, 81 (6): 61-66.

[49] Lorenzo-Toja Y, I Vázquez-Rowe, Chenel S, et al. Eco-efficiency analysis of Spanish WWTPs using the LCA plus DEA method [J]. Water Research, 2014, 68 (2015): 651-666.

[50] Meeusen W, van Den Broeck J. Efficiency estimation fromcobb-douglas production functions with composed error [J]. International Economic Review, 1977, 18 (3): 435-444.

[51] Middelaar C E V, Berentsen P B M, Dolman M A, et al. Eco-efficiency in the production chain of Dutch semi-hard cheese [J]. Livestock Science, 2011, 139 (1-2): 91-99.

[52] Miketa A, Mulder P. Energy productivity across developed and developing countries in 10 manufacturing sectors: Patterns of growth and convergence [J]. Energy Economics, 2005, 27 (3): 429-453.

[53] Mérida A L, Carmona M, Congregado E, et al. Exploring the regional distribution of tourism and the extent to which there is convergence [J]. Tourism Management, 2016, 57 (12): 225-233.

[54] Ozcan B, Erdogan S. Are Turkey's tourism markets converging? Evidence from the two-step LM and three-step RALS-LM unit root tests [J]. Current Issues in Tourism, 2017, 20 (4) : 425-442.

[55] Pace R , Barry P. Fast cars [J]. Journal of Statistical Computation & Simulation, 1997, 59 (2): 123-145.

[56] Panopoulou E, Pantelidis T. Club convergence in carbon dioxide emissions [J]. Environmental and Resource Economics, 2009, 44 (1): 47-70.

[57] Patterson M, Mc Donald G. How clean and green is New Zealand tourism? Lifecycle and future envi-ronmental impacts [M]. New Zealand: Manaaki Whenua Press, 2004.

[58] Peeters P, Schouten F. Reducing the ecological footprint of inbound tourism and transport to Amsterdam [J]. Journal of Sustainable Tourism, 2006, 14 (2): 157-171.

[59] Pelletier N , Arsenault N, Tyedmers P. Scenario modeling potential eco-efficiency gains from a transition to organic agriculture: Life cycle perspectives on Canadian canola, corn, soy, and wheat production [J]. Environmental Management, 2008, 42 (6): 989-1001.

[60] Phillips P C B, Sul D. Economic transition and growth [J]. Journal of Applied Econometrics, 2009, 24 (7): 1153-1185.

[61] Phillips P C B, Sul D. Transition modeling and econometric convergence tests [J]. Econometrica, 2007, 75 (6): 1771-1855.

[62] Picazo-Tadeo A J, Castillo-Giménez J, Beltran-Esteve M. An intertemporal approach to measuring environmental performance with directional distance functions: Greenhouse gas emissions in the European Union [J]. Ecological Economics, 2014, 100 (4): 173-182.

[63] Piccinno F, Hischier R, Seeger S, et al. Eco-efficient process improvement at early development stage: Identifying environmental and economic process hotspots for synergetic improvement potential [J]. Environmental Science & Technology, 2018, 52 (10): 5959-5967.

[64] Qiu X, Fang Y, Yang X, et al. Tourism eco-efficiency measurement, characteristics, and its influence factors in China [J]. Sustainability, 2017, 9 (9): 137-162.

[65] Ramli N A, Munisamy S. Eco-efficiency in greenhouse emissions among manufacturing industries: A range adjusted measure [J]. Economic Modelling, 2015, 47 (6): 219-227.

[66] Rashidi K, Shabani A, FarzipoorSaen R. Using data envelopment analysis for estimating energy saving and undesirable output abatement: A case study in the Organization for Economic Co-Operation and Development (OECD) countries [J]. Journal of Cleaner Production, 2015, 105 (10): 241-252.

[67] Reilly J, Williams P, Haider W. Moving towards more eco-efficient tourist transportation to a resort destination: The case of Whistler, British Columbia [J]. Research in Transportation Economics, 2010, 26 (1): 66-73.

[68] Sabine P, Ana S, Matthias S. The greenhouse gas intensity of the tourism sector: The case of Switzerland [J]. Environmental Science & Policy, 2010, 13 (2): 131-140.

[69] Sala-i-Martin X. The classical approach to convergence analysis [J]. The Economic Journal, 1996, 106 (7): 1019-1036.

[70] Schaltegger S, Sturm A. Ecology induced management decision support: Starting points for instrument formation [R]. WWZ - Discussion Paper No. 8914, 1989.

[71] Schmidheiny S. Changing course: A global business perspective on development and the environment [M]. Massachusetts: MIT Press, 1992.

[72] Solarin S A, Lean H H. Nonlinearity convergence of tourism markets in Seychelles [J]. Current Issues in Tourism, 2014, 17 (6): 475-479.

[73] Song M, Li H. Estimating the efficiency of a sustainable Chinese tourism industry using bootstrap technology rectification [J]. Technological Forecasting and Social Change, 2019, 143 (6): 45-54.

[74] Suh S, Lee K M, Ha S. Eco-efficiency forpollution prevention in small to medium-sized enterprises: A case from South Korea [J]. Journal of Industrial Ecology, 2005, 9 (4): 223-240.

[75] Sun, Ya-Yen. A framework to account for the tourism carbon footprint at island destinations [J]. Tourism Management, 2014, 45 (12): 16-27.

[76] Sun Y. Decomposition of tourism greenhouse gas emissions: Revealing the dynamics between tourism economic growth, technological efficiency, and carbon emissions [J]. Tourism Management, 2016, 55 (8): 326-336.

[77] Sun Y Y, Pratt S. The economic, carbon emission, and water impacts of Chinese visitors to Taiwan: Eco-efficiency and impact evaluation [J]. Journal of Travel Research, 2014, 53 (6): 733-746.

[78] Tang C F. Old wine in new bottles: Are Malaysia's tourism markets converging? [J]. Asia Pacific Journal of Tourism Research, 2011, 16 (3): 263-272.

[79] Tan S H, Tan S K. Research note: Are Singapore's tourism markets converging with structural breaks? [J]. Tourism Economics, 2013, 19 (1): 209-216.

[80] Tone K. A slacks-based measure of efficiency in data envelopment analysis [J]. European Journal of Operational Research, 2001, 130 (3): 498-509.

[81] Tone, K. A slacks-based measure of super-efficiency in data envelopment analysis [J]. European Journal of Operational Research, 2002, 143 (1): 32-41.

[82] Tone K. Dealing with undesirable outputs in DEA: ASlacks-based Measure (SBM) approach [J]. North American Productivity Workshop, 2004, 6 (23-25): 44-45.

[83] Zhang B, Bi J, Fan Z, et al. Eco - efficiency analysis of industrial system in China: A data envelopment analysis approach [J]. Ecological Economics, 2008, 68 (1-2): 306-316.

[84] Zhang J J, Joglekar N, Heineke J, et al. Eco-efficiency of service co-production connecting eco-certifications and resource efficiency in US hotels [J]. Cornell Hospitality Quarterly, 2014, 55 (3): 252-264.

[85] 毕斗斗，王凯，王龙杰，等．长三角城市群产业生态效率及其时空跃迁特征 [J]. 经济地理，2018，38 (1): 166-173.

[86] 曹芳东，黄震方，吴江，等．城市旅游发展效率的时空格局演化特征及其驱动机制——以泛长江三角洲地区为例 [J]. 地理研究，2012，31 (8): 1431-1444.

[87] 曹芳东，黄震方，徐敏，等．风景名胜区旅游效率及其分解效率的时空格局与影响因素——基于 Bootstrap-DEA 模型的分析方法 [J]. 地理研究，2015，34 (12): 2395-2408.

[88] 曹芳东，黄震方，徐敏，等．风景名胜区旅游增长的非均衡性及其收敛研究 [J]. 地理与地理信息科学，2015，31 (6): 114-119.

[89] 曹芳东，黄震方，余凤龙，等．国家级风景名胜区旅游效率空间格局动态演化及其驱动机制 [J]. 地理研究，2014，33 (6): 1151-1166.

[90] 曹妍雪，李树民．中国旅游经营效率的空间差异及其驱动因素 [J]. 统计与决策，2018，34 (3): 99-103.

[91] 查建平，王挺之．环境约束条件下景区旅游效率与旅游生产率评估 [J]. 中国人口·资源与环境，2015，25 (5): 92-99.

[92] 查建平．中国低碳旅游发展效率、减排潜力及减排路径 [J]. 旅游学刊，2016，31 (9): 101-112.

[93] 陈傲．中国区域生态效率评价及影响因素实证分析——以 2000—

2006 年省际数据为例 [J]. 中国管理科学, 2008, 16 (S1): 566-570.

[94] 陈飞, 诸大建. 低碳城市研究的理论方法与上海实证分析 [J]. 城市发展研究, 2009, 16 (10): 71-79.

[95] 陈梅, 赵炜涛. 新型城镇化下的旅游业与生态效率关系——以长江中游城市群为例 [J]. 旅游学刊, 2018, 33 (3): 89-97.

[96] 陈雯. 中国区域生态效率时空测度及影响因素研究——基于新型城镇化的视角 [J]. 福建师范大学学报 (哲学社会科学版), 2017 (3): 8-15, 167.

[97] 陈武新, 吕秀娟. 中国区域生态效率差异的实证分析 [J]. 统计与决策, 2009, 283 (7): 107-108.

[98] 陈晓红, 陈石. 企业生态效率差异及技术进步贡献——基于要素密集度视角的分位数回归分析 [J]. 清华大学学报 (哲学社会科学版), 2013, 28 (3): 148-157, 161.

[99] 陈晓红, 周宏浩. 城市精明发展与生态效率的协同测度及交互响应——以中国 276 个地级以上城市为例 [J]. 地理研究, 2019, 38 (11): 2653-2665.

[100] 陈晓红, 程鑫. 产业两型化发展效率测算及影响因素——基于面板数据的经验分析 [J]. 系统工程, 2013, 31 (6): 100-107.

[101] 陈莹, 吴秀兰. 土地集约利用与生态效率的耦合协调发展研究 [J]. 长江流域资源与环境, 2019, 28 (5): 1025-1035.

[102] 陈真玲. 生态效率、城镇化与空间溢出——基于空间面板杜宾模型的研究 [J]. 管理评论, 2016, 28 (11): 66-74.

[103] 陈作成, 龚新蜀. 西部地区产业系统生态效率测评与影响因素分析 [J]. 中国科技论坛, 2013 (10): 49-55.

[104] 成刚. 数据包络分析方法与 MaxDEA 软件 [M]. 北京: 知识产权出版社, 2014.

[105] 程晓娟, 韩庆兰, 全春光. 基于 PCA-DEA 组合模型的中国煤炭产业生态效率研究 [J]. 资源科学, 2013, 35 (6): 1292-1299.

[106] 初善冰, 黄安平. 外商直接投资对区域生态效率的影响——基于中国省际面板数据的检验 [J]. 国际贸易问题, 2012 (11): 128-144.

[107] 戴铁军, 陆钟武. 钢铁企业生态效率分析 [J]. 东北大学学报, 2005 (12): 1168-1173.

［108］邓波，张学军，郭军华．基于三阶段 DEA 模型的区域生态效率研究［J］．中国软科学，2011（1）：92-99.

［109］邓洪波，陆林．基于 DEA 模型的安徽省城市旅游效率研究［J］．自然资源学报，2014，29（2）：313-323.

［110］丁继月．基于 DEA 模型的鄂西生态文化旅游圈旅游效率研究［J］．国土与自然资源研究，2018（1）：73-74.

［111］方世敏，王海艳．张家界景区旅游生态效率测度研究［J］．邵阳学院学报（社会科学版），2017，16（6）：53-58.

［112］方杏村，陈浩，王晓玲．基于 DEA 模型的资源枯竭型城市旅游效率评价［J］．统计与决策，2015（7）：55-57.

［113］方叶林，黄震方，王芳，等．中国大陆省际旅游效率时空演化及其俱乐部趋同研究［J］．地理科学进展，2018，37（10）：1392-1404.

［114］付丽娜，陈晓红，冷智花．基于超效率 DEA 模型的城市群生态效率研究——以长株潭“3+5”城市群为例［J］．中国人口·资源与环境，2013，23（4）：169-175.

［115］付正本．生态效率视角下的沿海地区旅游经济增长质量研究［D］．青岛：中国海洋大学，2015.

［116］傅京燕，原宗琳，曾翩．中国区域生态效率的测度及其影响因素分析［J］．产经评论，2016，7（6）：85-97.

［117］盖美，聂晨．环渤海地区生态效率评价及空间演化规律［J］．自然资源学报，2019，34（1）：104-115.

［118］龚艳，张阳，唐承财．长江经济带旅游业效率测度及影响因素研究［J］．华东经济管理，2016，30（9）：66-74.

［119］顾江，胡静．中国分省区旅游生产效率模型创建与评价［J］．同济大学学报（社会科学版），2008（4）：93-98.

［120］顾晓薇，李广军，王青，等．高等教育的生态效率——大学校园生态足迹［J］．冰川冻土，2005（3）：418-425.

［121］关伟，孟庆娜，张梦飞，等．基于 DEA 模型的辽宁沿海经济带城市旅游效率研究［J］．资源开发与市场，2018，34（3）：439-444.

［122］关伟，岂宸．辽宁省工业生态效率的空间分布与收敛性研究［J］．资源开发与市场，2018，34（2）：149-154.

［123］郭付友，佟连军，魏强，等．松花江流域（吉林省段）产业系统生

态效率时空分异特征与影响因素［J］. 地理研究，2016，35（8）：1483-1494.

［124］郭为，何媛媛．旅游产业的区域集聚、收敛与就业差异：基于分省面板的说明［J］. 旅游学刊，2008（3）：29-36.

［125］韩洁平，王霞，闫晶．东北地区生态效率评价及其影响因素分析［J］. 科技管理研究，2017，37（13）：230-234.

［126］韩瑞玲，佟连军，宋亚楠．基于生态效率的辽宁省循环经济分析［J］. 生态学报，2011，31（16）：4732-4740.

［127］韩瑛，史庆斌，冯文勇，等．山西省旅游业效率时空差异及影响因素研究［J］. 干旱区资源与环境，2019，33（7）：187-194.

［128］韩元军，吴普，林坦．基于碳排放的代表性省份旅游产业效率测算与比较分析［J］. 地理研究，2015，34（10）：1957-1970.

［129］韩元军．中国城市旅游产业效率时空特征与行业差异［J］. 商业研究，2013（11）：211-216.

［130］韩增林，计雪晴，胡盈，等．基于 SBM 模型的我国海洋渔业生态效率的时空演变［J］. 海洋开发与管理，2019，36（12）：3-8.

［131］韩增林，王倩雯，刘天宝，等．中国生态效率时空动态分布与演进趋势［J］. 统计与决策，2019，35（22）：85-88.

［132］郝金磊，尹萌．我国丝绸之路经济带旅游业效率及影响因素研究［J］. 资源开发与市场，2017，33（4）：494-497.

［133］何宜庆，陈林心，周小刚．长江经济带生态效率提升的空间计量分析——基于金融集聚和产业结构优化的视角［J］. 生态经济，2016，32（1）：22-26.

［134］何宜庆，王耀宇，周依仿，等．金融集聚、区域产业结构与生态效率耦合协调实证研究——以三大经济圈为例［J］. 经济问题探索，2015（5）：131-137.

［135］贺祥民，赖永剑．基于非线性时变因子模型的地区环境效率俱乐部收敛分析［J］. 软科学，2017，31（3）：103-106.

［136］侯孟阳，姚顺波．1978—2016 年中国农业生态效率时空演变及趋势预测［J］. 地理学报，2018，73（11）：2168-2183.

［137］侯孟阳，姚顺波．中国城市生态效率测定及其时空动态演变［J］. 中国人口·资源与环境，2018，28（3）：13-21.

［138］侯孟阳，姚顺波．中国农村劳动力转移对农业生态效率影响的空

间溢出效应与门槛特征 [J]. 资源科学，2018，40 (12)：2475-2486.

[139] 胡彪，孙雪. 中国三大城市群生态经济效率时空演变分析 [J]. 大连理工大学学报 (社会科学版)，2020，41 (12)：19-27.

[140] 胡兰双. 中国旅游业生态效率测度与时空演变研究 [D]. 广州：华南理工大学，2018.

[141] 胡卫卫，于水，马智源，等. 基于 DEA-Malmquist 模型的江苏省农业生态效率时空差异分析 [J]. 水土保持通报，2018，38 (2)：297-302.

[142] 胡宗义，唐李伟，苏静. 省域碳排放强度的收敛性与动态演进 [J]. 资源科学，2015，37 (1)：142-151.

[143] 黄和平，胡晴，乔学忠. 基于绿色 GDP 和生态足迹的江西省生态效率动态变化研究 [J]. 生态学报，2018，38 (15)：5473-5484.

[144] 黄和平，王智鹏，宋伊瑶. 乡村振兴背景下乡村旅游目的地碳足迹与生态效率研究——以江西婺源篁岭景区为例 [J]. 农业现代化研究，2019，40 (4)：683-691.

[145] 黄和平，伍世安，智颖飙，等. 基于生态效率的资源环境绩效动态评估——以江西省为例 [J]. 资源科学，2010，32 (5)：924-931.

[146] 黄建欢，方霞，黄必红. 中国城市生态效率空间溢出的驱动机制：见贤思齐 VS 见劣自缓 [J]. 中国软科学，2018 (3)：97-109.

[147] 黄建欢，吕海龙，王良健. 金融发展影响区域绿色发展的机理——基于生态效率和空间计量的研究 [J]. 地理研究，2014，33 (3)：532-545.

[148] 黄建欢，杨晓光，成刚，等. 生态效率视角下的资源诅咒：资源开发型和资源利用型区域的对比 [J]. 中国管理科学，2015，23 (1)：34-42.

[149] 黄娟，刘玥. 三峡库区农业生态效率测度及其影响因素分析 [J]. 统计与决策，2018，34 (7)：123-127.

[150] 黄秀娟. 基于 DEA 方法的福建省国家级森林公园旅游效率测算 [J]. 福建论坛 (人文社会科学版)，2014 (11)：128-131.

[151] 黄秀娟，林秀治. 我国森林公园旅游效率及其影响因素 [J]. 林业科学，2015，51 (2)：137-146.

[152] 吉生保，席艳玲，李凡. 中国餐饮旅游行业的经营绩效及收敛趋势——基于上市公司面板数据的 SORM-BCC 超效率模型 [J]. 山西财经大学学报，2011，33 (11)：63-72.

[153] 纪小美，陈金华，付业勤．中国入境旅游流的收敛与空间溢出效应分析 [J]. 旅游科学，2015，29（4）：47-60.

[154] 季丹．中国区域生态效率评价——基于生态足迹方法 [J]. 当代经济管理，2013，35（2）：57-62.

[155] 蒋素梅，幸岭．旅游业生态效率研究——以昆明市为例 [J]. 旅游研究，2014，6（2）：14-19.

[156] 金贵，吴锋，李兆华，等．快速城镇化地区土地利用及生态效率测算与分析 [J]. 生态学报，2017，37（23）：8048-8057.

[157] 李兵，张建强，权进民．企业生态足迹和生态效率研究 [J]. 环境工程，2007（6）：85-88，5.

[158] 李飞，何建民．中国旅游景区发展的地区差异及其收敛性——以2001—2009 年 A 级景区为例 [J]. 地理与地理信息科学，2011，27（4）：83-88，106.

[159] 李广培，李艳歌．福建省各地市生态效率与经济增长协同发展的比较研究 [J]. 发展研究，2018（11）：40-46.

[160] 李会琴，王林，闫晓冉．基于 DEA 分析的湖北省旅游效率评价 [J]. 统计与决策，2016（2）：65-67.

[161] 李惠娟，龙如银，兰新萍．资源型城市的生态效率评价 [J]. 资源科学，2010，32（7）：1296-1300.

[162] 李健，邓传霞，张松涛．基于非参数距离函数法的区域生态效率评价及动态分析 [J]. 干旱区资源与环境，2015，29（4）：19-23.

[163] 李江帆，李美云．旅游业与旅游增加值的测算 [J]. 旅游学刊，1999，29（4）：16-19.

[164] 李姣，周翠烟，张灿明，等．基于生态足迹的湖南省洞庭湖生态经济区全要素生态效率研究 [J]. 经济地理，2019，39（2）：199-206.

[165] 李丽平，田春秀，国冬梅．生态效率——OECD 全新环境管理经验 [J]. 环境科学动态，2000（1）：33-36.

[166] 李名升，佟连军．基于能值和物质流的吉林省生态效率研究 [J]. 生态学报，2009，29（11）：6239-6247.

[167] 李姝姝，邢夫敏，章玲玲．旅游产业集聚对区域旅游业效率的影响研究——基于中国省际面板数据的实证分析 [J]. 世界地理研究，2017，26（3）：134-146.

［168］李淑娟，周珊．滨海城市旅游发展效率时空分异与驱动因素研究——以山东半岛蓝色经济区为例［J］．中国海洋大学学报（社会科学版），2015（4）：8-15.

［169］李鑫，杨新军，孙丕苓．不同类型景区生态效率比较研究——以华山风景区与大唐芙蓉园为例［J］．生态经济（学术版），2013（2）：290-295.

［170］李燕，李应博．我国生态效率演化及影响因素的实证分析［J］．统计与决策，2015（15）：120-122.

［171］李在军，姚云霞，马志飞，等．中国生态效率的空间格局与影响机制分析［J］．环境科学学报，2016，36（11）：4208-4217.

［172］李占风，叶银丹，高嘉男．我国旅游业效率评价和集聚特征分析［J］．统计与决策，2017（1）：139-141.

［173］李志龙，王迪云．武陵山片区旅游经济——生态效率时空分异及影响因素［J/OL］．经济地理：1-15［2020-06-05］.

［174］梁流涛，杨建涛．中国旅游业技术效率及其分解的时空格局——基于 DEA 模型的研究［J］．地理研究，2012，31（8）：1422-1430.

［175］梁明珠，易婷婷，Bin Li. 基于 DEA-MI 模型的城市旅游效率演进模式研究［J］．旅游学刊，2013，28（5）：53-62.

［176］梁明珠，易婷婷．广东省城市旅游效率评价与区域差异研究［J］．经济地理，2012，32（10）：158-164.

［177］梁星，卓得波．中国区域生态效率评价及影响因素分析［J］．统计与决策，2017（19）：143-147.

［178］林文凯，林璧属．区域旅游产业生态效率评价及其空间差异研究——以江西省为例［J］．华东经济管理，2018，32（6）：19-25.

［179］刘春济，冯学钢，高静．中国旅游产业结构变迁对旅游经济增长的影响［J］．旅游学刊，2014，29（8）：37-49.

［180］刘华军，杜广杰．中国经济发展的地区差距与随机收敛检验——基于 2000—2013 年 DMSP/OLS 夜间灯光数据［J］．数量经济技术经济研究，2017，34（10）：43-59.

［181］刘佳，陆菊，刘宁．基于 DEA-Malmquist 模型的中国沿海地区旅游产业效率时空演化、影响因素与形成机理［J］．资源科学，2015，37（12）：2381-2393.

［182］刘佳，陆菊．中国旅游产业生态效率时空分异格局及形成机理研究［J］．中国海洋大学学报（社会科学版），2016（1）：50-59．

［183］刘佳，张俊飞．旅游产业绿色全要素生产率变动及收敛性分析——基于中国沿海地区的实证研究［J］．资源开发与市场，2017，33（7）：867-872．

［184］刘军．区域旅游业生态效率测度及比较研究［M］．武汉：华中科技大学出版社，2018．

［185］刘军，问鼎，童昀，等．基于碳排放核算的中国区域旅游业生态效率测度及比较研究［J］．生态学报，2019，39（6）：1979-1992．

［186］刘宁，吴小庆，王志凤，等．基于主成分分析法的产业共生系统生态效率评价研究［J］．长江流域资源与环境，2008（6）：831-838．

［187］刘强．中国经济增长的收敛性分析［J］．经济研究，2001（6）：70-77．

［188］刘曙光，尚英仕．我国海岛县旅游效率动态变化及空间差异研究［J］．资源开发与市场，2018，34（12）：1745-1750．

［189］鲁小波，郭迪．2001—2010年中国区域旅游效率评估［J］．地域研究与开发，2014，33（5）：82-87．

［190］鹿晨昱，胡慧玲，薛冰，等．甘肃省区域旅游效率评价与空间差异［J］．兰州大学学报（自然科学版），2015，51（1）：72-78．

［191］吕彬，杨建新．生态效率方法研究进展与应用［J］．生态学报，2006（11）：3898-3906．

［192］吕志强，代富强．我国旅游产业发展效率及其演化的时空特征分析［J］．资源开发与市场，2015，31（10）：1259-1263，1281．

［193］罗浩，张瑜璇．中国的入境旅游客源市场收敛吗？［J］．旅游学刊，2018，33（7）：28-39．

［194］罗能生，李佳佳，罗富政．中国城镇化进程与区域生态效率关系的实证研究［J］．中国人口·资源与环境，2013，23（11）：53-60．

［195］罗能生，田梦迪，杨钧，等．高铁网络对城市生态效率的影响——基于中国277个地级市的空间计量研究［J］．中国人口·资源与环境，2019，29（11）：1-10．

［196］罗能生，王玉泽，彭郁，等．长江中游城市群生态效率的空间关系及其协同提升机制研究［J］．长江流域资源与环境，2018，27（7）：1444-1453．

［197］骆泽顺，林璧属．河南省旅游经济差异演化特征及收敛性研究

[J]. 干旱区资源与环境，2015，29（5）：197-202.

[198] 骆泽顺，林璧属．旅游发展促进区域经济协调发展的收敛机制研究［J］. 经济问题探索，2015（8）：148-153.

[199] 马晓龙，保继刚．基于数据包络分析的中国主要城市旅游效率评价［J］. 资源科学，2010，32（1）：88-97.

[200] 马晓龙，金远亮．张家界城市旅游发展的效率特征与演进模式［J］. 旅游学刊，2015，30（2）：24-32.

[201] 马晓龙．中国主要城市旅游效率及其全要素生产率评价：1995—2005［D］. 广州：中山大学，2008.

[202] 马欣欣．基于DEA模型的辽宁省旅游生态效率研究［J］. 国土与自然资源研究，2019（1）：67-68.

[203] 马勇，童昀，任洁．多源遥感数据支持下的县域尺度生态效率测算及稳健性检验——以长江中游城市群为例［J］. 自然资源学报，2019，34（6）：1196-1208.

[204] 马勇，刘军．长江中游城市群产业生态化效率研究［J］. 经济地理，2015，35（6）：124-129.

[205] 马震．基于数据包络分析的丝绸之路经济带旅游效率研究［J］. 经济问题探索，2015（7）：14-17，83.

[206] 毛建素，曾润，杜艳春，等．中国工业行业的生态效率［J］. 环境科学，2010，31（11）：2788-2794.

[207] 孟庆堂，鞠美庭，李智．生态效率：可持续发展的环境管理理论探索［J］. 中国环境管理丛书，2004（1）：23-25.

[208] 牛秀敏．全要素视角下的中国碳排放效率区域差异性及收敛性研究［D］. 成都：西南财经大学，2016.

[209] 潘秋鸿，周珊．基于生态效率的滨海旅游发展质量研究——以青岛市为例［J］. 东方论坛，2017（6）：98-105.

[210] 潘兴侠，何宜庆．工业生态效率评价及其影响因素研究——基于中国中东部省域面板数据［J］. 华东经济管理，2014，28（3）：33-38.

[211] 潘兴侠，何宜庆，胡晓峰．区域生态效率评价及其空间计量分析［J］. 长江流域资源与环境，2013，22（5）：640-647.

[212] 彭红松，章锦河，韩娅，等．旅游地生态效率测度的SBM-DEA模型及实证分析［J］. 生态学报，2017，37（2）：1-10.

［213］彭征，殷开明．我国旅游生态效率测度及发展策略——以海南省为例［J］．改革与战略，2018，34（2）：151-154.

［214］秦钟，王建武，章家恩，等．广东省循环经济发展的生态效率研究［J］．中国生态农业学报，2010，18（2）：428-433.

［215］丘萍．我国入境旅游的收敛状况及原因分析［J］．资源开发与市场，2012，28（4）：376-380.

［216］邱寿丰．中国区域经济发展的生态效率研究［J］．能源与环境，2008（4）：8-10，13.

［217］屈小娥．中国生态效率的区域差异及影响因素——基于时空差异视角的实证分析［J］．长江流域资源与环境，2018，27（12）：2673-2683.

［218］屈小爽．"丝绸之路经济带"西北旅游城市旅游效率评价［J］．统计与决策，2017（10）：70-74.

［219］任梅，王小敏，刘忠梅，等．中国区域生态效率时空变化及其影响因素分析［J］．华东经济管理，2019，33（9）：71-79.

［220］任小静，屈小娥．我国区域生态效率与环境规制工具的选择——基于省际面板数据实证分析［J］．大连理工大学学报（社会科学版），2020，41（1）：28-36.

［221］任宇飞，方创琳．京津冀城市群县域尺度生态效率评价及空间格局分析［J］．地理科学进展，2017，36（1）：87-98.

［222］任志安，刘柏阳．淮河生态经济带农业水资源绿色效率的时空差异与影响因素［J］．资源开发与市场，2019，35（7）：929-934，941.

［223］芮俊伟，周贝贝，钱谊，等．生态工业园区生态效率评估方法研究及应用［J］．生态与农村环境学报，2013，29（4）：466-470.

［224］商华．工业园生态效率测度与评价［D］．大连：大连理工大学，2007.

［225］申鹏鹏，周年兴，张允翔，等．基于DEA-Malmquist指数二次分解模型的江苏省旅游产业效率时空演变及影响因素［J］．长江流域资源与环境，2018，27（1）：53-62.

［226］沈坤荣，马俊．中国经济增长的"俱乐部收敛"特征及其成因研究［J］．经济研究，2002（1）：33-39，94-95.

［227］石晟屹．中国旅游碳排放特征及驱动力研究［D］．长沙：中南林业科技大学，2015.

［228］时雨晴，虞虎，陈田，等．城市旅游效率演化阶段、特征及其空间分异效应——以海南国际旅游岛为例［J］．经济地理，2015，35（10）：202-209.

［229］史丹，王俊杰．基于生态足迹的中国生态压力与生态效率测度与评价［J］．中国工业经济，2016（5）：5-21.

［230］舒卫英，方磊，张水芳．基于 DEA 的滨海生态旅游效率研究——以宁波市为例［J］．浙江万里学院学报，2014，27（4）：9-15.

［231］孙露，耿涌，刘祚希，等．基于能值和数据包络分析的城市复合生态系统生态效率评估［J］．生态学杂志，2014，33（2）：462-468.

［232］孙盼盼，夏杰长．中国省际旅游产业效率：指标构建与实证分析［J］．经济与管理研究，2014（12）：70-79.

［233］孙玉峰，郭全营．基于能值分析法的矿区循环经济系统生态效率分析［J］．生态学报，2014，34（3）：710-717.

［234］孙玉琴．基于 DEA 的滨海区域生态旅游效率评价及优化研究［D］．长沙：中南林业科技大学，2012.

［235］陶玉国，张红霞．江苏旅游能耗和碳排放估算研究［J］．南京社会科学，2011（8）：151-156.

［236］汪晓文，刘娟．城镇化对西部地区生态效率的影响［J］．城市问题，2019（10）：27-38.

［237］王恩旭，武春友．基于 DEA 模型的城市旅游经营效率评价研究——以中国 15 个副省级城市为例［J］．旅游论坛，2010，3（2）：208-215.

［238］王恩旭，武春友．基于超效率 DEA 模型的中国省际生态效率时空差异研究［J］．管理学报，2011，8（3）：443-450.

［239］王菲凤，陈妃．福州大学城校园生态足迹和生态效率实证研究［J］．福建师范大学学报（自然科学版），2008（5）：84-89.

［240］王虹，胡胜德．基于 Tobit 模型的"一带一路"旅游产业效率投资影响因素及策略研究［J］．中国软科学，2017（12）：62-70.

［241］王惠榆，陈兴鹏，张子龙，等．西部地区旅游产业发展效率［J］．兰州大学学报（自然科学版），2014，50（2）：186-193.

［242］王慧英．基于管理与环境视角的中国旅游效率研究［J］．旅游科学，2014，28（5）：31-40，53.

［243］王凯，邵海琴，周婷婷，等．基于 STIRPAT 模型的中国旅游业碳排放影响因素分析［J］．环境科学学报，2017，37（3）：1185-1192.

[244] 王坤，黄震方，曹芳东．中国旅游业碳排放效率的空间格局及其影响因素［J］. 生态学报，2015，35（21）：7150-7160.

[245] 王坤，黄震方，陶玉国，等．区域城市旅游效率的空间特征及溢出效应分析——以长三角为例［J］. 经济地理，2013，33（4）：161-167.

[246] 王丽莉，杨婷婷，许荔珊．“一带一路”倡议下农业生态效率对比研究——以中国和东盟10国为例［J］. 世界农业，2018（4）：96-101.

[247] 王楠，盖美．基于非期望产出SBM模型的环渤海地区生态效率与影响因素研究［J］. 资源开发与市场，2018，34（6）：741-746.

[248] 王少华．河南省旅游产业效率测度分解与时空演变［J］. 经济经纬，2019，36（3）：9-16.

[249] 王淑新，何红，王忠锋．秦巴典型景区旅游生态效率及影响因素测度［J］. 西南大学学报（自然科学版），2016，38（10）：97-103.

[250] 王新越，韩霞霞．“一带一路”中国沿海港口城市旅游效率测度与空间特征研究［J］. 中国海洋大学学报（社会科学版），2018（5）：36-42.

[251] 王怡．丝绸之路经济带生态旅游发展的收敛性检验［J］. 统计与决策，2015（9）：143-145.

[252] 王艺明，张佩，蔡昌达．低碳经济下中国碳排放强度收敛性的实证检验［J］. 厦门大学学报（哲学社会科学版），2014（2）：120-128.

[253] 王越．中国生态效率的空间效应及影响因素研究［D］. 济南：山东大学，2018.

[254] 王兆峰，霍菲菲．基于VAR模型的湖南武陵山片区旅游产业生态效率影响因素分析［J］. 中南林业科技大学学报，2018，38（11）：136-144.

[255] 王兆峰，刘庆芳．长江经济带旅游生态效率时空演变及其影响因素［J］. 长江流域资源与环境，2019，28（12）：2289-2298.

[256] 王兆峰，刘庆芳．长江经济带旅游生态效率时空演变及其与旅游经济互动响应［J］. 自然资源学报，2019，34（9）：1945-1961.

[257] 王兆峰，杨显．基于DEA-Malmquist模型的中部城市群旅游产业效率评价研究［J］. 旅游科学，2018，32（3）：27-38.

[258] 王兆峰，赵松松．基于DEA-Malmquist模型的湖南省旅游产业效率时空动态演化及影响因素［J］. 长江流域资源与环境，2019，28（8）：1886-1897.

[259] 王志民．基于DEA-Ml模型的江苏沿江旅游区旅游效率评价研究

[J]. 南京师大学报（自然科学版），2014，37（4）：120-125.

[260] 魏俊，胡静，朱磊，等．鄂皖两省旅游发展效率时空演化及影响机理 [J]. 经济地理，2018，38（8）：187-195.

[261] 吴琦，武春友．我国能源效率关键影响因素的实证研究 [J]. 科研管理，2010，31（5）：164-171.

[262] 吴磊，熊英．长江经济带生态效率测评及提升模式构建 [J]. 生态经济，2018，34（12）：166-172，177.

[263] 吴鸣然，马骏．中国区域生态效率测度及其影响因素分析——基于 DEA-Tobit 两步法 [J]. 技术经济，2016，35（3）：75-80，122.

[264] 吴小庆，王远，刘宁，等．基于生态效率理论和 TOPSIS 法的工业园区循环经济发展评价 [J]. 生态学杂志，2008，27（12）：2203-2208.

[265] 吴义根，冯开文．金融集聚、产业结构优化对生态效率的冲击效应及其区域差异分析 [J]. 中国农业大学学报，2018，23（8）：171-183.

[266] 武春友，于文嵩，郭玲玲．基于演化理论的生态效率影响因素研究 [J]. 技术经济，2015，34（5）：63-69，85.

[267] 肖建红，于爱芬，王敏．旅游过程碳足迹评估——以舟山群岛为例 [J]. 旅游科学，2011，25（4）：58-66.

[268] 谢园方，赵媛．长三角地区旅游业能源消耗的 CO_2 排放测度研究 [J]. 地理研究，2012，31（3）：429-437.

[269] 邢贞成，王济干，张婕．中国区域全要素生态效率及其影响因素研究 [J]. 中国人口·资源与环境，2018，28（7）：119-126.

[270] 徐冬，黄震方，胡小海，等．浙江省县域旅游效率空间格局演变及其影响因素 [J]. 经济地理，2018，38（5）：197-207.

[271] 许建伟，许新宇，朱明侠，等．中国省际旅游效率评价及其敏感性分析 [J]. 资源开发与市场，2013，29（5）：526-528，560.

[272] 许罗丹，张媛．基于 DEA 模型的中国省际生态效率测度与影响因素分析 [J]. 河北经贸大学学报，2018，39（4）：30-35.

[273] 杨春梅，赵宝福．中国著名旅游城市旅游业的效率研究 [J]. 旅游科学，2014，28（1）：65-75.

[274] 杨皓天，马骥．环境规制对养殖场生态效率的影响研究——基于 SFA 方法及门限回归的实证分析 [J]. 干旱区资源与环境，2020，34（1）：27-33.

[275] 杨萍，李陇堂，夏四友，等．我国旅游效率与经济发展水平协调

关系研究［J］. 统计与决策，2019，35（7）：127-131.

［276］杨任超．基于碳足迹视角的森林旅游生态效率研究［D］. 沈阳：沈阳农业大学，2017.

［277］杨婷蓉，丁慧平．绿色 EVA：基于预期生态效率的经济增加值［J］. 东北大学学报（社会科学版），2017，19（2）：147-152，159.

［278］杨文举．基于 DEA 的生态效率测度——以中国各省的工业为例［J］. 科学·经济·社会，2009，27（3）：56-60，65.

［279］杨志江，文超祥．中国绿色发展效率的评价与区域差异［J］. 经济地理，2017，37（3）：10-18.

［280］姚治国，陈田．国外旅游生态效率研究综述［J］. 自然资源学报，2015，30（7）：1222-1231.

［281］姚治国．低碳旅游生态效率研究［D］. 天津：天津大学，2013.

［282］姚治国．旅游能源消耗模型及海南省实证研究［J］. 干旱区资源与环境，2017，31（2）：191-196.

［283］易杏花，刘锦钿．我国西部地区生态效率评价及其影响因素分析［J］. 统计与决策，2020，36（1）：105-109.

［284］于秋阳，颜鑫．区域旅游经济的时空分异及收敛性研究——以江苏省为例［J］. 华东经济管理，2019，33（1）：11-18.

［285］于婷，郝信波．粮食主产区农业生态效率时空特征及改善路径研究［J］. 生态经济，2018，34（9）：104-110.

［286］虞虎，陆林，李亚娟．湖泊型国家级风景名胜区的旅游效率特征、类型划分及其提升路径［J］. 地理科学，2015，35（10）：1247-1255.

［287］曾国军，蔡建东．中国旅游产业对国民经济的贡献研究［J］. 旅游学刊，2012，5（27）：23-30.

［288］曾瑜皙，钟林生，虞虎．碳排放影响下中国省域旅游效率损失度研究［J］. 生态学报，2017，37（22）：7463-7473.

［289］张炳，黄和平，毕军．基于物质流分析和数据包络分析的区域生态效率评价——以江苏省为例［J］. 生态学报，2019，29（5）：2473-2480.

［290］张广海，冯英梅．我国旅游产业效率测度及区域差异分析［J］. 商业研究，2013（5）：101-107.

［291］张广海，刘菁．中国省域旅游碳排放强度时空演变分析［J］. 统计与决策，2016（15）：94-98.

［292］张虎平，关山，王海东．中国区域生态效率的差异及影响因素［J］．经济经纬，2017，34（6）：1-6.

［293］张淑英，李德山，刘媛媛．区域工业生态效率评价及其影响因素研究［J］．统计与决策，2013（3）：61-64.

［294］张晓娣．生态效率变动的产业及要素推动：基于投入产出和系统优化模型［J］．自然资源学报，2015，30（5）：748-760.

［295］张雪梅．西部地区生态效率测度及动态分析——基于2000—2010年省际数据［J］．经济理论与经济管理，2013（2）：78-85.

［296］张妍，杨志峰．北京城市物质代谢的能值分析与生态效率评估［J］．环境科学学报，2007，27（11）：1892-1899.

［297］张妍，杨志峰．城市物质代谢的生态效率——以深圳市为例［J］．生态学报，2007（8）：3124-3131.

［298］张杨，陈娟娟．农业生态效率的国际比较及中国的定位研究［J］．中国软科学，2019（10）：165-172.

［299］张子昂，黄震方，孔少君，等．新疆旅游经济时空差异与收敛性分析及影响因素研究［J］．南京师大学报（自然科学版），2016，39（2）：134-141.

［300］张子龙，王开泳，陈兴鹏．中国生态效率演变与环境规制的关系——基于SBM模型和省际面板数据估计［J］．经济经纬，2015，32（3）：126-131.

［301］张子龙，鹿晨昱，陈兴鹏，等．黄土高原农业生态效率的时空演变分析——以庆阳市为例［J］．地理科学，2014，34（4）：472-478.

［302］赵桂梅，陈丽珍，孙华平，等．基于异质性收敛的中国碳排放强度脱钩效应研究［J］．华东经济管理，2017，31（4）：97-103.

［303］赵磊．中国旅游全要素生产率差异与收敛实证研究［J］．旅游学刊，2013，28（1）：12-23.

［304］赵林林．基于DEA的中国旅游业生态效率评价［J］．北京航空航天大学学报（社会科学版），2019，32（1）：91-97.

［305］赵薇，杨雪秀，满鑫香，等．基于混合生命周期评价的生活垃圾处理系统生态效率分析［J］．生态学报，2020，41（1）：77-88.

［306］甄翌．基于温室气体排放的旅游目的地旅游生态效率研究——以张家界为例［J］．安徽农业科学，2013，41（8）：3485-3487.

［307］甄翌．旅游生态效率评估——基于生态足迹和碳足迹的比较研究［J］．林业经济问题，2014，34（5）：474-480．

［308］郑德凤，郝帅，孙才志，等．中国大陆生态效率时空演化分析及其趋势预测［J］．地理研究，2018，37（5）：1034-1046．

［309］郑丽楠，洪名勇．中国农业生态效率的时空特征及驱动因素［J］．江西财经大学学报，2019（5）：46-56．

［310］钟敬秋，韩增林．城市旅游业效率的时空演变与驱动因素分析——以辽宁省所辖14个地级市为例［J］．资源开发与市场，2016，32（9）：1127-1133．

［311］钟敬秋，韩增林，李冰心．基于GM-GIS耦合模型的旅游产业效率时序评价及空间关联格局分析——以东北三省36个市（区、州）为例［J］．资源开发与市场，2016，32（7）：863-868，898．

［312］钟永德．旅游业碳排放计量与生态效率评价［J］．旅游学刊，2016，31（9）：11-12．

［313］周旭东．典型干旱资源开发型区域生态效率评估及提升策略分析［D］．乌鲁木齐：新疆大学，2019．

［314］周旭东，吕光辉．新疆农业生态效率时空差异及影响因素研究——基于DEA-Malmquist-Tobit模型分析［J］．中南林业科技大学学报（社会科学版），2018，12（6）：37-45．

［315］朱梅，汪德根．旅游生态效率优化中旅游者参与的困境及出路［J］．旅游学刊，2016，31（10）：11-13．

［316］朱顺林．区域旅游产业的技术效率比较分析［J］．经济体制改革，2005（2）：116-119．

［317］诸大建，邱寿丰．生态效率是循环经济的合适测度［J］．中国人口·资源与环境，2006，16（5）：1-6．

［318］左冰，保继刚．1992—2005年中国旅游业全要素生产率及省际差异［J］．地理学报，2008，63（4）：417-427．

附　录

附录 A：旅游业生态效率评价过程中相关数据

附表 A1　2000~2017 年基于投入产出表的第三产业分行业（旅游相关行业）增加值率

年份	A	B	C	D	E	F	G
2000	0. 4690	0. 4958	0. 5606	0. 3508	0. 4882	0. 4196	0. 5235
2001	0. 5052	0. 4899	0. 5539	0. 3779	0. 5151	0. 4427	0. 5524
2002	0. 5414	0. 4840	0. 5472	0. 4049	0. 5420	0. 4658	0. 5812
2003	0. 5414	0. 4840	0. 5472	0. 4049	0. 5420	0. 4658	0. 5812
2004	0. 6207	0. 4574	0. 5127	0. 3894	0. 4934	0. 4502	0. 5657
2005	0. 6999	0. 4307	0. 4782	0. 3738	0. 4447	0. 4345	0. 5501
2006	0. 6505	0. 4460	0. 5355	0. 3748	0. 4796	0. 4322	0. 5815
2007	0. 6011	0. 4613	0. 5928	0. 3757	0. 5145	0. 4299	0. 6128
2008	0. 6011	0. 4613	0. 5928	0. 3757	0. 5145	0. 4299	0. 6128
2009	0. 6557	0. 4280	0. 5548	0. 3740	0. 4594	0. 4681	0. 6064
2010	0. 7102	0. 3947	0. 5168	0. 3723	0. 4042	0. 5062	0. 6000
2011	0. 7004	0. 3823	0. 4911	0. 3905	0. 4094	0. 5051	0. 5841
2012	0. 6906	0. 3698	0. 4654	0. 4087	0. 4146	0. 5040	0. 5681
2013	0. 6906	0. 3698	0. 4654	0. 4087	0. 4146	0. 5040	0. 5681
2014	0. 6598	0. 3719	0. 4724	0. 4078	0. 4285	0. 5058	0. 5650
2015	0. 6290	0. 3740	0. 4794	0. 4069	0. 4423	0. 5075	0. 5619

续表

年份	A	B	C	D	E	F	G
2016	0.6470	0.3783	0.5009	0.3842	0.4340	0.5267	0.5549
2017	0.6649	0.3825	0.5223	0.3615	0.4257	0.5459	0.5479

注：①A 代表批发和零售贸易业，B 代表交通运输及仓储业，C 代表邮政业、信息传输、计算机服务和软件业，D 代表住宿和餐饮业，E 代表水利、环境和公共设施管理业，F 代表文化、体育和娱乐业，G 代表其他服务，包含金融保险业、房地产业、租赁和商务服务业、居民服务和其他服务业等；②为了与国家旅游卫星账户中的利益特征产业部门相对应，将投入产出表中的邮政业与信息传输、计算机服务和软件业合并计算，将金融保险业、房地产业、租赁和商务服务业、居民服务和其他服务业合并计算；③根据计算出的 2005 年、2007 年和 2010 年投入产出表中的邮政业增加值和总产出在交通运输、仓储和邮政业增加值和总产出中所占百分比均值，将 2012 年和 2015 年投入产出表中的交通运输、仓储和邮政业拆分为交通、运输及仓储业和邮政业两部分，同时将邮政业与信息传输、软件和信息技术服务合并。

附表 A2　2000~2017 年 30 个省份交通运输、仓储和邮政业旅游消费剥离系数

省份＼年份	2000	2001	2002	2003	2004	2005	2006	2007	2008
北京	0.7962	0.8488	0.7510	0.5005	0.7177	0.5240	0.5433	0.5802	0.5579
天津	0.2861	0.2851	0.2643	0.2497	0.2599	0.3380	0.3675	0.3548	0.3462
河北	0.0829	0.0801	0.0732	0.0483	0.0689	0.0783	0.0739	0.0687	0.0528
山西	0.0899	0.1031	0.1037	0.0716	0.1205	0.1075	0.1575	0.1822	0.1895
内蒙古	0.0508	0.0629	0.0646	0.0637	0.0858	0.0763	0.0917	0.1062	0.0913
辽宁	0.1188	0.1288	0.1527	0.1302	0.1330	0.1885	0.2405	0.2804	0.3003
吉林	0.0773	0.1049	0.1210	0.1340	0.1452	0.1429	0.1636	0.1745	0.1723
黑龙江	0.1096	0.1214	0.1131	0.1158	0.1169	0.1151	0.1506	0.1627	0.1827
上海	0.4712	0.4518	0.4562	0.4342	0.4327	0.3645	0.3571	0.3777	0.3285
江苏	0.1886	0.1869	0.1871	0.1887	0.2174	0.3202	0.3362	0.3681	0.3271
浙江	0.0893	0.0900	0.0822	0.0764	0.0814	0.1426	0.1384	0.1427	0.1330
安徽	0.1414	0.1518	0.1413	0.1098	0.1193	0.1102	0.1395	0.1622	0.1636
福建	0.1138	0.1212	0.1286	0.1071	0.1319	0.1989	0.2096	0.2140	0.1817
江西	0.1117	0.1204	0.1139	0.1086	0.1140	0.1378	0.1804	0.1887	0.1773
山东	0.1206	0.1195	0.1333	0.1142	0.1172	0.1395	0.1501	0.1626	0.1313
河南	0.1466	0.1405	0.1302	0.0887	0.1325	0.1653	0.1988	0.2139	0.1846

续表

年份 省份	2000	2001	2002	2003	2004	2005	2006	2007	2008
湖北	0. 1772	0. 2022	0. 1939	0. 1474	0. 1474	0. 1681	0. 1786	0. 1837	0. 1558
湖南	0. 0873	0. 1158	0. 1118	0. 1172	0. 1248	0. 1611	0. 1938	0. 2109	0. 1999
广东	0. 2114	0. 1947	0. 1863	0. 1650	0. 1791	0. 2555	0. 2586	0. 2734	0. 2543
广西	0. 1751	0. 1767	0. 1500	0. 1205	0. 1273	0. 1786	0. 1969	0. 1978	0. 1844
海南	0. 2722	0. 2808	0. 2551	0. 2326	0. 2369	0. 2540	0. 2672	0. 2766	0. 2441
重庆	0. 2450	0. 2624	0. 2590	0. 2152	0. 2409	0. 1791	0. 1871	0. 2295	0. 2231
四川	0. 1668	0. 1614	0. 1585	0. 1587	0. 1676	0. 2459	0. 3063	0. 3274	0. 2315
贵州	0. 1581	0. 1749	0. 1840	0. 1801	0. 2395	0. 2809	0. 4060	0. 4291	0. 4367
云南	0. 2880	0. 3000	0. 2827	0. 2578	0. 2484	0. 3449	0. 3962	0. 3949	0. 3759
陕西	0. 1575	0. 1447	0. 1313	0. 1029	0. 1552	0. 1910	0. 2078	0. 2233	0. 2135
甘肃	0. 0760	0. 0720	0. 0718	0. 0483	0. 0935	0. 0564	0. 0664	0. 0880	0. 0786
青海	0. 0892	0. 0891	0. 0804	0. 0646	0. 0767	0. 1053	0. 1443	0. 1589	0. 1418
宁夏	0. 0793	0. 0775	0. 0689	0. 0529	0. 0718	0. 0501	0. 0721	0. 0781	0. 0765
新疆	0. 0943	0. 1094	0. 1026	0. 1102	0. 1200	0. 1206	0. 1351	0. 1594	0. 1326

年份 省份	2009	2010	2011	2012	2013	2014	2015	2016	2017
北京	0. 4762	0. 3858	0. 5048	0. 5311	0. 5417	0. 5476	0. 5543	0. 6212	0. 6376
天津	0. 2362	0. 2105	0. 3043	0. 3182	0. 3626	0. 4263	0. 4630	0. 5812	0. 6510
河北	0. 0494	0. 0498	0. 0749	0. 0843	0. 1010	0. 1280	0. 1681	0. 2532	0. 3424
山西	0. 1767	0. 1577	0. 2228	0. 2515	0. 3090	0. 4271	0. 4461	0. 5890	0. 7110
内蒙古	0. 0834	0. 0807	0. 1079	0. 1126	0. 1292	0. 1656	0. 2417	0. 3083	0. 4589
辽宁	0. 2961	0. 2794	0. 3677	0. 3605	0. 4033	0. 4261	0. 2549	0. 4426	0. 5066
吉林	0. 1762	0. 1865	0. 2772	0. 3000	0. 3629	0. 4175	0. 4972	0. 6722	0. 8129
黑龙江	0. 1584	0. 1816	0. 2530	0. 2565	0. 2691	0. 1877	0. 2237	0. 2740	0. 3331
上海	0. 3868	0. 3547	0. 4626	0. 4778	0. 4272	0. 3860	0. 3629	0. 4156	0. 4721
江苏	0. 2775	0. 2529	0. 3280	0. 3257	0. 3348	0. 3730	0. 3870	0. 4667	0. 5237
浙江	0. 1198	0. 1134	0. 4271	0. 4464	0. 5028	0. 4996	0. 5174	0. 5712	0. 6507

续表

省份＼年份	2009	2010	2011	2012	2013	2014	2015	2016	2017
安徽	0.2014	0.2076	0.4035	0.4751	0.5094	0.5251	0.6089	0.7139	0.7950
福建	0.1699	0.1614	0.2222	0.2184	0.2370	0.2514	0.2454	0.3096	0.3814
江西	0.1774	0.1745	0.2736	0.2614	0.3337	0.4469	0.5716	0.6494	0.7207
山东	0.1475	0.1491	0.2022	0.2121	0.2261	0.3023	0.3114	0.3621	0.3729
河南	0.2481	0.2520	0.3652	0.3423	0.3531	0.3108	0.3209	0.3828	0.4342
湖北	0.1626	0.1849	0.2880	0.3311	0.3555	0.3887	0.4041	0.4889	0.5437
湖南	0.1629	0.1642	0.2364	0.2439	0.2728	0.2908	0.3336	0.4489	0.6779
广东	0.2216	0.2182	0.2967	0.2985	0.3160	0.3530	0.3768	0.4329	0.4766
广西	0.1952	0.1913	0.2738	0.3139	0.3645	0.4256	0.4747	0.6372	0.8179
海南	0.2551	0.2466	0.3419	0.3368	0.3656	0.3293	0.3377	0.4126	0.4595
重庆	0.2120	0.2262	0.3494	0.3814	0.3660	0.3423	0.3468	0.4066	0.4941
四川	0.2911	0.3106	0.4808	0.5442	0.6155	0.5483	0.5899	0.6768	0.7809
贵州	0.2069	0.2083	0.3030	0.3167	0.3644	0.4175	0.4410	0.5611	0.6560
云南	0.4850	0.5093	0.5140	0.5227	0.5343	0.5774	0.6353	0.6804	0.7202
陕西	0.1919	0.2012	0.3024	0.3287	0.3903	0.4541	0.4983	0.5441	0.6109
甘肃	0.0925	0.0982	0.1492	0.1725	0.2127	0.3321	0.4097	0.5797	0.7107
青海	0.1256	0.1104	0.1723	0.2015	0.2540	0.2951	0.3175	0.4215	0.5136
宁夏	0.0477	0.0439	0.0606	0.0616	0.0752	0.0859	0.0928	0.1320	0.1946
新疆	0.0933	0.1264	0.2170	0.1912	0.1918	0.1634	0.2225	0.3142	0.3788

附表 A3　2000~2017 年 30 个省份批发、零售业和住宿、餐饮业旅游消费剥离系数

省份＼年份	2000	2001	2002	2003	2004	2005	2006	2007	2008
北京	0.7876	0.9313	0.9788	0.6637	0.9955	0.4400	0.4307	0.3929	0.3908
天津	0.3841	0.3986	0.4561	0.4258	0.4625	0.2674	0.2694	0.2660	0.2995
河北	0.0895	0.0975	0.1088	0.0743	0.1096	0.1364	0.1425	0.1415	0.1338
山西	0.1159	0.1359	0.1718	0.1275	0.2140	0.1806	0.2288	0.2468	0.3002

续表

省份 \ 年份	2000	2001	2002	2003	2004	2005	2006	2007	2008
内蒙古	0.0619	0.0830	0.1067	0.1134	0.1539	0.1005	0.1131	0.1236	0.1425
辽宁	0.0773	0.0883	0.1244	0.1204	0.1372	0.1643	0.1871	0.2111	0.2764
吉林	0.0709	0.0618	0.0858	0.0944	0.1076	0.1229	0.1207	0.1199	0.1473
黑龙江	0.0817	0.1005	0.1126	0.1136	0.1124	0.1247	0.1375	0.1357	0.1698
上海	0.3571	0.3411	0.4168	0.4160	0.4481	0.3656	0.3578	0.3200	0.3036
江苏	0.1448	0.1536	0.1836	0.1927	0.2204	0.1981	0.2101	0.2031	0.2133
浙江	0.0534	0.0596	0.0676	0.0672	0.0758	0.0850	0.0911	0.0800	0.0803
安徽	0.0964	0.1065	0.1255	0.1045	0.1232	0.1406	0.1587	0.1790	0.2198
福建	0.1499	0.1645	0.2017	0.1685	0.2125	0.2277	0.2335	0.2227	0.2211
江西	0.1433	0.1662	0.1917	0.1777	0.1894	0.2066	0.2119	0.2128	0.2469
山东	0.1010	0.1095	0.1248	0.1076	0.1369	0.1305	0.1339	0.1335	0.1564
河南	0.1811	0.1807	0.2033	0.1313	0.2044	0.2000	0.2134	0.2209	0.2527
湖北	0.1229	0.1478	0.1712	0.1341	0.1421	0.1488	0.1433	0.1365	0.1521
湖南	0.0817	0.1085	0.1242	0.1382	0.1520	0.1618	0.1839	0.1816	0.2074
广东	0.2230	0.2362	0.2635	0.2288	0.2605	0.1582	0.1623	0.1490	0.1493
广西	0.1183	0.1361	0.1544	0.1307	0.1460	0.1410	0.1449	0.1382	0.1582
海南	0.2179	0.2386	0.2651	0.2432	0.2542	0.2413	0.2394	0.2307	0.2337
重庆	0.1847	0.2088	0.2573	0.2232	0.2462	0.2009	0.1964	0.2005	0.2390
四川	0.1304	0.1308	0.1571	0.1599	0.2056	0.2379	0.2674	0.2691	0.2386
贵州	0.1559	0.1914	0.2477	0.2507	0.3146	0.3380	0.4354	0.4438	0.5372
云南	0.2021	0.2499	0.2850	0.3004	0.3217	0.2859	0.2908	0.2591	0.2831
陕西	0.2529	0.2643	0.2949	0.2282	0.3858	0.2203	0.2214	0.2104	0.2367
甘肃	0.0384	0.0399	0.0504	0.0360	0.0750	0.0780	0.0864	0.1020	0.1207
青海	0.0955	0.1092	0.1285	0.1126	0.1332	0.1322	0.1574	0.1708	0.1707
宁夏	0.0851	0.0933	0.1036	0.0805	0.1028	0.0817	0.1054	0.1013	0.1294
新疆	0.1143	0.1230	0.1457	0.1300	0.1411	0.1671	0.1643	0.1737	0.1725

续表

年份 省份	2009	2010	2011	2012	2013	2014	2015	2016	2017
北京	0.3780	0.3579	0.3754	0.4134	0.4256	0.4384	0.4799	0.4448	0.4311
天津	0.3018	0.2913	0.2683	0.2859	0.2997	0.3291	0.3497	0.3084	0.3144
河北	0.1424	0.1472	0.1701	0.1987	0.2331	0.2780	0.3589	0.3898	0.4257
山西	0.3301	0.3373	0.3574	0.4234	0.4904	0.6374	0.7053	0.7407	0.8372
内蒙古	0.1414	0.1525	0.1638	0.1834	0.2070	0.2226	0.2773	0.2668	0.3112
辽宁	0.3608	0.3823	0.4087	0.4416	0.4671	0.4723	0.3007	0.3213	0.3137
吉林	0.1970	0.2267	0.2572	0.2895	0.3270	0.3859	0.4555	0.4592	0.5112
黑龙江	0.1877	0.2267	0.2398	0.2290	0.2221	0.1510	0.1826	0.1722	0.1816
上海	0.2544	0.2937	0.2760	0.2946	0.2511	0.2314	0.2290	0.2083	0.2116
江苏	0.2443	0.2567	0.2586	0.2857	0.2856	0.3023	0.3188	0.2896	0.2816
浙江	0.0990	0.1046	0.3054	0.3301	0.3381	0.3098	0.3282	0.2823	0.2788
安徽	0.2849	0.3045	0.4272	0.5273	0.5416	0.5310	0.5791	0.5475	0.5911
福建	0.2490	0.2533	0.2677	0.2875	0.3110	0.3257	0.3623	0.3635	0.4040
江西	0.2638	0.2722	0.2962	0.3396	0.4126	0.4874	0.5746	0.6529	0.7024
山东	0.1860	0.1789	0.1751	0.1795	0.1774	0.1882	0.1995	0.1802	0.1831
河南	0.3540	0.3544	0.3477	0.3668	0.3781	0.3835	0.4026	0.3502	0.3396
湖北	0.2148	0.2512	0.2999	0.3603	0.3856	0.3963	0.4136	0.3758	0.3631
湖南	0.2026	0.2297	0.2539	0.2917	0.3146	0.3186	0.3694	0.3722	0.4969
广东	0.1738	0.1899	0.2012	0.2203	0.2308	0.2406	0.2810	0.2539	0.2563
广西	0.2585	0.3051	0.3376	0.3696	0.4122	0.5024	0.6239	0.6442	0.7286
海南	0.2575	0.2544	0.2723	0.2836	0.2800	0.2537	0.2562	0.2379	0.2591
重庆	0.3001	0.3440	0.4070	0.4807	0.4335	0.3694	0.3819	0.3514	0.3759
四川	0.3267	0.3649	0.4141	0.5051	0.5380	0.6031	0.6629	0.6239	0.5725
贵州	0.5099	0.5601	0.6291	0.6442	0.6586	0.6842	0.7027	0.7278	0.7532
云南	0.3074	0.3293	0.3138	0.3703	0.4061	0.4577	0.5321	0.6106	0.7009
陕西	0.2434	0.2631	0.2977	0.3458	0.3881	0.4089	0.4514	0.4578	0.4892
甘肃	0.1709	0.1856	0.2083	0.2647	0.3104	0.3368	0.4053	0.4069	0.4608

续表

省份＼年份	2009	2010	2011	2012	2013	2014	2015	2016	2017
青海	0.2103	0.2110	0.2433	0.2858	0.3168	0.3094	0.3659	0.3699	0.4041
宁夏	0.1511	0.1626	0.1696	0.1875	0.2127	0.2204	0.2496	0.2614	0.2921
新疆	0.1654	0.2457	0.2872	0.3221	0.3319	0.2678	0.4343	0.4575	0.4710

附表 A4　2000~2017 年 30 个省份其他行业旅游消费剥离系数

省份＼年份	2000	2001	2002	2003	2004	2005	2006	2007	2008
北京	0.1012	0.1203	0.1276	0.0796	0.0918	0.0571	0.0544	0.0624	0.0537
天津	0.0896	0.1008	0.1248	0.0990	0.0909	0.0947	0.0909	0.1016	0.0929
河北	0.0319	0.0402	0.0528	0.0314	0.0338	0.0282	0.0309	0.0345	0.0259
山西	0.0300	0.0396	0.0602	0.0393	0.0479	0.0449	0.0608	0.0834	0.0828
内蒙古	0.0258	0.0377	0.0576	0.0481	0.0440	0.0382	0.0435	0.0607	0.0580
辽宁	0.0358	0.0448	0.0700	0.0597	0.0563	0.0578	0.0694	0.0971	0.1033
吉林	0.0208	0.0377	0.0581	0.0630	0.0509	0.0381	0.0383	0.0482	0.0470
黑龙江	0.0330	0.0450	0.0600	0.0539	0.0419	0.0351	0.0382	0.0464	0.0476
上海	0.0629	0.0719	0.0985	0.0921	0.0801	0.0665	0.0627	0.0678	0.0541
江苏	0.0440	0.0519	0.0692	0.0663	0.0616	0.0636	0.0638	0.0751	0.0679
浙江	0.0283	0.0305	0.0356	0.0302	0.0274	0.0199	0.0194	0.0227	0.0203
安徽	0.0342	0.0412	0.0519	0.0384	0.0362	0.0295	0.0357	0.0518	0.0536
福建	0.0467	0.0555	0.0735	0.0593	0.0613	0.0629	0.0627	0.0726	0.0609
江西	0.0372	0.0484	0.0658	0.0630	0.0510	0.0550	0.0609	0.0759	0.0753
山东	0.0279	0.0361	0.0484	0.0382	0.0390	0.0428	0.0444	0.0550	0.0534
河南	0.0545	0.0621	0.0788	0.0514	0.0631	0.0635	0.0722	0.0900	0.0853
湖北	0.0425	0.0538	0.0656	0.0486	0.0418	0.0400	0.0391	0.0414	0.0380
湖南	0.0240	0.0363	0.0476	0.0444	0.0375	0.0358	0.0395	0.0488	0.0454
广东	0.0647	0.0724	0.0876	0.0723	0.0676	0.0396	0.0366	0.0416	0.0376
广西	0.0662	0.0757	0.0946	0.0740	0.0593	0.0425	0.0438	0.0530	0.0504

续表

省份 \ 年份	2000	2001	2002	2003	2004	2005	2006	2007	2008
海南	0.0832	0.1021	0.1240	0.1113	0.1001	0.0844	0.0855	0.1039	0.0881
重庆	0.0468	0.0570	0.0722	0.0598	0.0503	0.0493	0.0496	0.0677	0.0665
四川	0.0420	0.0487	0.0648	0.0624	0.0526	0.0531	0.0646	0.0809	0.0590
贵州	0.0408	0.0512	0.0752	0.0711	0.0664	0.0655	0.0890	0.1097	0.1049
云南	0.0684	0.0873	0.1086	0.1000	0.0824	0.0638	0.0657	0.0717	0.0654
陕西	0.0489	0.0575	0.0810	0.0482	0.0624	0.0579	0.0610	0.0715	0.0674
甘肃	0.0148	0.0170	0.0253	0.0162	0.0260	0.0175	0.0200	0.0294	0.0265
青海	0.0209	0.0264	0.0354	0.0295	0.0229	0.0246	0.0308	0.0407	0.0318
宁夏	0.0193	0.0226	0.0301	0.0210	0.0209	0.0148	0.0193	0.0230	0.0229
新疆	0.0358	0.0393	0.0516	0.0452	0.0353	0.0304	0.0308	0.0391	0.0317

省份 \ 年份	2009	2010	2011	2012	2013	2014	2015	2016	2017
北京	0.0470	0.0478	0.0179	0.0165	0.0154	0.0147	0.0137	0.0155	0.0165
天津	0.0706	0.0707	0.0251	0.0241	0.0238	0.0230	0.0223	0.0244	0.0273
河北	0.0299	0.0346	0.0128	0.0142	0.0161	0.0180	0.0205	0.0282	0.0354
山西	0.0743	0.0802	0.0291	0.0304	0.0344	0.0321	0.0310	0.0417	0.0514
内蒙古	0.0474	0.0507	0.0175	0.0191	0.0209	0.0225	0.0247	0.0311	0.0415
辽宁	0.0878	0.0927	0.0339	0.0319	0.0321	0.0310	0.0198	0.0308	0.0345
吉林	0.0490	0.0551	0.0192	0.0205	0.0217	0.0242	0.0270	0.0343	0.0402
黑龙江	0.0438	0.0524	0.0193	0.0175	0.0164	0.0110	0.0119	0.0153	0.0185
上海	0.0499	0.0635	0.0232	0.0218	0.0174	0.0150	0.0134	0.0151	0.0172
江苏	0.0621	0.0607	0.0212	0.0201	0.0175	0.0164	0.0160	0.0185	0.0204
浙江	0.0184	0.0195	0.0217	0.0216	0.0215	0.0231	0.0229	0.0248	0.0266
安徽	0.0522	0.0597	0.0284	0.0326	0.0319	0.0308	0.0302	0.0356	0.0407
福建	0.0502	0.0545	0.0215	0.0211	0.0209	0.0219	0.0216	0.0269	0.0301
江西	0.0593	0.0613	0.0216	0.0228	0.0258	0.0302	0.0348	0.0454	0.0586
山东	0.0516	0.0555	0.0198	0.0199	0.0195	0.0169	0.0171	0.0203	0.0228

续表

年份 / 省份	2009	2010	2011	2012	2013	2014	2015	2016	2017
河南	0.0807	0.0825	0.0268	0.0269	0.0263	0.0223	0.0217	0.0255	0.0285
湖北	0.0423	0.0546	0.0206	0.0222	0.0225	0.0216	0.0212	0.0247	0.0259
湖南	0.0462	0.0514	0.0181	0.0182	0.0177	0.0171	0.0178	0.0226	0.0326
广东	0.0346	0.0380	0.0177	0.0182	0.0177	0.0178	0.0172	0.0199	0.0208
广西	0.0523	0.0640	0.0261	0.0277	0.0290	0.0298	0.0327	0.0438	0.0555
海南	0.0649	0.0613	0.0230	0.0210	0.0198	0.0205	0.0195	0.0239	0.0298
重庆	0.0637	0.0716	0.0263	0.0248	0.0217	0.0193	0.0187	0.0226	0.0272
四川	0.0579	0.0647	0.0236	0.0248	0.0246	0.0265	0.0276	0.0340	0.0360
贵州	0.1039	0.1258	0.0415	0.0425	0.0453	0.0499	0.0517	0.0779	0.1014
云南	0.0666	0.0738	0.0279	0.0297	0.0301	0.0324	0.0348	0.0512	0.0701
陕西	0.0554	0.0618	0.0252	0.0263	0.0274	0.0272	0.0277	0.0360	0.0429
甘肃	0.0312	0.0344	0.0121	0.0138	0.0151	0.0155	0.0167	0.0219	0.0283
青海	0.0299	0.0311	0.0116	0.0123	0.0136	0.0140	0.0140	0.0186	0.0222
宁夏	0.0205	0.0211	0.0068	0.0069	0.0073	0.0072	0.0072	0.0099	0.0124
新疆	0.0233	0.0331	0.0138	0.0143	0.0138	0.0112	0.0150	0.0229	0.0295

附表 A5　按 2000 年不变价计算的 2000~2017 年 30 个省份旅游业增加值

单位：亿元

年份 / 省份	2000	2001	2002	2003	2004	2005	2006	2007	2008
北京	410.7	512.1	552.7	392.8	606.0	664.8	731.8	793.9	788.3
天津	142.1	162.4	194.4	192.0	223.0	245.0	267.9	286.1	318.6
河北	95.8	111.7	129.7	93.3	150.4	176.3	205.6	219.5	197.9
山西	36.5	45.3	58.8	46.1	85.7	121.2	172.7	219.6	265.0
内蒙古	19.7	28.4	38.3	43.1	62.4	86.8	113.5	148.3	167.3
辽宁	114.7	141.3	206.0	202.4	245.0	305.9	392.4	494.7	621.0
吉林	25.5	37.8	53.6	64.4	78.9	95.3	111.0	132.5	160.9

续表

省份＼年份	2000	2001	2002	2003	2004	2005	2006	2007	2008
黑龙江	61.4	80.8	94.8	101.0	107.4	116.5	142.2	162.3	200.3
上海	408.4	432.1	549.8	568.4	631.8	666.1	702.4	742.7	695.3
江苏	290.8	336.0	426.4	485.9	617.1	753.5	904.0	1047.9	1141.2
浙江	104.6	125.2	154.3	165.2	202.0	226.7	261.0	284.7	293.0
安徽	70.7	82.9	99.1	88.2	112.3	126.5	163.8	215.6	261.1
福建	137.3	156.6	197.3	175.9	237.1	285.2	328.8	378.9	370.0
江西	60.7	72.8	88.8	89.8	103.4	133.1	157.9	175.4	199.7
山东	185.2	223.2	283.8	260.7	349.8	432.0	523.5	625.4	715.4
河南	160.2	174.0	205.0	157.8	271.7	332.8	419.5	511.2	568.6
湖北	126.7	159.7	189.5	155.9	176.1	196.9	218.0	242.4	265.6
湖南	66.8	95.1	114.4	133.7	159.7	188.6	237.8	276.4	303.9
广东	518.3	573.7	667.2	608.9	717.5	782.1	863.5	925.8	945.2
广西	77.4	92.2	107.3	94.1	109.6	127.8	148.7	168.6	190.2
海南	35.3	39.7	44.3	42.5	47.7	52.0	57.4	65.2	66.5
重庆	66.7	80.2	102.1	92.7	111.6	125.2	139.9	167.4	200.2
四川	115.8	141.7	176.7	191.3	242.9	300.1	395.3	461.1	388.7
贵州	28.3	36.8	49.5	53.1	72.0	104.5	156.1	194.4	232.9
云南	94.9	116.0	134.7	139.3	158.6	178.7	202.2	211.7	236.7
陕西	67.5	75.9	87.0	72.8	129.3	146.8	169.4	190.7	216.3
甘肃	10.4	11.3	14.6	10.8	23.7	26.0	32.4	43.9	49.1
青海	4.8	5.8	7.1	6.7	8.5	10.8	14.6	17.9	17.0
宁夏	4.3	5.0	5.7	4.7	6.5	7.4	10.4	12.0	14.5
新疆	31.7	36.1	42.8	42.2	50.0	57.7	64.4	77.6	74.0

省份＼年份	2009	2010	2011	2012	2013	2014	2015	2016	2017
北京	861.5	911.0	883.6	939.8	973.5	999.0	1031.9	1045.4	1095.6
天津	370.3	418.1	417.4	473.0	534.8	590.5	636.2	667.8	722.1

续表

省份 \ 年份	2009	2010	2011	2012	2013	2014	2015	2016	2017
河北	251.6	302.4	334.1	410.6	492.7	596.6	766.6	963.3	1221.2
山西	316.1	358.2	367.2	468.5	565.0	662.8	771.2	880.7	1068.3
内蒙古	216.4	242.3	244.0	292.2	344.3	421.1	504.4	562.9	687.2
辽宁	787.8	887.0	913.8	1021.8	1140.5	1232.3	833.0	881.1	946.3
吉林	205.9	242.3	254.3	304.6	361.9	419.9	507.0	601.4	699.6
黑龙江	229.9	291.7	299.1	336.5	339.7	248.4	304.7	332.7	380.8
上海	788.5	971.3	868.6	925.7	809.5	770.0	764.6	808.7	900.2
江苏	1317.0	1521.9	1515.7	1670.8	1737.5	1875.7	2011.7	2118.4	2313.5
浙江	325.8	386.0	1118.9	1243.3	1359.1	1470.0	1599.8	1621.0	1798.0
安徽	319.7	377.6	517.9	677.2	737.3	797.8	922.6	1024.7	1237.7
福建	408.1	461.9	462.3	511.1	562.6	633.1	705.2	822.4	1022.0
江西	239.4	270.5	302.6	362.6	464.8	617.1	813.4	1035.2	1282.2
山东	868.4	1011.3	1024.1	1169.2	1271.4	1364.2	1496.3	1578.5	1737.7
河南	703.8	769.9	766.0	869.3	949.9	1014.1	1123.2	1191.2	1340.9
湖北	356.0	482.6	545.4	680.0	786.0	891.9	964.6	1014.8	1100.9
湖南	389.5	471.4	488.4	577.7	657.4	710.7	830.8	976.4	1447.5
广东	1091.8	1263.6	1333.5	1505.7	1654.4	1837.6	2039.1	2181.7	2418.2
广西	248.1	314.6	350.1	429.5	504.8	604.2	728.8	870.7	1114.3
海南	74.8	84.9	88.8	98.1	105.3	118.1	121.7	131.6	162.7
重庆	248.9	302.5	346.7	430.1	434.6	467.1	504.0	549.9	661.2
四川	522.4	623.8	669.8	847.8	950.3	1139.1	1389.6	1598.2	1778.7
贵州	285.8	351.2	390.7	480.6	580.9	673.9	786.2	1042.1	1417.6
云南	286.4	331.9	356.7	440.9	518.6	621.9	735.3	985.5	1383.0
陕西	271.7	325.0	363.0	442.8	523.9	593.1	678.0	792.8	961.8
甘肃	68.5	78.4	91.3	121.8	152.0	181.7	218.3	252.8	314.7
青海	21.3	23.6	25.4	31.9	38.8	46.9	55.6	64.3	76.0
宁夏	19.0	22.4	23.0	26.7	31.2	33.2	36.0	43.6	55.4
新疆	65.9	97.0	121.0	149.3	165.3	151.6	228.2	285.3	360.7

附表 A6　2000~2017 年 30 个省份交通运输、仓储和邮政业能源消费量

单位：万吨标准煤

省份＼年份	2000	2001	2002	2003	2004	2005	2006	2007	2008
北京	245.3	298.4	324.6	343.3	445.2	464.6	584.1	681.6	778.1
天津	223.4	227.2	244.9	320.9	312.9	312.9	323.1	317.5	355.1
河北	187.7	179.3	175.1	181.1	307.2	599.4	623.6	662.1	663.2
山西	149.2	191.9	211.4	231.0	275.7	423.0	370.0	374.6	723.3
内蒙古	118.7	127.9	138.1	144.1	296.9	584.3	695.6	799.3	925.6
辽宁	428.4	629.2	615.2	575.5	606.8	1096.1	1221.4	1343.2	1334.1
吉林	138.4	131.2	134.2	140.3	146.4	225.6	262.6	359.2	451.3
黑龙江	267.0	271.6	257.7	306.2	321.3	428.1	496.0	503.1	424.3
上海	554.2	640.5	751.9	881.5	1172.7	1330.8	1559.1	1778.3	1834.2
江苏	324.5	431.6	505.3	668.3	825.2	843.1	901.7	985.6	1125.6
浙江	369.7	436.0	475.2	545.3	613.9	715.6	817.5	903.4	978.5
安徽	164.7	169.8	190.7	210.8	247.9	279.9	315.4	386.4	404.5
福建	194.4	198.9	246.0	292.3	372.2	376.9	406.2	453.9	601.5
江西	162.2	215.9	306.2	401.6	312.9	310.5	327.6	334.5	336.8
山东	170.9	196.6	218.0	633.3	682.3	1609.0	1785.6	1960.3	2055.2
河南	213.9	218.3	197.9	206.5	489.2	513.3	538.3	635.2	670.9
湖北	355.7	421.4	541.4	728.0	719.3	896.9	960.0	1051.3	1250.7
湖南	280.0	274.8	379.5	423.7	503.6	572.9	608.5	668.2	664.7
广东	895.8	970.8	1047.1	1175.4	1352.0	1815.4	1867.8	2059.2	2219.4
广西	216.5	260.8	305.8	326.6	377.0	438.7	516.1	567.5	585.1
海南	87.7	92.2	96.4	125.6	132.1	131.9	149.9	163.7	238.1
重庆	113.5	116.8	120.7	124.7	299.4	312.3	338.3	415.9	472.9
四川	287.5	327.5	359.8	415.7	481.0	537.4	639.5	767.8	882.5
贵州	124.5	128.4	132.9	153.8	166.4	201.9	248.7	304.1	393.3
云南	148.6	254.5	336.3	376.9	155.8	514.4	577.0	623.2	640.2

续表

省份\年份	2000	2001	2002	2003	2004	2005	2006	2007	2008
陕西	115.6	133.1	152.0	268.6	307.2	397.3	404.4	467.5	592.7
甘肃	226.1	258.9	201.6	219.5	202.6	230.5	239.1	236.3	249.1
青海	24.5	24.8	22.9	26.0	27.4	35.8	38.5	69.6	86.4
宁夏	65.8	90.7	116.5	108.4	37.3	104.8	118.8	126.2	125.7
新疆	166.9	227.2	220.9	251.2	236.2	385.5	446.4	461.3	474.3

省份\年份	2009	2010	2011	2012	2013	2014	2015	2016	2017
北京	808.2	869.3	922.2	946.0	996.2	1056.9	1098.7	1156.0	1221.7
天津	383.8	417.0	443.3	459.7	380.7	566.0	398.9	404.6	411.5
河北	661.1	771.7	845.8	862.7	881.4	809.0	799.2	948.4	866.5
山西	729.0	747.5	777.4	820.8	848.6	834.9	891.2	918.8	954.0
内蒙古	1074.0	1231.1	1325.4	1500.0	1056.6	1057.9	1076.7	796.3	838.8
辽宁	1399.6	1444.2	1562.0	1655.7	1719.3	1861.7	1765.6	1794.9	1840.0
吉林	454.6	472.9	482.3	503.6	509.0	561.0	598.2	617.1	604.1
黑龙江	502.2	499.0	822.0	872.6	943.3	1010.9	1038.2	1061.9	1138.6
上海	1862.9	1908.8	1851.1	1884.6	1887.1	1883.4	1978.0	2201.1	2403.4
江苏	1171.1	1328.8	1440.4	1556.9	1675.1	1840.0	1935.7	1990.9	2079.2
浙江	1006.4	1087.4	1181.7	1241.1	1293.0	1317.3	1396.6	1402.2	1461.8
安徽	421.4	474.7	552.3	788.4	865.9	962.2	970.4	982.1	1040.5
福建	657.2	730.0	788.7	815.7	847.6	921.9	973.1	1037.0	1097.3
江西	347.7	421.6	459.4	479.9	595.5	610.7	665.2	674.6	702.4
山东	2269.9	2386.1	2626.9	2924.0	1170.6	1749.6	1805.1	1891.9	2094.0
河南	747.6	849.0	1111.1	1231.8	1170.6	1219.9	1318.3	1311.1	1302.0
湖北	1189.5	1233.3	1473.8	1460.1	1394.2	1404.6	1433.4	1747.5	1775.5
湖南	744.9	838.9	924.1	1011.6	1179.8	1286.6	1386.0	1444.6	1451.6
广东	2325.9	2570.8	2625.7	2725.2	2633.0	2760.2	2876.9	3146.8	3266.1
广西	660.3	721.5	773.1	837.2	654.6	827.1	859.0	887.1	966.5

续表

年份 省份	2009	2010	2011	2012	2013	2014	2015	2016	2017
海南	270.2	291.9	309.2	312.7	287.5	271.7	284.6	276.0	292.6
重庆	445.6	543.9	589.0	700.7	773.2	730.7	867.1	921.4	968.2
四川	1035.6	977.8	861.4	1214.5	642.9	978.9	1061.4	1473.9	1560.9
贵州	400.3	464.2	512.5	618.7	593.0	632.4	703.3	776.5	685.9
云南	657.4	825.1	881.6	941.6	894.6	1012.6	979.1	1025.3	1047.4
陕西	748.6	821.6	885.8	914.5	712.3	749.8	749.3	783.9	794.8
甘肃	266.8	291.8	311.6	349.9	480.9	490.8	465.2	457.6	465.6
青海	96.3	108.0	116.3	118.3	125.4	133.0	147.6	169.9	192.0
宁夏	131.9	142.3	149.7	161.1	166.3	176.2	186.4	197.2	209.7
新疆	457.9	478.8	525.4	598.1	723.1	758.5	906.0	963.9	1020.7

附表 A7　2000~2017 年 30 个省份批发、零售业和住宿、餐饮业能源消费量

单位：万吨标准煤

年份 省份	2000	2001	2002	2003	2004	2005	2006	2007	2008
北京	29.7	48.5	56.8	42.2	77.8	138.2	156.6	221.7	178.0
天津	154.9	193.7	163.8	119.2	196.4	206.6	210.0	227.4	108.0
河北	49.7	49.1	52.9	54.5	57.3	71.1	72.3	68.0	139.4
山西	50.8	54.4	60.7	67.7	83.1	122.1	99.9	111.6	190.9
内蒙古	56.5	53.9	53.2	59.9	189.0	192.1	232.6	263.2	516.9
辽宁	36.9	36.4	37.5	37.2	38.1	52.1	51.4	78.4	85.6
吉林	95.3	104.2	113.1	123.6	122.8	182.9	200.6	198.3	108.1
黑龙江	164.3	169.9	184.9	198.2	208.7	229.6	234.5	270.3	271.5
上海	51.4	67.5	70.2	76.2	140.9	146.2	174.0	201.0	218.0
江苏	87.6	50.3	57.1	27.9	31.7	56.5	46.0	54.0	71.2
浙江	66.9	71.9	77.0	87.7	89.0	102.0	88.2	109.0	107.6
安徽	38.7	43.6	44.3	50.9	55.9	57.2	63.2	53.0	31.4

续表

省份\年份	2000	2001	2002	2003	2004	2005	2006	2007	2008
福建	24.5	26.2	45.1	48.4	59.4	69.5	64.9	66.4	76.3
江西	6.8	11.5	7.6	12.6	20.1	23.1	22.7	30.4	40.3
山东	113.7	146.4	172.8	178.6	172.7	239.4	262.6	270.6	633.3
河南	30.2	28.8	32.1	36.8	73.2	45.5	52.4	52.9	48.6
湖北	39.8	53.5	62.1	73.1	69.4	92.3	138.0	180.3	294.5
湖南	11.3	10.8	11.2	6.6	8.5	338.8	361.1	390.6	405.9
广东	101.1	108.2	100.0	118.8	136.8	240.1	267.3	305.8	290.2
广西	20.3	28.2	28.2	33.8	52.8	68.1	79.4	85.5	89.9
海南	13.6	14.3	15.3	8.4	22.4	11.9	18.3	20.2	21.5
重庆	18.4	19.0	19.3	20.0	20.8	22.2	56.3	56.9	59.0
四川	96.0	101.4	105.3	123.7	151.4	146.6	162.1	186.9	167.3
贵州	120.3	110.7	120.7	134.2	130.3	131.1	133.3	139.6	330.9
云南	10.4	14.3	8.8	13.4	14.0	32.5	32.5	40.8	57.4
陕西	22.7	26.6	32.6	124.0	144.4	316.3	338.1	274.9	162.0
甘肃	32.1	32.2	32.9	35.9	29.0	30.3	28.5	29.2	31.9
青海	5.7	5.2	17.1	21.8	28.4	32.5	33.2	34.3	30.7
宁夏	10.0	11.4	12.9	14.3	19.5	20.1	13.0	10.2	19.3
新疆	58.2	58.9	61.2	80.6	237.7	82.8	93.8	96.4	100.5

省份\年份	2009	2010	2011	2012	2013	2014	2015	2016	2017
北京	167.8	154.4	161.2	173.2	181.2	185.8	197.4	184.1	175.7
天津	123.7	142.3	145.0	162.1	117.5	126.3	136.2	150.0	152.6
河北	154.9	169.7	168.4	161.3	198.4	209.8	235.0	255.3	404.7
山西	243.2	231.0	236.4	247.5	222.7	192.5	205.1	223.6	230.5
内蒙古	674.1	837.3	958.9	1041.4	691.3	725.7	616.7	443.1	270.4
辽宁	93.8	103.4	112.7	120.9	132.2	139.2	129.1	128.8	119.9

续表

省份＼年份	2009	2010	2011	2012	2013	2014	2015	2016	2017
吉林	120.3	158.4	147.9	159.8	125.5	90.7	121.6	119.9	101.3
黑龙江	269.0	227.6	426.3	525.4	587.8	633.1	933.6	770.9	757.4
上海	257.7	247.2	260.5	283.9	273.5	282.5	271.0	274.6	272.1
江苏	68.9	56.0	74.4	85.5	75.8	70.0	55.3	46.2	31.0
浙江	140.7	183.5	197.9	209.6	236.6	265.5	291.7	313.7	292.1
安徽	36.2	41.2	70.8	89.4	115.4	103.6	117.8	125.7	124.4
福建	75.3	88.7	85.8	83.1	42.9	32.1	31.6	30.7	32.7
江西	42.9	42.9	42.4	57.7	60.1	70.5	90.2	96.6	121.5
山东	692.5	764.7	809.4	879.3	194.7	435.9	468.1	458.8	455.6
河南	61.9	77.1	107.3	127.4	194.7	282.2	240.1	369.9	333.8
湖北	531.2	576.9	719.7	687.8	537.1	470.4	482.2	408.3	434.3
湖南	424.3	479.9	526.3	585.6	359.7	387.8	422.0	473.8	578.6
广东	399.9	446.1	427.0	472.9	611.5	557.8	580.7	617.1	628.8
广西	96.9	108.5	115.7	124.6	58.1	91.9	95.1	97.4	96.8
海南	24.5	15.2	19.5	19.1	20.5	20.9	21.9	23.1	24.6
重庆	66.3	79.8	90.4	106.8	114.7	120.3	125.2	137.1	144.1
四川	183.3	296.5	372.1	388.0	342.8	437.4	439.4	455.2	510.2
贵州	396.0	394.3	402.1	506.2	715.6	699.3	892.8	926.1	969.0
云南	77.1	86.7	104.8	144.7	162.4	115.3	185.7	178.9	175.7
陕西	197.0	219.7	234.4	239.0	224.6	230.0	227.4	218.3	219.4
甘肃	34.8	41.2	38.6	45.2	44.3	53.4	64.6	79.1	80.0
青海	33.3	35.7	39.9	39.6	40.8	41.3	42.4	44.6	72.2
宁夏	27.3	27.9	20.9	17.6	14.7	15.7	22.4	24.6	25.4
新疆	106.0	108.7	112.5	112.2	159.5	154.4	191.2	217.5	210.4

附表 A8 2000~2017 年 30 个省份其他行业能源消费量

单位：万吨标准煤

省份＼年份	2000	2001	2002	2003	2004	2005	2006	2007	2008
北京	236.0	262.2	326.2	360.6	431.3	481.1	499.4	460.4	478.8
天津	164.8	73.1	58.8	70.2	83.2	68.1	71.7	80.1	121.5
河北	183.0	196.1	204.7	212.1	217.9	240.7	224.4	216.6	386.2
山西	94.3	99.9	105.8	112.7	125.4	212.6	61.9	60.1	230.8
内蒙古	38.2	34.9	32.7	33.3	114.0	129.8	180.0	210.6	117.7
辽宁	143.9	124.4	129.1	123.1	110.0	109.5	120.7	124.0	245.1
吉林	168.5	177.0	186.1	197.9	199.9	274.2	315.3	321.0	228.7
黑龙江	93.8	92.2	92.9	64.2	64.6	63.1	67.2	67.7	61.8
上海	139.3	135.3	145.0	119.1	153.2	173.6	210.9	295.4	314.7
江苏	80.0	139.8	125.4	56.8	45.3	32.0	20.8	21.0	16.3
浙江	119.2	127.7	141.9	144.4	107.9	80.5	79.7	84.6	92.0
安徽	16.9	17.2	17.3	13.6	15.6	16.4	17.9	19.6	78.4
福建	143.1	140.7	127.7	131.3	165.6	127.9	159.0	171.8	129.2
江西	6.0	9.7	6.6	7.3	9.7	25.3	28.4	30.3	31.6
山东	224.3	232.4	185.5	105.3	169.3	233.0	253.7	267.8	503.1
河南	29.3	32.1	32.1	33.4	97.2	34.7	34.7	20.5	25.3
湖北	8.6	8.6	281.5	7.2	8.8	10.3	11.4	127.5	135.7
湖南	10.5	9.0	10.1	4.8	6.5	13.6	7.1	11.2	181.0
广东	27.1	28.9	32.9	36.4	41.6	72.7	72.9	82.2	75.5
广西	20.4	18.7	21.1	27.6	48.4	52.3	52.9	75.3	76.2
海南	23.9	23.9	23.9	37.2	44.6	16.0	17.6	19.1	17.6
重庆	10.3	10.3	10.8	11.1	11.1	12.5	11.7	11.7	22.2
四川	52.8	57.5	59.8	67.0	77.5	80.8	96.1	114.7	116.8
贵州	137.5	169.6	187.9	209.9	204.4	218.6	223.9	223.2	415.2
云南	26.6	28.9	17.8	26.9	32.7	42.5	43.4	33.0	57.8
陕西	32.5	20.7	14.1	31.6	42.7	28.7	35.6	26.3	200.0

续表

省份＼年份	2000	2001	2002	2003	2004	2005	2006	2007	2008
甘肃	17.4	18.1	18.6	18.4	15.5	19.6	21.2	24.5	28.1
青海	23.2	16.1	49.6	57.9	63.7	81.3	83.2	79.2	73.4
宁夏	1.4	2.4	4.7	8.3	12.8	16.4	12.3	10.2	42.5
新疆	112.3	99.8	107.5	135.3	112.2	102.8	105.8	106.5	103.9

省份＼年份	2009	2010	2011	2012	2013	2014	2015	2016	2017
北京	504.8	475.8	478.2	549.0	490.0	508.1	495.3	480.5	431.6
天津	130.8	138.2	137.3	152.7	153.8	157.7	173.8	191.5	175.5
河北	402.8	431.2	398.9	412.0	371.0	356.9	408.7	404.2	226.7
山西	262.5	218.6	233.2	234.4	206.3	196.3	201.4	208.9	202.8
内蒙古	249.9	322.1	288.2	342.4	722.7	747.8	591.5	425.9	307.4
辽宁	259.3	216.7	238.4	323.4	330.0	424.7	513.9	504.7	476.8
吉林	246.2	249.3	256.2	276.6	264.0	176.3	293.7	304.9	261.9
黑龙江	66.2	20.5	155.9	358.3	400.3	347.1	610.8	742.6	734.7
上海	378.2	331.7	375.1	422.9	444.2	473.4	465.6	463.1	476.0
江苏	41.0	61.9	76.9	81.7	77.5	55.7	60.0	33.3	23.8
浙江	107.7	141.2	145.0	155.1	166.2	178.0	185.1	180.9	158.5
安徽	86.6	94.1	89.2	99.9	140.6	142.0	161.1	175.4	226.3
福建	113.7	131.4	129.3	130.8	69.8	54.0	52.4	48.2	51.0
江西	39.4	45.2	49.7	57.1	66.0	75.4	83.5	91.0	114.2
山东	527.9	597.1	635.0	722.4	209.2	385.8	396.1	345.4	347.9
河南	0.8	29.8	69.1	83.1	209.2	268.4	330.9	254.6	151.5
湖北	161.8	217.2	279.6	319.8	300.8	325.5	346.9	398.1	415.4
湖南	164.6	203.5	189.4	216.7	435.2	474.5	516.8	567.2	645.3
广东	80.6	86.6	91.7	92.4	108.8	112.2	124.0	444.9	153.8
广西	82.5	92.0	97.2	105.9	44.5	50.0	54.7	58.9	29.8
海南	20.4	33.6	37.0	40.1	45.2	50.3	64.8	68.5	74.3

续表

年份 省份	2009	2010	2011	2012	2013	2014	2015	2016	2017
重庆	60. 9	69. 3	79. 1	87. 5	93. 8	53. 8	52. 4	57. 9	58. 5
四川	178. 5	191. 8	236. 8	231. 0	740. 7	321. 3	342. 1	317. 9	338. 2
贵州	445. 1	461. 1	473. 4	411. 7	795. 9	927. 0	972. 3	935. 6	1007. 0
云南	55. 5	62. 3	62. 3	83. 5	90. 1	105. 2	112. 1	89. 2	90. 2
陕西	181. 6	209. 9	225. 5	224. 6	179. 6	171. 9	155. 9	128. 3	118. 2
甘肃	30. 0	34. 8	35. 4	36. 8	102. 2	119. 8	162. 2	193. 1	193. 7
青海	77. 1	87. 4	97. 3	91. 0	95. 8	97. 3	97. 4	101. 0	95. 1
宁夏	51. 8	59. 0	54. 4	51. 9	29. 2	33. 7	21. 9	20. 6	28. 8
新疆	102. 7	103. 6	105. 2	103. 8	143. 8	151. 4	200. 2	216. 3	195. 6

附表 A9　2000~2017 年 30 个省份旅游业能源消费量

单位：万吨标准煤

年份 省份	2000	2001	2002	2003	2004	2005	2006	2007	2008
北京	302. 1	407. 8	428. 8	291. 4	535. 2	400. 1	489. 1	610. 4	644. 8
天津	148. 5	160. 9	160. 8	170. 5	203. 3	185. 7	202. 6	204. 9	192. 6
河北	32. 3	34. 7	38. 3	25. 8	44. 3	74. 1	75. 0	75. 5	75. 3
山西	25. 2	35. 5	44. 7	34. 2	65. 7	86. 2	98. 6	118. 2	232. 4
内蒙古	13. 3	17. 4	21. 6	23. 9	68. 7	76. 7	108. 8	143. 9	181. 9
辽宁	64. 2	96. 3	118. 4	96. 0	105. 0	238. 1	337. 1	440. 5	499. 7
吉林	22. 8	29. 6	42. 0	49. 1	51. 0	72. 5	87. 8	111. 4	116. 3
黑龙江	47. 1	57. 5	59. 6	65. 3	67. 9	84. 7	115. 1	128. 1	137. 1
上海	311. 7	347. 5	420. 7	462. 9	625. 1	593. 0	675. 7	801. 7	767. 2
江苏	85. 7	105. 6	127. 3	151. 9	211. 2	310. 8	347. 0	415. 4	429. 2
浙江	44. 6	53. 1	57. 2	61. 6	74. 1	130. 8	148. 5	166. 5	169. 0
安徽	29. 5	33. 5	36. 4	31. 7	40. 6	43. 2	60. 1	81. 4	87. 9

续表

省份＼年份	2000	2001	2002	2003	2004	2005	2006	2007	2008
福建	37.1	42.4	58.1	55.0	82.6	111.7	125.2	141.9	152.0
江西	20.7	30.0	38.8	48.4	43.5	53.3	70.9	79.4	81.5
山东	44.1	67.3	68.9	106.4	124.5	289.8	341.9	402.8	437.3
河南	45.7	46.5	45.6	32.7	98.6	114.1	143.8	176.7	168.4
湖北	73.5	100.3	142.4	124.9	124.5	174.8	202.9	234.2	257.2
湖南	27.8	36.7	48.6	56.0	71.4	155.9	194.9	225.5	238.9
广东	249.5	258.7	283.2	288.9	362.4	553.9	584.9	673.0	671.7
广西	44.3	54.8	56.4	50.0	63.5	94.3	121.0	134.4	133.3
海南	31.0	34.3	33.9	38.0	44.7	40.0	50.1	56.9	69.9
重庆	35.4	39.5	41.8	35.6	83.5	67.9	82.5	117.3	133.1
四川	69.2	76.4	87.6	100.3	128.4	188.1	261.8	335.3	271.0
贵州	49.2	58.6	76.6	85.5	105.8	128.3	194.2	234.1	411.6
云南	50.9	87.3	105.4	110.2	50.6	198.8	251.2	270.5	273.0
陕西	32.0	35.4	40.7	65.4	120.1	160.4	176.1	181.1	196.6
甘肃	19.9	21.7	18.3	13.7	24.2	17.7	21.4	28.7	28.7
青海	3.6	3.5	6.2	6.2	7.8	10.7	14.2	21.1	21.1
宁夏	6.2	8.4	9.9	7.4	5.0	7.8	11.6	13.2	16.0
新疆	28.4	38.6	39.7	46.7	69.1	67.4	84.6	102.2	88.8

省份＼年份	2009	2010	2011	2012	2013	2014	2015	2016	2017
北京	580.0	518.9	651.2	713.2	737.1	787.3	839.4	939.6	997.3
天津	162.1	166.3	202.6	226.5	208.1	322.3	281.1	338.1	384.2
河北	80.4	96.8	119.1	141.4	194.1	244.0	335.7	490.6	658.4
山西	248.5	255.4	308.8	380.0	451.2	587.2	664.4	855.2	1051.2
内蒙古	214.8	265.3	328.1	396.4	320.5	384.7	490.9	427.4	553.5
辽宁	528.2	517.5	687.9	728.2	843.3	954.5	554.7	930.2	1075.3
吉林	128.2	153.9	195.9	226.8	259.5	308.5	407.5	541.3	633.4

续表

省份 \ 年份	2009	2010	2011	2012	2013	2014	2015	2016	2017
黑龙江	141.3	170.2	344.0	386.4	428.5	316.7	441.9	469.8	571.8
上海	850.2	828.3	990.9	1050.8	934.3	846.4	832.4	1029.4	1257.7
江苏	395.3	416.8	556.1	608.1	666.7	800.4	869.1	1056.8	1233.1
浙江	172.2	185.2	691.2	763.0	860.4	867.2	961.9	1038.2	1200.2
安徽	115.6	137.2	289.9	475.0	566.2	623.0	736.1	861.6	1015.5
福建	156.5	171.6	228.2	235.6	251.6	285.2	299.4	389.8	504.7
江西	86.3	101.0	157.5	168.2	254.9	349.1	490.4	580.6	688.7
山东	540.7	582.6	744.7	862.5	351.8	693.7	746.4	869.6	983.2
河南	249.1	290.4	508.7	548.2	578.5	577.9	636.1	759.1	820.6
湖北	333.8	413.3	685.4	788.9	770.3	804.0	858.9	1097.9	1224.2
湖南	228.7	277.6	379.3	449.7	477.1	544.6	675.6	900.0	1391.8
广东	658.1	732.8	957.9	1025.7	1086.8	1234.3	1399.1	1616.6	1905.1
广西	170.0	192.3	270.8	333.4	291.8	436.9	518.8	693.0	949.0
海南	82.2	84.2	118.4	119.6	120.3	104.5	112.9	132.2	157.2
重庆	132.5	173.0	258.1	348.3	363.8	324.3	380.4	460.7	578.9
四川	401.6	461.5	631.0	930.5	682.4	855.3	1037.5	1417.9	1660.6
贵州	345.3	393.5	450.5	566.2	752.6	825.0	1028.2	1226.1	1353.8
云南	362.6	473.8	512.7	578.1	576.8	683.8	774.2	876.9	960.7
陕西	221.4	259.7	373.9	427.9	419.5	501.8	553.9	623.0	710.1
甘肃	37.9	45.2	65.1	85.8	136.6	211.9	257.5	352.1	440.3
青海	22.9	24.2	33.1	39.7	50.3	58.5	71.9	100.2	141.7
宁夏	13.5	14.9	16.2	18.3	21.8	24.9	31.0	42.1	61.2
新疆	67.8	99.2	158.7	165.0	211.9	184.1	318.7	497.8	594.4

附表 A10 2000~2017 年 30 个省份旅游业碳排放量 单位：万吨

年份 省份	2000	2001	2002	2003	2004	2005	2006	2007	2008
北京	740.3	999.2	1050.5	713.9	1311.2	980.3	1198.4	1495.6	1579.7
天津	363.7	394.3	394.0	417.8	498.0	454.8	496.5	501.9	471.8
河北	79.1	85.0	93.9	63.1	108.6	181.6	183.8	184.9	184.6
山西	61.8	87.0	109.6	83.8	161.0	211.3	241.7	289.5	569.4
内蒙古	32.5	42.7	52.9	58.5	168.3	188.0	266.6	352.5	445.6
辽宁	157.2	235.8	290.1	235.1	257.2	583.4	825.8	1079.1	1224.4
吉林	55.9	72.5	102.8	120.4	124.9	177.7	215.2	273.0	284.8
黑龙江	115.5	141.0	146.0	159.9	166.3	207.5	281.9	313.8	336.0
上海	763.7	851.3	1030.8	1134.1	1531.4	1452.7	1655.3	1964.2	1879.7
江苏	209.9	258.6	312.0	372.1	517.4	761.5	850.2	1017.8	1051.5
浙江	109.3	130.1	140.2	150.9	181.6	320.5	363.8	407.8	414.0
安徽	72.4	82.1	89.2	77.7	99.3	105.8	147.2	199.5	215.5
福建	91.0	103.9	142.4	134.8	202.2	273.7	306.9	347.6	372.4
江西	50.6	73.6	95.1	118.7	106.5	130.5	173.7	194.6	199.8
山东	108.1	165.0	168.8	260.7	305.0	710.1	837.6	986.9	1071.3
河南	112.0	114.0	111.8	80.2	241.5	279.4	352.4	432.9	412.6
湖北	180.0	245.8	348.8	306.0	305.0	428.3	497.2	573.7	630.2
湖南	68.0	90.0	119.2	137.3	175.0	382.1	477.6	552.5	585.3
广东	611.4	633.9	693.7	707.7	887.9	1357.1	1432.9	1648.9	1645.7
广西	108.5	134.2	138.1	122.4	155.6	231.0	296.3	329.3	326.5
海南	75.9	84.0	83.1	93.0	109.4	97.9	122.7	139.3	171.4
重庆	86.7	96.9	102.4	87.2	204.6	166.4	202.2	287.5	326.0
四川	169.6	187.1	214.7	245.7	314.5	461.0	641.5	821.5	664.0
贵州	120.6	143.5	187.6	209.4	259.3	314.2	475.7	573.4	1008.3
云南	124.8	213.8	258.3	270.0	124.0	487.0	615.4	662.7	668.9
陕西	78.5	86.8	99.8	160.3	294.2	392.9	431.4	443.7	481.6
甘肃	48.8	53.1	44.9	33.5	59.3	43.4	52.3	70.3	70.4

续表

年份 省份	2000	2001	2002	2003	2004	2005	2006	2007	2008
青海	8.7	8.6	15.2	15.3	19.1	26.2	34.7	51.7	51.6
宁夏	15.2	20.6	24.1	18.1	12.2	19.1	28.3	32.2	39.3
新疆	69.6	94.5	97.3	114.5	169.3	165.2	207.2	250.4	217.7

年份 省份	2009	2010	2011	2012	2013	2014	2015	2016	2017
北京	1421.1	1271.3	1595.5	1747.4	1805.9	1929.0	2056.4	2302.1	2443.4
天津	397.2	407.5	496.4	554.8	509.8	789.5	688.8	828.2	941.4
河北	197.0	237.1	291.8	346.5	475.6	597.8	822.5	1201.9	1613.2
山西	608.9	625.8	756.6	931.0	1105.5	1438.7	1627.8	2095.2	2575.5
内蒙古	526.3	650.0	803.9	971.2	785.3	942.6	1202.7	1047.2	1356.0
辽宁	1294.1	1267.9	1685.3	1784.0	2066.0	2338.6	1359.0	2279.0	2634.6
吉林	314.1	376.9	479.9	555.7	635.8	755.8	998.5	1326.1	1551.8
黑龙江	346.3	416.9	842.7	946.8	1049.7	775.9	1082.7	1151.0	1401.0
上海	2083.0	2029.4	2427.8	2574.5	2289.1	2073.7	2039.3	2522.1	3081.4
江苏	968.4	1021.1	1362.5	1489.8	1633.5	1961.0	2129.4	2589.2	3021.2
浙江	421.8	453.7	1693.5	1869.4	2107.9	2124.8	2356.8	2543.6	2940.5
安徽	283.3	336.2	710.2	1163.7	1387.3	1526.3	1803.4	2110.8	2487.9
福建	383.4	420.3	559.0	577.1	616.4	698.8	733.4	955.1	1236.6
江西	211.4	247.5	385.8	412.0	624.6	855.3	1201.4	1422.5	1687.4
山东	1324.8	1427.5	1824.6	2113.0	861.8	1699.7	1828.6	2130.6	2408.9
河南	610.2	711.4	1246.3	1343.0	1417.4	1415.7	1558.5	1859.9	2010.4
湖北	817.8	1012.6	1679.3	1932.8	1887.3	1969.9	2104.2	2689.8	2999.3
湖南	560.3	680.0	929.3	1101.8	1168.9	1334.3	1655.2	2205.1	3409.9
广东	1612.3	1795.4	2346.9	2512.9	2662.6	3024.1	3427.8	3960.7	4667.4
广西	416.5	471.2	663.3	816.9	714.9	1070.3	1271.1	1697.9	2325.0
海南	201.4	206.4	290.1	293.0	294.8	256.1	276.5	323.9	385.1
重庆	324.6	423.9	632.4	853.3	891.4	794.6	932.1	1128.7	1418.2

续表

省份\年份	2009	2010	2011	2012	2013	2014	2015	2016	2017
四川	984.0	1130.7	1545.9	2279.8	1671.8	2095.5	2541.9	3473.9	4068.4
贵州	846.0	964.1	1103.6	1387.1	1843.9	2021.2	2519.2	3004.0	3316.8
云南	888.3	1160.9	1256.2	1416.2	1413.1	1675.4	1896.8	2148.3	2353.7
陕西	542.5	636.4	916.0	1048.4	1027.7	1229.3	1357.1	1526.4	1739.9
甘肃	92.8	110.7	159.5	210.3	334.7	519.1	630.8	862.7	1078.6
青海	56.2	59.2	81.0	97.3	123.3	143.3	176.0	245.6	347.2
宁夏	33.1	36.5	39.6	44.8	53.5	61.0	76.0	103.1	149.9
新疆	166.1	243.1	388.7	404.3	519.0	451.1	780.7	1219.7	1456.3

附表 A11　2000~2017 年中国 30 个省份旅游业固定资产投资　单位：亿元

省份\年份	2000	2001	2002	2003	2004	2005	2006	2007	2008
北京	285.2	299.3	318.7	250.5	340.6	268.0	361.7	478.1	441.7
天津	65.2	69.7	73.9	81.6	86.7	112.2	132.7	186.6	212.3
河北	35.9	43.1	60.7	40.4	58.1	80.7	110.2	129.5	118.5
山西	25.4	30.9	32.9	23.4	42.6	42.8	71.4	110.6	140.3
内蒙古	23.5	28.3	20.5	29.2	42.4	49.8	69.9	115.4	117.5
辽宁	35.3	54.4	76.3	78.7	107.1	154.3	288.9	417.9	564.1
吉林	20.5	25.8	29.8	33.0	35.0	45.9	67.4	100.7	122.4
黑龙江	34.5	40.1	43.0	41.2	43.4	46.6	75.8	100.8	131.2
上海	169.4	186.8	207.1	259.0	269.1	288.8	354.1	437.3	350.7
江苏	135.3	147.7	166.8	221.8	275.4	372.8	463.5	561.0	572.1
浙江	57.5	69.5	88.3	92.9	110.6	156.5	177.6	184.8	167.1
安徽	29.8	37.6	44.2	40.5	54.7	64.7	101.9	168.9	204.3
福建	55.8	66.1	70.3	59.6	80.3	114.1	159.2	235.8	220.3
江西	37.9	45.9	45.9	59.0	67.2	92.8	124.9	145.6	155.6

续表

年份 省份	2000	2001	2002	2003	2004	2005	2006	2007	2008
山东	97.2	101.9	106.8	108.0	134.0	168.2	221.2	294.3	370.5
河南	81.4	88.8	96.2	75.4	128.0	188.0	286.4	349.6	375.1
湖北	65.3	72.2	79.4	71.1	86.0	94.8	137.8	162.6	161.5
湖南	39.4	48.1	51.4	61.6	62.2	91.0	117.8	165.9	203.2
广东	203.2	229.1	274.8	268.1	297.3	306.4	367.6	428.2	449.1
广西	28.3	35.3	51.9	47.1	55.5	67.6	84.1	114.6	131.7
海南	17.9	20.8	27.0	24.7	24.6	25.6	37.4	51.2	57.8
重庆	54.9	64.2	73.3	67.1	90.4	89.2	105.7	168.2	189.3
四川	72.2	89.2	96.6	115.9	115.7	159.8	247.3	326.6	291.1
贵州	29.5	36.4	45.5	43.3	57.2	68.6	116.7	142.4	168.6
云南	65.5	78.9	85.4	100.0	98.9	164.2	217.1	234.0	213.5
陕西	42.8	52.0	55.3	49.3	84.7	100.2	140.3	184.8	200.0
甘肃	4.4	5.7	11.3	7.5	17.3	13.1	15.6	20.7	21.8
青海	3.0	3.8	6.7	5.0	5.8	7.8	12.7	16.6	16.0
宁夏	3.3	3.9	5.6	5.3	7.0	4.9	7.2	7.6	9.4
新疆	17.4	20.6	27.1	34.7	34.0	39.8	41.6	47.8	48.5

年份 省份	2009	2010	2011	2012	2013	2014	2015	2016	2017
北京	443.2	408.5	296.7	403.7	422.7	453.1	476.5	530.1	703.7
天津	224.0	265.6	217.8	311.6	329.3	446.0	550.3	706.7	616.7
河北	196.3	272.9	208.7	290.8	435.3	530.6	720.8	934.8	1146.4
山西	240.1	256.6	253.4	329.7	441.6	533.2	675.0	842.8	389.9
内蒙古	153.6	196.1	173.2	195.3	258.7	388.1	406.1	554.1	679.4
辽宁	674.8	845.8	707.9	894.5	1251.8	1325.7	621.1	372.8	347.2
吉林	182.8	226.9	193.8	279.4	329.6	477.5	702.9	1070.8	1258.2
黑龙江	172.7	244.0	203.4	228.9	295.1	221.5	317.3	415.0	506.5

续表

省份\年份	2009	2010	2011	2012	2013	2014	2015	2016	2017
上海	432.6	372.9	269.3	269.7	248.6	211.8	296.7	389.2	419.4
江苏	707.1	796.4	663.1	797.3	943.4	1206.3	1526.8	1774.6	1940.9
浙江	199.9	218.5	588.1	737.2	897.6	1059.7	1366.4	1649.2	1928.4
安徽	316.0	394.6	385.6	591.1	810.1	1067.3	1425.1	1758.7	1720.4
福建	269.6	354.0	337.7	414.4	506.2	620.6	798.7	1003.8	1336.9
江西	214.8	269.1	244.0	309.7	425.8	677.2	1053.4	1315.9	1266.4
山东	522.0	662.7	532.0	644.1	778.8	992.2	1326.1	1457.4	1669.2
河南	558.8	702.3	492.5	580.8	773.0	867.8	1150.6	1299.4	1572.4
湖北	271.0	392.6	432.8	566.3	734.6	941.2	1203.9	1564.4	1620.0
湖南	285.7	339.9	368.7	405.3	520.5	682.7	985.8	1310.0	2048.9
广东	548.5	635.9	625.0	701.9	936.4	1150.7	1426.2	1573.8	1876.9
广西	226.5	327.8	300.3	417.9	592.4	796.1	1085.6	1636.2	2039.8
海南	75.1	91.7	79.3	110.4	147.0	152.8	190.2	247.8	274.8
重庆	243.7	322.0	294.1	386.8	457.7	499.6	620.1	741.5	960.1
四川	589.6	745.3	855.5	1189.5	1471.1	1826.8	2171.8	2735.5	3298.5
贵州	159.9	224.1	225.0	325.5	484.7	690.3	946.1	1438.4	1985.2
云南	375.3	573.4	490.5	500.1	696.0	961.6	1243.1	1928.5	2708.0
陕西	241.2	318.5	345.9	434.9	611.3	807.2	1068.9	1289.1	1576.5
甘肃	34.4	50.2	62.2	95.0	162.3	321.7	489.8	769.7	639.8
青海	18.8	21.2	24.3	44.8	68.5	115.0	140.5	238.2	336.3
宁夏	9.7	15.6	14.6	18.3	25.3	32.4	36.6	64.7	78.3
新疆	46.6	75.7	95.5	113.7	158.4	164.7	309.0	363.6	746.7

附录B：旅游业生态效率评价指标选取相关研究文献汇总

附表B1 国内外基于DEA测算旅游领域效率和生态效率的指标选取研究情况

作者	测度模型	投入指标	产出指标
Fuchs等（2004）	DEA	劳动力、基础设施、自然环境	旅游收入、就业率、市场份额、净收益
Botti等（2009）	DEA	接待设施容量、游客数量	过夜游客数
Assaf和Josiassen（2012）	Bootstrap-DEA	过夜人数、政府对旅游业投资、接待设施总数	国际、国内游客平均逗留时间及旅游者人数
Halenur（2017）	DEA-CCR	旅游费用、员工总数、床位数	旅游收入、旅游人数、过夜人数
朱顺林（2005）	DEA	旅游业从业人数、旅游业固定资产投资	旅游营业收入
马晓龙（2008）	DEA	第三产业从业人数、城市固定资产投资、城市资源吸引力	星级饭店旅游收入
王坤等（2013）	修正的DEA	外商直接投资、旅游资源丰度、第三产业从业人数	国内旅游收入、入境旅游收入
曹芳东等（2014）	DEA	土地面积、固定资产投资、从业人员、经营支出	旅游收入、游客人数
马震（2015）	超效率DEA	星级酒店数量、景点品质（3A以上景区数量/A级景区数量）	旅游收入
刘佳和张俊飞（2017）	DEA-Malmquist	旅游业从业人数、第三产业固定资产投资、旅游产业能源消费总量	旅游总收入、旅游产业废水排放量、旅游产业SO_2排放量、旅游产业生活垃圾清运量
徐冬等（2018）	Bootstrap-DEA	旅游吸引力（旅行社、星级酒店和3A及以上旅游景区）、第三产业从业人数	旅游收入、旅游人次

续表

作者	测度模型	投入指标	产出指标
王坤等（2015）	含非期望产出的SBM-DEA	固定资产投资额、旅游业从业人员数、旅游业能源消费量	旅游总收入、旅游业CO_2排放量
韩瑛等（2019）	DEA-Malmquist	城市第三产业从业人数、固定资本存量、旅游吸引力	旅游总人数、旅游总收入
钟敬秋和韩增林（2016）	DEA	第三产业从业人数、固定资产投资	旅游业总收入、游客接待量
李姝姝等（2017）	DEA-BCC	固定资产总额、旅行社数、旅游从业人员数	旅游总收入
李占风（2017）	DEA-BCC	星级饭店、旅行社和景区从业人数、固定资产原值、企业数	旅游营业收入
方杏村等（2015）	DEA-Malmquist	第三产业从业人员、人均园林绿地面积、住宿和餐饮业固定资产投资	旅游收入、旅游人数
查建平和王挺之（2015）	网络DEA	生产环节：年末从业人员数、固定资产投资性支出、景区等级 环境治理环节：垃圾清理与回收年度费用、林地面积（碳汇）	景区年度收入、景区年度初始碳足迹、景区年度初始与最终碳足迹的差值、景区年度最终碳足迹
时雨晴等（2015）	二阶DEA	城市固定资产投资、三产从业人员数、星级酒店客房数	旅游接待人次
虞虎等（2015）	DEA-BCC	土地面积、固定资产投资、经营支出	旅游收入、游客人数
鲁小波和郭迪（2014）	DEA-CCR	旅游酒店、旅行社、旅游酒店从业人员、旅行社从业人员	旅游总收入
梁明珠等（2013）	DEA-MI	旅行社数量、星级酒店数量、旅游从业人数	旅游收入、接待过夜游客人次
顾江和胡静（2008）	DEA-BCC	地区旅游资源（优秀旅游城市）、旅游服务设施（星级宾馆数量）、基础交通条件（铁路、公路和内河网密度）、接待服务质量（旅游业从业人员数量）、旅游管理水平	旅游收入（国际旅游外汇收入）

续表

作者	测度模型	投入指标	产出指标
梁明珠和易婷婷（2012）	DEA-CCR、BCC	旅行社数、宾馆数、景区数、旅游从业人数	旅游收入、过夜游客人次
黄秀娟和林秀治（2015）	DEA	森林公园面积、当年投入资金、职工人数	旅游收入、旅游人数
鹿晨昱等（2015）	DEA-Malmquist	旅行社数量、景区数量	国内旅游收入、国内游客人次
王志民（2014）	DEA-Ml	第三产业从业人数、固定资产投资额、旅游资源吸引力	旅游收入、旅游接待人次数
马晓龙和金远亮（2015）	DEA	第三产业从业人数、固定资产投资额、实际利用外资额	旅游总收入
王慧英（2014）	四阶段 DEA	旅游从业人数、旅游业固定资产净值	旅游总收入
李会琴等（2016）	超效率 DEA	第三产业从业人数、第三产业固定资产投资、A 级景区数量、旅行社数量、星级宾馆数量	旅游收入、旅游接待人数
王虹和胡胜德（2017）	DEA-BCC	行业固定资产投资、行业就业人员数	接待游客数量、地区旅游收入
屈小爽（2017）	DEA-Malmquist	第三产业从业人数、A 级景区数、城市固定资产投资	旅游总收入
曹妍雪和李树民（2018）	DEA-Malmquist	第三产业固定资产投资、旅游相关从业人员	旅游总人次、旅游总收入
方叶林等（2018）	修正的 DEA	旅行社总数、旅行社固定资产、星级饭店房间数、星级饭店固定资产、旅游从业人数、旅游资源优势度	旅游总收入
杨萍等（2019）	DEA	旅行社数量、旅游业从业人数、星级饭店数量	旅游总收入
王兆峰和赵松松（2019）	DEA-Malmquist	第三产业从业人员数、城市旅游吸引力（3A 及以上景区、旅行社数、星级饭店数）	旅游人次、旅游收入
郝金磊和尹萌（2017）	三阶段 DEA	旅游业固定资产原值、旅游业从业人数	旅游业营业收入、景区接纳游客人数

续表

作者	测度模型	投入指标	产出指标
刘佳和陆菊（2016）	DEA	旅游资源消耗指标：星级饭店、旅行社和旅游产业从业人员； 旅游环境污染指标：旅游产业废水排放总量、固体废弃物排放量和废气排放总量	旅游总收入
林文凯和林璧属（2018）	超效率 DEA	资源投入指标：旅游景区、住宿企业、餐饮企业、旅游从业人员和固定资产投资； 环境污染指标：旅游废水排放量、废气排放量和固体废弃物排放量	旅游总人次、旅游总收入
胡兰双（2018）	SBM-DEA	旅游从业人员、旅游固定资产投入、星级酒店数量、A 级旅游景区数量、旅行社数量、旅游能源消耗总量	旅游总收入、旅游总人次、旅游碳排放总量
王少华（2019）	DEA	旅游景区（点）数、星级饭店数、旅行社数、从业人员数	国内旅游者、入境旅游者人数、国内旅游收入、入境旅游收入
刘曙光和尚英仕（2018）	DEA-Malmquist	景区数量、星级宾馆、旅行社数量、第三产业从业人员	旅游收入 旅游接待人数
王新越和韩霞霞（2018）	DEA	第三产业从业人员、城市固定资产投资额、星级宾馆数	旅游总收入、旅游接待总人次
魏俊等（2018）	超效率 DEA-MI	星级酒店数量、旅行社数量、A 级景区数量	旅游总收入、旅游总人次
关伟等（2018）	DEA-Malmquist	第三产业从业数、住宿业和餐饮业固定资产投资	旅游总收入
王兆峰和杨显（2018）	DEA-Malmquist	第三产业就业人数、城市固定资产投资、A 级景区数量、星级饭店数量、路网密度	旅游总收入、旅游总人数
申鹏鹏等（2018）	DEA-Malmquist 指数二次分解模型	固定资本存量、旅行社、星级酒店数、第三产业从业人员	旅游总收入、旅游总人数

续表

作者	测度模型	投入指标	产出指标
游诗咏等（2017）	Bootstrap-DEA 纠偏模型	旅行社数量、星级酒店数量、第三产业就业人数、A 级及以上景区数量	旅游收入、接待过夜游客数
刘佳等（2015）	DEA-Malmquist	旅游企业固定资产投资、旅游企业规模、旅游从业人员数、旅游院校在校生数	旅游总收入
曹芳东等（2015）	Bootstrap-DEA	风景名胜区土地面积、固定资产投资、经营支出、景区从业人数	旅游收入、游客人数
黄秀娟（2014）	DEA	环境保护投入、非环境保护投入、车船数、游道长、职工人数、导游数、公园面积	旅游收入、旅游人数
孙盼盼和夏杰长（2014）	DEA-BC DEA-MI	旅游产业固定资本、旅游从业人数、旅游职工教育培训人次、旅行社和星级酒店数、景区数	旅游总收入、旅游接待总人次、入境游客评价、旅游投诉量
李淑娟和周珊（2015）	DEA	旅行社数量、星级饭店数量、A 级景区数量	旅游收入、旅游接待人数
吕志强和代富强（2015）	DEA	旅游企业的固定资产、旅行社数量、旅游业就业人数	旅游总收入、大中型星级饭店住宿人天数
韩元军等（2015）	非期望产出 DEA	旅游企业固定资产原值、旅游从业人数	旅游企业营业收入、营业税金、旅游碳排放
邓洪波和陆林（2014）	DEA	住宿业与餐饮业固定资产投资、星级饭店客房数	旅游总收入
杨春梅和赵宝福（2014）	三阶段 DEA	旅游资源吸引力、星级饭店数量、旅行社数量	旅游总收入、旅游人数
王惠榆等（2014）	DEA-BCC、CCR、Malmquist 指数	企业数量（旅行社数量和两星级及以上饭店数量之和）、旅游业固定资产投资、旅游从业人员	旅游总收入、旅游总人次、旅游企业营业收入
韩元军（2013）	DEA-BCC	旅游企业的固定资产原值、旅游企业的旅游从业人数	旅游企业营业收入
梁明珠，等（2013）	DEA-MI	旅行社数量、星级酒店数量、旅游从业人数	旅游收入、接待过夜游客人次

续表

作者	测度模型	投入指标	产出指标
曹芳东等（2012）	DEA	第三产业从业人数、旅游景区（点）数量、星级饭店数量、旅行社数量	旅游者总人数、旅游总收入
王恩旭和武春友（2010）	DEA	旅行社数量、星级饭店数量、旅游企业固定资产、旅游从业人员数量、人均城市道路面积、人均绿地面积	旅游总收入、旅游总人次
龚艳等（2016）	DEA	旅游企业年末从业人员、A级景区、旅游企业固定资本存量	旅游总收入、旅游总人数
彭红松等（2017）	SBM-DEA	平均工资水平、新增固定资产投资额、能源消耗量、水资源消耗量、餐饮生物资源消耗量	旅游总收入、旅游总人次、旅游垃圾、污水和废气排放
查建平（2016）	SBM-DEA	资源禀赋、旅游业年末从业人员数量、旅游业固定资产原值、旅游业能源消耗	旅游总收入、旅游业碳排放
梁流涛和杨建涛（2012）	DEA	旅游从业人员数、旅游业固定资产投资、星级酒店数量及旅行社数量	旅游业营业收入、旅游接待人次
张广海和冯英梅（2013）	DEA	固定资产、旅游从业人数、旅游企业数	旅游营业收入、旅游营业税金
马晓龙和保继刚（2010）	DEA	城市第三产业从业人数、城市固定资产投资、城市总体旅游资源吸引力	星级饭店旅游收入
钟敬秋等（2016）	Global Malmquist	第三产业从业人员、全社会固定资产投资额	旅游接待人数、旅游收入

附录 C：旅游业生态效率影响因素选取相关研究文献汇总

附表 C1　生态效率影响因素选取及计量模型使用情况

作者	研究对象	影响因素指标选取	计量模型
陈傲（2008）	2000~2006 年省级（29 个）	环保资金投入（环境污染治理投资总额）、环境政策（排污费征收情况）、产业结构（第三产业占经济总量比例）	固定效应模型的多元统计回归方法

续表

作者	研究对象	影响因素指标选取	计量模型
陈武新（2009）	2006 年 中国 29 个省	环保资金投入（环境污染治理投资总额）、环境政策（排污费征收情况）、产业结构（第三产业占经济总量比例）	多元线性回归方法
吴鸣然（2016）	2009~2013 年 省级（31 个）	经济规模（人均 GDP、地区 GDP 占全国 GDP 比重）、产业结构（地区工业 GDP 占地区 GDP 比重）、地区因素（人口密度）、区域虚拟变量	Tobit 模型
梁星（2017）	2006~2015 年 省级（30 个）	经济发展水平（人均 GDP）、产业结构（第二、第三产业产值占 GDP 比重）、外资利用（外商直接投资占 GDP 比重）、环境政策（环境污染治理投资占 GDP 比重）、技术创新（技术市场成交额占 GDP 比重）、城镇化（城镇人口比总人口）、平均受教育水平	空间滞后模型的非线性回归模型
陈雯（2017）	2005~2014 年 省级（30 个）	人口城镇化水平（城镇人口比重）、产业结构（第三产业产值占 GDP 比重）、技术创新水平（研发经费投入强度）、环境保护力度（环境污染治理投资占 GDP 比重）	固定效应模型
杨勇（2019）	2006~2013 年 281 个地级 以上城市	人口密度、人均 GDP、第三产业产值占 GDP 比重、地方财政一般预算内支出、科学技术支出、外商投资企业总产值、工业 GDP	Tobit 模型
李在军等（2016）	2004~2012 年 省级（30 个）	环保验收项目数、排污收费总额、人均 GDP、城市化率（城市常住人口占地区总人口比）、第二、第三产业产值占 GDP 比重	空间滞后模型
潘兴侠等（2013）	2010 年 省级（30 个）	环境污染治理投资（环境污染治理投资总额）、排污收费制度（排污费征收）、产业结构（第三产业产值占 GDP 比重）、人力资源（人均受教育年限）、利用外资（外商投资总额）	空间误差模型
付丽娜等（2013）	2005~2010 年 长株潭城市群	产业结构（第三产业产值占 GDP 比重）、城市化率（城市人口占总人口比重）、利用外资（港澳台及外商投资企业工业总产值占工业 GDP 比重）、研发强度（大中型企业研发经费支出与工业增加值比重）	Tobit 截断回归模型

续表

作者	研究对象	影响因素指标选取	计量模型
邓波等（2011）	2008年 省级（30个）	产业结构（第三产业产值占GDP比重）、政府环境保护政策（地区财政支出中用于环境保护的资金支出）、人力资源（人均受教育年限）	SFA模型
易杏花（2020）	2011~2016年 西部11省份	第二产业产值占GDP比、人均GDP、城市常住人口占地区总人口比、地区总能耗与万元GDP比、R&D经费支出占GDP比、进出口贸易总额占GDP比、环境治理投资占GDP比、排污费征收总额、人口密度	Tobit模型
许罗丹（2018）	2005~2016年 中国31个省	人均GDP、第二产业、第三产业产值占GDP比、对外贸易进出口总额、实际利用外商直接投资额、年末总人口数、城镇人口与总人口之比	Tobit模型
王楠（2018）	2006~2015年 环渤海地区	人口密度、人均GDP、实际使用外资额占GDP比、第三产业产值占GDP比、能源消费总量	Tobit模型
吴春友等（2015）	1998~2012年 中国各区域及 1971~2011年 国际各国	人均GDP、环境污染治理投资总额占GDP比、第三产业产值占GDP比、城镇化率、人均固定资产、人均教育年限、研发与实验支出占GDP比、单位污染当量征收的排污费、外商直接投资占GDP比、国有工业产值占工业总产值比	固定效应模型
初善冰（2012）	1997~2010年 中国30个省	人均GDP、资本劳动比、第二产业产值占GDP比、国有及国有控股企业工业产值占工业总产值比、地方环境法规和规章数、排污费占工业增加值比、每10万中大专以上学历者人数	Tobit模型
屈小娥（2018）	2004~2014年 中国30个省	人均GDP、实际执行“三同时”项目环保投资额占地区GDP比、排污费征收总额占地区GDP比、第三产业产值占GDP比、地区固定资产净值与从业人员数之比、国有及国有控股企业工业产值占工业总产值比、外商直接投资占GDP比、出口贸易总额占GDP比、非农人口占各地区总人口的比	空间滞后固定效应模型

续表

作者	研究对象	影响因素指标选取	计量模型
张虎平等（2017）	2004~2012年中国30个省	排污费收入、环境污染治理投资总额占GDP比、非农人口占各地区总人口的比、工业增加值占GDP比、人均GDP、能源消费总量	固定效应模型
傅京燕等（2016）	2002~2012年中国30个省	废水、废气及固体废弃物的环境规制强度、对外贸易进出口总额占GDP比、人均GDP、资本劳动比、第二产业产值占GDP比、煤炭使用量占总能源消费量比	随机效应的Tobit模型
邢贞成等（2018）	2000~2014年中国30个省	人均GDP、工业污染治理投资额占工业总产值比（工业总产值与地区GDP的比进行修正）、第三产业产值占GDP比	随机前沿分析模型
韩洁平等（2017）	2005~2014年东北三省	人口密度（人口总数与面积比）、R&D经费支出占工业增加值的比、外商投资占工业总产值的比、第二产业增加值占总工业增加值的比、地区工业污染治理投资占地区生产总值的比、城市化率（城市人口占总人口比）	Tobit模型
任梅等（2019）	2004~2017年中国30个省	人均GDP、工业增加值占地区GDP的比、地区R&D经费内部支出占GDP的比、城镇人口占常住人口比、出口贸易额占GDP的比、环境污染治理投资率	固定效应模型

后　记

自 2001 年 9 月首次进入大学选择旅游管理专业进行学习，至本书出版前，不经意间已经是 21 年。在本科、硕士和博士学习的这段时间里，我一直在旅游领域探索和钻研，随着研究的深入，才发现知识的浩瀚和自身的不足。

书稿的基础是我的博士毕业论文，从论文选题、研究框架的构建、数据收集分析，到撰写成文、顺利答辩，再到现在的获得出版、修改完善，已经跨越了五个春秋。在此期间，我博士毕业、参加工作，在科研和学习上，常感心有余而力不足。得益于众师长与同仁的支持与鼓励，本书才能最终出版。

对旅游业环境影响的研究兴趣，源自我的博士导师黄和平教授，在读博期间的学习与科研工作中，老师给予我极大的启发与帮助，并悉心指导我的研究工作，在此致以衷心的感谢；感谢江西财经大学经济学院的诸位良师益友，特别感谢我的妻子张瑾老师，在研究过程中给予的指导意见和建议，还要特别感谢我的师妹李亚丽，在数据分析中的技术支持，感谢王智鹏、胡晴、杨宗之等师弟师妹在师门组会中的探讨，谢谢你们。

感谢我的母校江西财经大学，在学习深造方面为我提供良好的机会与宽松的环境。感谢我的工作单位江西师范大学，为书稿的出版提供基金资助，使本书有机会面世。感谢经济管理出版社的许艳编辑，为书稿的审校出版付出了极大的耐心与辛勤的劳动。

感谢我的父母，在生活上的关心和照顾；再次感谢我的妻子，在学习中给我的指导和帮助；感谢我的儿子，在我疲惫无助时，是你的笑声给我继续前进的力量和勇气。愿此书的出版，成为我在学术道路上留下的一个坚实的足迹，激励着我砥砺前行。

乔学忠

2021 年 7 月 7 日